Paula Polak

Pflegeleichte Naturgärten gestalten

Gut für die Artenvielfalt – erholsam für den Menschen

Paula Polak

Pflegeleichte Naturgärten gestalten

Gut für die Artenvielfalt – erholsam für den Menschen

Inhalt

Vorwort

Vielen Dank, dass Sie zu diesem Buch gegriffen haben!
Ich freue mich aus zwei Gründen darüber, einem egoistischen und einem altruistischen.
Ich danke Ihnen, weil Sie offenbar Interesse an meiner Arbeit haben und mir mit Ihrem Buchkauf ermöglichen, weiter das zu tun, was mir am meisten Spaß macht: mich in der Natur und in naturnahen Freiräumen bewegen, Wildpflanzen und Tiere fotografieren, schöne Pläne zeichnen und meine Erkenntnisse und Ideen in Worte fassen. Das ist der egoistische Grund.
Der altruistische ist, dass ich mit meiner Arbeit die Welt retten will. Na ja, vielleicht nicht retten, aber sie zumindest ein Stückchen besser machen. Ich möchte Menschen Freude bereiten und meinen Beitrag gegen das Artensterben leisten. Nicht nur, indem ich meinen eigenen Garten naturnah gestalte und Naturgärten plane, sondern auch, indem ich mich an interessierte Personen, also an Sie, wende und Ihnen dabei helfe, Ihr eigenes Umfeld positiv für Mensch, Tier und Pflanze zu gestalten.
Wir Privatleute sind viele, wir haben im Grunde viel Macht, unsere Welt mitzugestalten. Das beginnt beim Konsum, wenn wir uns für Bioprodukte entscheiden, den Fleischkonsum einschränken, regionale und saisonale Produkte bevorzugen, weniger, dafür aber langlebige und fair produzierte Kleidung, Handys, Kühlschränke usw. kaufen. Es geht weiter mit der Mobilität, indem wir Fahrten hinterfragen, Termine zusammenlegen oder online erledigen, indem wir uns überwiegend zu Fuß, mit dem Rad und öffentlichen Verkehrsmitteln bewegen und weniger und klimabewusster reisen. Die Zeiten der Wochenend-Flugreisen sind, so hoffe ich, endgültig vorbei; Wenn schon Flugreisen, dann seltener, dafür mit längerem Aufenthalt vor Ort und CO_2-Kompensationszahlung.
Wir können unsere demokratischen Rechte nutzen und Parteien wählen, die sich am meisten für Mensch und Natur einsetzen, wir können Volksbegehren und Petitionen unterschreiben und uns engagieren. Wir leben in reichen, demokratischen Ländern, wir sind nicht machtlos.
„Niemand ist eine Insel“: Dieses Zitat, von John Donne bereits an der Wende zum 17. Jahrhundert verfasst, ist in Zeiten der Globalisierung von besonderer Aktualität. Nicht nur ist jeder Mensch mit dem Rest der Menschheit eng verwoben, sondern mit der gesamten Welt. Die Erosion der Böden gerodeter Regenwälder trifft uns ebenso wie ertrinkende Eisbären oder der Rückgang von spezialisierten Pflanzen wie dem Edelweiß, weil durch die Erderwärmung die Baumgrenze immer höher wandert. Diese deprimierende Liste könnte man endlos fortführen, aber es ist produktiver, stattdessen den eigenen Alltag, die eigene Umgebung „lebensfreundlich” zu gestalten.

Und damit kommen wir endlich zum Thema des Buches. Wir gestalten Naturgärten nicht nur, weil wir damit die Welt retten wollen, sondern auch, weil wir uns selbst mit Leben umgeben wollen. Wir wollen Schmetterlingen beim Tanzen zusehen, dem Amselgesang lauschen und im weichen, chemiefreien Wasser des Schwimmteichs planschen. Wir GartenbesitzerInnen sind privilegiert, wir können im Alltag genießen, was einen Urlaub so schön macht: lebendige Natur.

Paula Polak

Der Naturgarten

Der Begriff „Naturgarten" wird oft unterschiedlich verstanden. Von Wildnis oder Chaos bis hin zu lebendiger Artenvielfalt ist alles dabei. In diesem Kapitel erfahren Sie etwas über den Sinn und die Kriterien eines Naturgartens, wie es dem aktuellen Wissensstand entspricht.

Richtige Natur, im Sinne von unberührten Pflanzen- und Tiergesellschaften wie hier im Rothwald in Niederösterreich, kann es selbst in einem Naturgarten nicht geben.

Was ist ein Naturgarten?

Befragt man dazu zehn Leute, bekommt man wahrscheinlich fünfzehn verschiedene Antworten. Fangen wir vielleicht damit an, was ein Naturgarten nicht ist: Natur. Wobei - wo gibt es in Mitteleuropa denn noch „Natur", also vom Menschen unbeeinflusste Landschaftsräume? Selbst im gesamten 3.500 Hektar großen Wildnisgebiet Dürrenstein bei Lunz am See (Niederösterreich) sind nur 460 Hektar ein tatsächlich nie vorher forstwirtschaftlich genutzter Urwald: der Rothwald. Damit ist das Gebiet trotzdem der größte Urwaldrest Mitteleuropas und Heimat für fast die gesamte nordalpine Tierwelt. Die Basis für diesen Artenreichtum ist das Totholz. Dank des menschlichen Einflusses ist unsere mitteleuropäische Landschaft, aber auch dort, wo wir sie als „natürlich" empfinden, eine Kulturlandschaft. Ohne menschliche Aktionen wäre Mitteleuropa ein einziger großer Wald.

Attraktive Landschaften

Die Landschaften, die wir als besonders schön empfinden, wie Blumenwiesen und Almflächen, verdanken wir im Grunde der Viehwirtschaft. Untersuchungen, wie zum Beispiel innerhalb des Projekts „BiodiverCity" in der Schweiz, zeigen, welche Bilder von Landschaften Menschen sehr ansprechend empfinden. Dies sind vor allem vielfältige Landschaftsräume mit Bäumen, Hecken und Blumenwiesen, aber in Kombination mit offensichtlich vom Menschen gepflegten Bereichen wie Rasen und Wege. Dieses Zusammenspiel aus Gehölzen, Blumen, Freiflächen, Licht und Schatten ist glücklicherweise auch für die Tierwelt am wertvollsten, weil es den größten Reichtum an verschiedenen Pflanzen und Strukturen bietet. Diese Vielfalt deckt den Tisch für ganz unterschiedliche Insekten, von Wildbienen bis Schmetterlingen, Schwebfliegen und holzbewohnenden Käfern, ebenso wie für Vögel und kleine Säugetiere wie Eichhörnchen und Igel. Diese Idee, dieses innere Bild wollen wir uns als Vorbild für die naturnahe Gartengestaltung nehmen.

Den Garten naturnah gestalten

Ein Garten ist per Definition ein abgegrenztes Stück Land, das vom Menschen gestaltet, genutzt und gepflegt wird. Für den Nutz- wie den Ziergarten wurden dazu über die Jahrhunderte zahlreiche Pflanzensorten gezüchtet, die oft interessante Eigenschaften, z.B. intensive Farben oder gefüllte Blüten, aufweisen. Leider finden diese Zuchtsorten, sosehr sie uns Menschen nutzen und gefallen, oft keinen Platz im Ökosystem. Das heißt, sie werden von Insekten und anderen Tieren nicht genutzt. Abgesehen vom inneren Bild sind also noch ein paar Richtlinien nötig, wenn der Garten ein naturnaher Garten werden soll. Diese Richtlinien, die wir im Folgenden etwas erläutern, sollte man im Großen und Ganzen auch einhalten, aber natürlich dürfen Sie als Gartenbesitzer und -nutzer ein bisschen spielen und variieren. Vorlieben für bestimmte Farben, Pflanzen oder Gestaltungselemente dürfen ruhig ausgelebt werden, einzig das Gebot „kein Gift" muss zu hundert Prozent eingehalten werden.

Die Grenzen zwischen dem, was der Mensch gestaltet, und dem, was die Natur erschafft, sind im Naturgarten optimalerweise fließend.

Selektives Jäten heißt die Devise, denn manchmal sind unter den ungebetenen Gästen sogar künftige Lieblinge. Gift ist auf jeden Fall keines nötig.

Der torf- und giftfreie Garten

Torf ist chemisch und physikalisch quasi inert und deshalb noch immer Bestandteil vieler Erdmischungen, die man auch sackweise kaufen kann. Allerdings wird Torf in Mooren abgebaut und diese sind ganz spezielle Lebensräume. Torfboden wächst unter dem Einfluss von Regen- oder Grundwasser nur einen Millimeter pro Jahr. Das bedeutet, ein Moorboden, der einen Meter tief ist, hat 1000 Jahre gebraucht, um diese Mächtigkeit zu erreichen. In diesen Böden sind kaum Mineralstoffe und fast kein Kalk enthalten, deshalb bilden sich darauf spezialisierte Pflanzengesellschaften heraus, zu denen zum Beispiel das Wollgras *(Eriophorum angustifolium)* oder der fliegenfangende Sonnentau *(Drosera* spec.) gehören. Ein Moor erfüllt auch Ökosystemleistungen, die uns Menschen nützen: Es speichert Regenwasser und gibt es zeitverzögert ab, es schützt uns so vor Überschwemmungen und wirkt in Trockenzeiten ausgleichend. Moore binden Schadstoffe und, ganz wichtig, sind Weltspitze im Speichern von CO_2, sie leisten damit einen wichtigen Beitrag zum Klimaschutz. Trotzdem werden noch rund 10 Millionen m^3 Torf in Deutschland pro Jahr verwendet. Der Abbau intakter Moore ist zwar seit den 1980er-Jahren verboten, abgebaut wird Torf aber noch auf bereits landwirtschaftlich genutzten Flächen. Ein Gutteil wird aus Osteuropa importiert, somit werden dort intakte Moore zerstört. 60 Prozent der Menge benötigt der Erwerbsgartenbau, 20 Prozent wandert in Erden für Hobbygärtner. Das muss so nicht sein, denn im Handel sind problemlos torffreie Erden erhältlich.

Gift im Garten schadet auch uns selbst

Ein vielfältig bepflanzter Garten zieht Insekten an, wie der buchstäbliche Honig die Fliegen. Werden im gleichen Garten aber Gifte eingesetzt, etwa Unkrautvernichter gegen Fugenvegetation oder Insektizide im Gemüsegarten, so vertreiben wir damit die Tiere, die wir selbst eingeladen haben. Insektizide sollten sich zwar eigentlich gegen Insekten richten, die uns schaden, also etwa den Apfelwickler, vernichten aber auch Nützlinge, wie z.B. den Marienkäfer. Dabei gibt es zahlreiche biologische Hilfen wie ein nützlingsfreundlicher Garten, aber auch Pheromone, Viren oder Nematoden, die genau auf einen bestimmten Schädling abzielen. Totalherbizide wie Glyphosat, Hauptbestandteil des Herbizid-Bestsellers „Round-up" von Monsanto, zerstören eigentlich Pflanzen, schwächen aber bei Blütenbesuchern die Darmflora, das konnte eine Studie der Universität von Texas zeigen. Im Naturgarten verfolgen wir deshalb eine „No Gift at all"-Politik. Gift ist bei zum Standort passenden Pflanzen und einem artenreichen Tierleben auch gar nicht nötig. Pestizide jedweder Art sind neben Lebensraumverlust, Überdüngung, Bodenversiegelung, Verkehr und Klimakrise nur ein Bestandteil des Insektenvernichtungskatalogs des Menschen. Laut der Krefelder Studie wurde bei den Untersuchungen in 63 deutschen Schutzgebieten zwischen 1989 und 2016 ein Rückgang von fast 80 Prozent der Fluginsekten-Biomasse festgestellt. Es muss uns bewusst sein, dass das Insektensterben nicht einfach das Sterben einzelner Insektenarten ist. Insekten sind im Lebensnetz essenziell, mit ihnen sterben Vögel und Fledermäuse, denen die Nahrung fehlt. Dazu kommt, dass 78 Prozent aller Blütenpflanzen und 80 Prozent unserer wichtigsten Kulturpflanzen von Insekten bestäubt werden. Das bedeutet: keine Insekten, ergo auch keine Äpfel, keine Kürbisse etc.

Das Schmalblättrige Wollgras *(Eriophorum angustifolium)* hat sich auf Moorstandorte spezialisiert. Lassen wir das Moor in Ruhe und nutzen besser torffreie Erde.

Durch Insektizide und viele weitere Faktoren ist die Individuenzahl selbst verbreiteter Schmetterlinge wie des Distelfalters zurückgegangen.

Meist entsteht durch die Verwendung heimischer Pflanzen ganz von selbst eine ruhige, entspannte und lockere Atmosphäre, die zum Ausruhen und Genießen einlädt.

Heimische Pflanzen verwenden

Der Begriff „heimisch" taucht immer wieder auf, wenn es um die naturnahe Gestaltung von Grün geht, aber was versteht man denn darunter? Als heimisch gelten jene Pflanzenarten, die sich trotz widriger Umstände und Konkurrenz lange Zeit in einer Region behaupten konnten. Mit „lange Zeit" meinen die Botaniker streng genommen die Zeit vor Christoph Kolumbus' Reise nach Amerika (1492). Im Zuge der folgenden Entdeckungsreisen gelangten zahlreiche Pflanzenarten aus allen Weltteilen nach Mitteleuropa. Lebhafte Handelstätigkeiten haben netterweise Tomaten, Kartoffeln, Mais und Flieder nach Europa gebracht, aber auch gebietsfremde Arten, die teilweise invasiv sind, das bedeutet, sie verdrängen bestehende Pflanzengesellschaften. Welche Arten zu den invasiven Pflanzen zählen, finden Sie für Deutschland auf den Seiten des Bundesamts für Naturschutz (www.neobiota.bfn.de) und für Österreich beim Umweltbundesamt (www.umweltbundesamt.at).

Jetzt ist der Zeitrahmen für „heimisch" definiert, nicht aber, was man unter „Region" versteht. Eine Region ist ein Teil einer Landschaft, der ähnliche Bedingungen in Hinblick auf Boden, Niederschlag, Höhenlage usw. aufweist. In Deutschland unterscheidet man acht Ursprungsgebiete (www.natur-im-vww.de), in Österreich gibt es zehn biogeografische Großlandschaften (www.rewisa.at).

Die Auswahl geeigneter Pflanzen

Setzen Sie bei der Bepflanzung eines naturnahen Gartens vor allem regionale Pflanzen ein, denn sie kommen am besten mit den Bedingungen vor Ort zurecht. Außerdem wandern manche eingeschleppten Pflanzen gerne in die umliegende Landschaft aus. Das macht nichts, wenn Sie im urbanen Raum wohnen, aber am Rande eines Naturschutzgebiets kann der schöne Sonnenhut vielleicht seltene Pflanzen in einem Trockenrasen verdrängen. Invasive Neophyten sind im Naturgarten deshalb komplett tabu. Generell sollte die Bepflanzung eines naturnahen Gartens mindestens zu 60 Prozent, besser zu 80 Prozent aus regionalheimischen, standortgerechten Arten bestehen. Um herauszufinden, welche Pflanzen das bei Ihnen sind, können Sie sich mit der Vegetation Ihres Umlands beschäftigen, einen Profi mit der Planung beauftragen, Bücher studieren oder sich bei Vereinen wie dem Naturgarten e. V. oder dem REWISA Netzwerk erkundigen.

Standortanpassung und ökologische Wechselwirkungen

Der Mensch spielt gerne Schöpfung, deshalb gibt es absichtlich hervorgerufene Kreuzungen aus verwandten Arten und Selektionen auf bestimmte Eigenschaften. Häufig haben Züchtungen einen kompakten Wuchs, große oder intensiv gefärbte Blüten oder blühen ausdauernd. Oft geht dies allerdings zu Lasten anderer Eigenschaften. Manchmal hat eine Zuchtsorte aber auch bessere Eigenschaften als die Wildart. Ein Ergebnis der Züchtung sollte man im Naturgarten aber nur minimal verwenden: gefüllte Blüten. Um diese üppigen Blüten zu erreichen, werden die Fortpflanzungsorgane der Pflanze zu Gunsten von Blütenblättern reduziert. Keine Fortpflanzungsorgane bedeuten aber auch: keine Insektennahrung. Ein Garten ist für den Menschen da, ist aber auch die Lebensbasis für Insekten, Vögel, Kleinsäuger, Fledermäuse u. v. m. All diese Tiere haben sich mit den Pflanzen einer Region gemeinsam entwickelt und sind oft auf genau diese spezialisiert.

Es gibt sehr ausgeklügelte Wechselbeziehungen zwischen Blüten und Insekten. Der Rote Fingerhut *(Digitalis purpurea)* wird vor allem von Hummeln besucht.

Tierisch gute Freunde

Ganz vorne stehen die Insekten, denn sie bestäuben auf der Suche nach Pollen und Nektar Blüten. Im Wettbewerb um die Bestäuber will jede Pflanze besonders attraktiv erscheinen, z.B. durch große Blüten oder starken Duft. In der Evolution haben sich jene Insekten durchgesetzt, die am besten an Nektar und Pollen kommen, etwa durch lange Rüssel. So haben sich evolutiv genau die passenden Bestäuber für die unterschiedlichen Blütenformen entwickelt und anders herum. Das hat allerdings den Nachteil, dass manche Insekten nur genau diese Pflanze oder deren nahe Verwandte als Nahrung akzeptieren. Ein Beispiel: Die Raupe des Schlüsselblumen-Würfelfalters frisst nur an der Schlüsselblume. Auch bei Wildbienen gibt es enge Verbindungen zu bestimmten Pflanzen. Man kann von der Zehner-Regel ausgehen: Von jeder heimischen Pflanzenart profitieren mindestens zehn Tierarten.

Frühblüher wie das Schneeglöckchen *(Galanthus nivalis)*, das seine Blüten als eine der ersten Pflanzen im Jahr in die Luft reckt, sind enorm wichtig für Insekten.

Blüten vom Frühling bis zum Herbst

Schon der berühmte Gärtner und Staudenzüchter Karl Foerster hat postuliert: „Es wird durchgeblüht!" Dabei ging es ihm um die Ästhetik, um die Freude an den Blüten, an den Kombinationen von Farben und Formen. Der Gärtner oder die Gärtnerin sollte möglichst das ganze Jahr über im Garten auf Entdeckungsreise gehen und sich noch Ende November an späten Astern und im Januar an der Zaubernuss *(Hamamelis* spp.*)* erfreuen können. Das ist wunderbar, denn natürlich soll unser Garten uns selbst Freude machen, naturaffine Personen wollen aber auch den Insekten, solange sie fliegen, Nahrung anbieten. Das bedeutet: Sicherheitshalber Durchblühen von Anfang Februar bis November, denn aufgrund der Erderwärmung kann man sich auf altes Wissen nicht mehr verlassen.

Der Frühling

Unter der Prämisse, es sollen heimische Pflanzen sein, beginnt das Gartenblütenjahr dann mit den Schneeglöckchen *(Galanthus nivalis)* und den heimischen Schneerosen-Arten *(Helleborus* spp.), der Christrose *(Helleborus niger)* und dort, wo sie beheimatet sind, auch mit der Grünen Nieswurz *(Helleborus viridis)* und der Stinkenden Nieswurz *(Helleborus foetidus)*. Den deutschen Namen der Letzteren darf man übrigens nicht so wörtlich nehmen. Auch die aus Kleinasien stammende Lenzrose *(Helleborus orientalis)* bietet Nahrung für frühfliegende Hummelköniginnen und Honigbienen. Schneeglöckchen und Schneerosen mögen leicht feuchte, humose Böden und halbschattige Standorte. Die Namen geben schon einen Hinweis darauf, dass ihnen auch Schneeeinbrüche nichts anhaben können. Gleich danach blühen Primeln. Auf nährstoffreichen, halbschattigen Flächen die Hohe Schlüsselblume *(Primula elatior)*, auf sonnigen, mageren Plätzen die Arznei-Primel *(Primula veris)*, dazu die Erd-Primel *(Primula vulgaris)*. Primelarten kreuzen sich übrigens leicht untereinander, das tun sie auch mit bunten Zuchtprimeln, was manchmal zu seltsam verwaschenen Blütenfarben führt. Den Hummeln scheint das ganz egal zu sein. Nun folgen Veilchen *(Viola* spp.*)*, Leberblümchen *(Hepatica nobilis)*, Bärlauch *(Allium ursinum)* und Busch-Windröschen *(Anemone nemorosa* und *A. ranunculoides)*. Unter den Gehölzen bieten Sal-Weide *(Salix caprea)*, Haselnuss *(Corylus avellana)* und die Kornelkirsche *(Cornus mas)* die ersten Nahrungsquellen.

Der Sommer

Im Sommer findet man immer wieder tote Bienen und Hummeln unter Linden, was zu dem Trugschluss führen kann, Linden seien giftig für Insekten. Tatsächlich stellen Linden oft die letzte Massentracht für Insekten dar. Sie schleppen sich quasi mit letzter Kraft dorthin. Vor Ort ist die Konkurrenz um die Nektarreste allerdings groß und viele Insekten verhungern. Im Naturgarten achtet man deshalb besonders auf die Wochen nach der Hauptblütezeit im Mai und Juni. Für das Staudenbeet eignen sich Malven *(Malva* spp.*)*, Eibisch *(Althea officinalis)* und Stockrosen *(Alcea rosea)*, Blutweiderich *(Lythrum salicaria)*, Wasserdost *(Eupatorium cannabium)*, Flockenblumen *(Centaurea* spp.*)*, Kugeldisteln *(Echinops* spp.*)*, Scheinsonnenhut *(Echinacea* spp.*)*, sommer- und spätblühende Astern, um nur einige zu nennen. Auch Gemüsepflanzen wie Artischocken und Kräuter wie Lavendel, Ysop und Bohnenkraut sind sehr hilfreich, wenn man sie zur Blüte kommen lässt.

Unter den heimischen Gehölzen finden sich wenige, die nach dem Juli noch blühen, sie wollen schließlich noch zur Samenreife gelangen. Im Garten, so er nicht neben einem Naturschutzgebiet liegt, kann man aber zu diesem Zweck auch gebietsfremde Gehölze nutzen, zum Beispiel den Sommerflieder *(Buddleja davidii)*, die Bartblume *(Caryopteris × clandonensis)*, den Hibiskus *(Hibiscus syriacus)* oder den Mönchspfeffer *(Vitex agnus-castus)*.

Der Herbst

Die phänologischen Jahreszeiten halten sich nicht an die kalendarischen, deshalb blühen Spätsommerblüher netterweise oft auch bis in den Herbst hinein. Gute Spätblüher sind beispielsweise die Hohe Fetthenne *(Hylotelephium telephium)* und ihre Sorten, besonders reich blühend ist dabei die Sorte 'Matrona', sowie Blauweiderich-Arten *(Veronica spicata, V. longifolia* und *V. orchideum)*, Astern und der Efeu (*Hedera helix*), der im fortgeschrittenen Alter bis in den November hinein blüht.

Spätblühende Korbblütler wie diese Aster bieten im Herbst noch lange einen wunderbaren Landeplatz samt gedecktem Tisch für Insekten.

Eine Bergblumenwiese wie diese ist für viele Menschen der Inbegriff von Vielfalt. Aber im Garten lassen sich sogar noch mehr Arten etablieren.

Die Vielfalt feiern

Wild- und Honigbienen sowie andere Insektengruppen haben unterschiedliche Blütenvorlieben und Ansprüche. Honigbienen sind im Grunde staatenbildende Haustiere mit bis zu 80000 Individuen in einem Stock. Sie sind, was ihre Nahrung betrifft, nicht besonders wählerisch, sie sind polylektisch. Das heißt, sie sammeln Pollen und Nektar von Pflanzen aus verschiedenen botanischen Familien. Haben sie die Wahl, so konsumieren sie Nektar mit hohem Zuckergehalt, wie z.B. von Ahorn oder Efeu, und Pollen mit besonders hohem Anteil an Eiweiß und an essenziellen Aminosäuren, z.B. von Eiche, Mohn oder Spitzwegerich. Gerne besuchen sie natürlich auch Pflanzen mit einem großen Angebot an beidem. Dazu gehören etwa Weiden, Äpfel, Kirschen, Kleearten und Löwenzahn. Sind diese „Superfoods" gerade nicht zu finden, sammelt die Honigbiene aber an fast allen Pflanzen. Ihre wilden Schwestern sind da wählerischer.

Anspruchsvolle Wildbienen

Weltweit gibt es über 20000 Wildbienenarten. In Deutschland kommen 590 Arten vor, in der Schweiz 621 Arten und in Österreich 702 Arten. Diese hohe Artenvielfalt im kleinen Österreich ist der Lage in zwei Klimazonen geschuldet, der ozeanisch westeuropäischen und der kontinental geprägten pannonischen Zone. Etwa 90 Prozent der mitteleuropäischen Wildbienen leben solitär.

Glockenblumen, hier die Rundblättrige Glockenblume *(Campanula rotundifolia)* sind heißt begehrt bei ziemlich vielen Insekten.

Rund 50 Prozent der Wildbienen nisten in selbst gegrabenen Gängen im Boden, 22 Prozent in diversen markhaltigen Pflanzenstängeln oder Holz, 25 Prozent sind Kuckucksbienen und über die restlichen 3 Prozent weiß man noch wenig. Als Einzelkämpfer haben sie sich stärker spezialisiert, haben unterschiedliche Größen (4–30 mm), unterschiedliche Färbungen, Behaarungen und Lebensweisen entwickelt und sogar ihren Körperbau an Form und Funktionsweise der Blüten angepasst. Das bedeutet, dass sich fast 200 der heimischen Wildbienenarten auf je eine einzige Pflanzenfamilie als Pollenquelle für ihre Larven spezialisiert haben, z.B. auf Glockenblumengewächse *(Campanulaceae)*, zu denen neben den klassischen Glockenblumen auch noch Venus-Frauenspiegel *(Legousia speculum-veneris)*, Sandglöckchen *(Jasione* spp.*)* und Teufelskrallen *(Phyteuma* spp.) zählen. 60 Arten sind sogar nur auf einzelne Gattungen innerhalb der Familie, z.B. Glockenblumen *(Campanula)*, spezialisiert. Sie würden sogar Sandglöckchen und Teufelskrallen ignorieren. Bei manchen Wildbienen steckt die Futterquelle schon im Namen, zum Beispiel bei der Glockenblumen-Scherenbiene, der Rainfarn-Maskenbiene, der Geißklee-Sandbiene oder der Skabiosen-Hosenbiene.

Lieblingspflanzen von Insekten

Keine Angst, nicht jeder, der Insekten Gutes tun möchte, muss dafür ein Biologiestudium absolvieren. Glücklicherweise gibt es einige Wildpflanzenarten, auf die sehr viele verschiedene Insektenarten buchstäblich fliegen. Unter den Gehölzen führend ist die Sal-Weide *(Salix caprea)* mit über 200 Arten von Besuchern, dahinter folgen der Weißdorn *(Crataegus monogyna)* mit 160, die Schlehe *(Prunus spinosa)* mit 140, die Haselnuss *(Corylus avellana)* mit 113, Brombeere *(Rubus fruticosus)* und Himbeere *(Rubus idaeus)* mit je über 80 und die Eberesche *(Sorbus aucuparia)* mit über 70 Blütenbesuchern. Die bei Insekten beliebteste Staude ist die von vielen Gartenbesitzern so ungeliebte Brennnessel *(Urtica dioica)*. Ihr statten 110 Arten einen Besuch ab. Dahinter folgen die Königskerzen *(Verbascum* spp.) mit 90 Arten, der Dost *(Origanum vulgare)*, der Hornklee *(Lotus corniculatus)*, der Wasserdost *(Eupatorium cannabinum)* und der Natternkopf *(Echium vulgare)*.

Buffet für zarte Tagfalter

Sein Lieblingsfutter im Namen trägt übrigens auch so mancher Schmetterling, wie etwa der Hauhechel-Bläuling, der Lungenenzian-Ameisenbläuling, der Raps-Weißling, der Weinschwärmer oder der allseits bekannte Distelfalter. Wer jetzt ob des Wortes „Distel" entsetzt das Buch zuschlagen möchte, sollte bedenken, dass damit nicht unbedingt die Ackerkratzdistel gemeint ist, sondern auch so prächtige Gestalten wie die Karde *(Dipsacus fullonum)*. An ihr saugen neben zahlreichen Hummelarten auch Schwalbenschwanz, Heufalter, Weißlinge, Tagpfauenauge, Blutströpfchen, Ochsenauge und eben der Distel-

Ein Tagpfauenauge bedient sich am Nektar der Wilden Karde *(Dipsacus fullonum).*

Die Raupe des Tagpfauenauges ernährt sich ausschließlich von frischen grünen Brennnesseln.

falter. Weitere attraktive Strukturpflanzen und wunderbare Nahrungsquellen sind Kugeldisteln *(Echinops* spp.), die Wollkopf-Kratzdistel *(Cirsium eriphorum)* und die Eselsdistel *(Onopordium acanthium).*

Zweitverwertung

Für die Tierwelt ist es optimal, wenn Sie die stacheligen Stauden nach der Blüte einfach stehen lassen, denn in und an den Stängeln überwintern Insektenlarven und -eier, die Samen holt sich wiederum der Distelfink. Wer – völlig zu Recht – fürchtet, durch Selbstaussaat einen Distel- oder Kardenwald zu bekommen, kann entweder die Blütenköpfe vor der Samenreife kappen, das wäre aber schade für den Distelfink, oder die Stängel bodennah abschneiden und sie in handstraußgroßen Büscheln an einem einzigen Ort aufrecht anbringen.

Auch der Nachwuchs hat Hunger

Um Schmetterlinge zu fördern, sollte man nicht nur auf Nektarquellen für den Falter achten, sondern auch auf Futterpflanzen für die Raupen. Die Schmetterlingsmutter legt ihre Eier vorsorglich auf die jeweils passenden Pflanzen, wenn deren Bestand groß genug ist. Die Raupe schlüpft und erfüllt ihren Lebenszweck, nämlich fressen und noch mehr fressen. Sie wächst und wächst, häutet sich zwischendurch und verpuppt sich schließlich in einem Kokon. Je nach Art hängt die Puppe an Stängeln oder liegt am oder im Boden, bis aus ihr der Falter schlüpft. Wollen Sie bestimmte Schmetterlinge ansiedeln, müssen Sie also auf Nahrung für Falter und Raupe achten. Die Raupe des Zitronenfalters frisst beispielsweise nur an Kreuzdorn *(Rhamnus cathartica)* und Faulbaum *(Frangula alnus).* Der Falter ist weniger wählerisch, er liebt Nelkengewächse und überhaupt violette Röhrenblüten. Zur Sicherheit pflanzen Sie noch mindestens einen Quadratmeter Brennnesseln in eine Ecke, denn daran fressen rund 50 Arten, 17 davon sogar ausschließlich an ihnen. Dazu zählen Kleiner Fuchs, Admiral, Tagpfauenauge, Distelfalter und C-Falter.

Nahrung für Nachtfalter

Die bisher angesprochenen Tagfalter machen nur einen kleinen Teil der heimischen Schmetterlingsfauna aus, nämlich 190 von 3700 Arten in Deutschland und 208 von 4070 Arten in Österreich. Es gibt also wesentlich mehr Nachtfalterarten, darunter auch tagaktive Nachtfalter wie Widderchen, Taubenschwänzchen und Russischer Bär. Grundsätzlich brauchen Nachtfalter Blüten, die in der Nacht duften oder „leuchten". Sie sollten also weiß sein und/oder UV-Licht reflektieren. Auch die tagaktiven Arten bevorzugen diese Pflanzen. Hoch im Kurs stehen diverse Lichtnelken *(Silene* spp.*)*, besonders die ein- oder zweijährige Weiße Lichtnelke *(Silene latifolia)*. Dazu passen das Seifenkraut *(Saponaria officinalis)*, das Schmalblättrige Weidenröschen *(Epilobium angustifolium)* und verschiedene *Phlox*-Arten. Phlox, auch Flammenblume genannt, ist nicht in Mitteleuropa heimisch, sondern in Amerika, er zählt aber zu den insektenfreundlichen Klassikern. Polster-Phlox (meist *Phlox subulata* in Sorten) blüht von April bis Mai, die Hohe Flammenblume *(Phlox paniculata)* von Juni bis September. Kombiniert man verschiedene Phlox, so bietet auch ein eher konventionell gestalteter Garten von April bis September viel Insektennahrung. Bei Nachtfaltern beliebte Füllpflanzen sind außerdem Storchschnabel-Arten wie der Wiesen-Storchschnabel *(Geranium pratense)* oder der Braunrote Storchschnabel *(Geranium phaeum)* im Halbschatten. Letzterer setzt in der Sorte 'Alba' schöne weiße Akzente. Wunderschön für den Halbschatten sind auch die Nachtviole *(Hesperis matronalis)* und die Mondviole *(Lunaria rediviva)* mit ihrer einjährigen

Wie ein winziger Kolibri mutet das Taubenschwänzchen an, ein tagaktiver Nachtfalter, der hier Blüten der Hohen Flammenblume besucht.

Möglichst viele verschiedene offene Strukturen bieten unterschiedlichste Lebensräume für Tiere und Pflanzen, auch auf kleinem Raum.

Schwester, der Garten-Mondviole *(Lunaria annua).* Nicht nur Nachtfalter fliegen auf *Lunaria,* auch Tagfalter wie verschiedene Weißlinge und der Aurorafalter, für den sie Nektarquelle und Raupenfutter bietet, dazu Käfer, Schwebfliegen, Wildbienen und die Honigbiene. Zu den ganz wichtigen Nachtfalterpflanzen gehört aus meiner Sicht die Nachtkerze *(Oenothera biennis* agg.*),* obwohl sie nicht heimisch ist. Sie leuchtet zitronengelb in der Dämmerung, ist eine prächtige Strukturpflanze und ein Insektenmagnet. Als Nachtfaltergehölz eignen sich Arten und Sorten der Heckenkirsche *(Lonicera* spp.). Übrigens: Wer einen Garten mit Futterpflanzen für Nachtfalter bepflanzt, fördert damit auch jene, die sich von Nachtfaltern ernähren, zum Beispiel die Fledermäuse. Das ist, unter anderem, das Schöne am Naturgarten: wir fördern mit jeder Maßnahme nicht nur eine Pflanze oder ein Tier, sondern auch alle, die in der Nahrungskette über ihnen stehen. So nützt alles, was zu mehr Larven und Raupen führt, auch zahlreichen Singvögeln, die damit vor allem ihre Jungen ernähren.

Ein Heim für Tiere

Die Vielfalt im Naturgarten erstreckt sich nicht nur auf die Pflanzen, sondern auch auf unterschiedliche Standorte, die wiederum verschiedene Lebensräume für Pflanzen und Tiere schaffen. Das beginnt beim Boden, der je nachdem, ob er fett oder mager ist, die Grundbedingungen für ganz verschiedene Pflanzenarten bietet. Wenn wir sandig-lehmige Bodenbereiche unbepflanzt lassen, bieten wir auch bodenbrütenden Insekten Raum. Die Vielfalt erstreckt sich auch auf unterschiedliche Elemente im Garten: bepflanzte Kies- und Steingärten, Kletterhilfen, um mit Pflanzen auch die Vertikale zu erobern, extensive Gründächer auf Garagen, intensive Dachgärten im ersten oder auch fünften Stock. Pflanzen im Gemüsegarten tragen ebenso zur Vielfalt bei wie Beerensträucher und Obstbäume.

Entfernung von Nahrung und Wohnung

Eine Studie der Universität München und der Botanischen Staatssammlung München kam zu dem Schluss, dass kleinere Wildbienenarten nicht weiter als 150 Meter von ihren Nistplätzen zu ihren Nahrungsquellen fliegen, Hummeln schon mal 1200 m. Die staatenbildende Honigbiene kann dank Arbeitsteilung im Stock weiter fliegen, meist bis zu 3 km, manchmal auch bis zu 5 km. Denn ist die eine Pollensammlerin mit der Nahrungslieferung für die Larven später dran, übernehmen die Kolleginnen. Das bedeutet jedenfalls für insektenfreundliche Gärtner, dass

Nahrung die gesamte Flugsaison über im unmittelbaren Umfeld der Nistplätze verfügbar sein muss. Insekten haben nicht die Kapazitäten, bei Nahrungsmangel einfach ins Nachbartal auszuweichen. Allerdings bedeutet das auch, dass eine Blumenwiese und „durchblühende" Bepflanzung im Garten allein nicht die Rettung sind. Der Garten muss auch die passende Infrastruktur bieten: Totholz, offenen Boden, Trockenmauern, hohle Stängel. **Teiche und Schwimmteiche** bieten zusätzlich einen weiteren Lebensraum für speziell angepasste Pflanzen und Tiere, die in ihrer Entwicklung auf Wasser angewiesen sind. Trockenmauern sind ein wichtiger Rückzugsort für Eidechsen, Laub- und Asthaufen bieten Igeln und verschiedenen Käfern Unterschlupf. Wege, die wasserdurchlässig als Schotterrasen gestaltet sind, bieten einen Standort für die Hungerkünstler unter den Stauden. Topfgärten erweitern die bepflanzbare Fläche.

Umsichtig gärtnern

Zur Förderung der Vielfalt gehört auch die entsprechende Pflege des Gartens durch den Menschen. Manche Wildbienen, aber auch Schmetterlinge legen ihre Eier in oder an Pflanzenstängel. Dort entwickeln sie sich dann weiter. Mähen Sie diese Stängel sehr früh ab, entsorgen Sie damit Eier, Raupen und Schmetterlingspuppen mitsamt dem Schnittgut. Blüten, Blätter und Stängel von Stauden werden im Herbst unansehnlich braun. Der ordentliche Gärtner schneidet dann alles bodennah ab, recht das Laub zusammen und wirft es bestenfalls auf den Kompost, schlimmstenfalls in die Tonne. Das ist dann das sichere Ende für Raupe und Co.

Dies alles kann nur ein kleiner Einblick in die vielfache Vernetzung und die überbordende Diversität der heimischen Natur sein, sozusagen nur ein Blick auf die Spitze des Eisbergs. Wem das bereits zu komplex erscheint, dem sei zum Trost versichert: Mit einer Vielfalt an heimischen Pflanzen aus verschiedenen Familien, mit verschiedenen Blühzeitpunkten und mit extensiver Pflege kann man nur alles richtig machen.

Damit es bei Ihnen auch im nächsten Jahr summt und brummt, lassen Sie Stauden als Überwinterungsort für Insekten in verschiedenen Entwicklungsstadien stehen.

Wasser im Garten eröffnet eine weitere Dimension der Artenvielfalt, denn manche Tiere sind in ihrer Entwicklung auf das nasse Element zwingend angewiesen.

Wo ein fetter Boden keine Magerwiese entstehen lassen wird, kann ein wunderbar lebendiger „Malvenwald" die Besitzer und die Tierwelt erfreuen.

Nachhaltigkeit im Garten

Bedeutet Vielfalt in den Garten zu bringen, dass jetzt jeder Naturgarten alle möglichen Elemente aufweisen soll oder muss? Muss man an Orten, an denen es viel Niederschlag gibt und lehmige, nährstoffreiche Böden, unbedingt eine trockene Magerwiese etablieren? Muss man für die Artenvielfalt in eine feuchte Wiese noch einen Schwimmteich hineinbauen? Die klare Antwort lautet: Nein, das muss man nicht. Aus Gründen der Nachhaltigkeit sollte man immer zuerst mit den vorhandenen Möglichkeiten arbeiten. Übrigens, sollte man das schon rein aus Bequemlichkeit tun, denn je angepasster eine Vegetation an das Vorhandene ist, umso robuster und pflegeleichter ist sie. Was aber bedeutet Nachhaltigkeit? Nachhaltig agieren heißt, so zu handeln, dass soziokulturelle, ökologische und ökonomische Ressourcen nur so weit ver- und gebraucht werden, dass sie auch zukünftigen Generationen in der gleichen Qualität und Quantität zur Verfügung stehen: enkelfreundlich, sozusagen. Diesen Ausdruck mag ich, denn im Gedanken an die eigenen Kinder und Enkel agieren viele Leute mit mehr Rücksicht als im Gedanken an die doch eher abstrakte Welt im Gesamten.

Enkelfreundlich handeln

Die Rücksichtnahme auf Tiere und heimische Pflanzengesellschaften und deren Erhalt für unsere Enkel sind auch ein Teil der Nachhaltigkeit.

Nur was man kennt, schützt man. Kinder, die glauben, dass Kühe lila sind, und für die ein Rasenroboter zum Haustier wird, werden sich nicht für den Schutz von Flussauen und Bergwiesen einsetzen, sie kennen sie ja gar nicht. Das ist schade, denn die Liebe zum Lebendigen, die Biophilie, ist tief im Menschen angelegt. Fehlender Naturkontakt hinterlässt demnach ein Loch in der Seele. Umso wichtiger ist es, das Leben in den Garten und vor die Haustür einzuladen. Neben dem Schaffen von Lebensräumen bedeutet Nachhaltigkeit im Garten, das Klima und die Menschen, die die Dinge und Pflanzen produzieren, die wir verwenden möchten, zu berücksichtigen. Bei der Prüfung des eigenen Vorhabens auf Nachhaltigkeit helfen die folgenden **acht Rs**:

Realitätsbezug

Ideen gibt es viele, als Entscheidungshilfe sollte zuerst die Frage dienen: Warum will ich das? Gartenzeitschriften zeigen uns Bilder, die das Bedürfnis wecken, genau so zu leben. Die Fotos transportieren starke Gefühle, sie zeigen glücklich lachende Paare vor einer Villa mit Pool, spielende Kinder in fleckenlosen hellen Kleidern mit Hund in einer Blumenwiese, strahlende, apfelbäckige Großeltern in einem großen Gemüsegarten. Das weckt in uns die Sehnsucht nach einer heilen Welt, die es so leider nicht gibt. In der Realität wäre das Paar verschuldet, Kinder und Hund dreckig, die Blumenwiese zertrampelt und die Großeltern stünden noch voll im Arbeitsleben, ohne Zeit für viel Gemüse. Sehnsüchte sind schön, aber bevor wir den Spaten in die Hand nehmen, sollten wir uns fragen, ob es wirklich die eigenen Sehnsüchte sind oder ob nur die Werbebranche gut gearbeitet hat. Passt das Projekt in die eigene Lebensrealität? Ist genug Geld für den Pool oder Zeit fürs Gemüse da? Manchmal ist Nichtveränderung die angenehmste und nachhaltigste Lösung. Ist eine Baumaßnahme doch ein Herzenswunsch oder einfach notwendig, sollte man dafür die nachhaltigste Lösung suchen. Ich liebe Beispiele, deshalb werde ich die sieben verbliebenen Rs an einem Beispiel verdeutlichen: Die Familie ist größer geworden, es gibt Schwiegerkinder, ein neuer Sitzplatz für zehn statt sechs Personen muss her. Die alte Pergola ist etwas morsch und einige Terrassenplatten wackeln.

Ein naturnah und nachhaltig gestalteter Garten wirkt über die Eindrücke, die der Nachwuchs darin erfährt, noch Generationen fort.

Die acht Rs

- → Realitätsbezug
- → Reduktion
- → Reparatur
- → Recycling
- → Regionalität
- → Robustheit
- → Ressourcenschonung
- → Rücksichtnahme

Reduktion

Je kleiner die neue Terrasse wird, desto weniger Material und weniger Zeit wird benötigt, damit wird weniger CO_2 bei der Herstellung und dem Transport der Platten frei. Überlegen Sie zuerst, wie klein die neue Terrasse sein darf, damit zehn Personen Platz finden, immerhin sind es die meiste Zeit ja weniger Menschen. Kann die vorhandene Terrasse nicht eventuell einfach nur vergrößert werden? Dafür müsste kaum zusätzliche Fläche befestigt werden. Ist die alte Fläche so beschaffen, dass man nicht anbauen kann, erfüllt vielleicht auch eine zweite, nahe gelegene Terrasse den Zweck. Teenager z.B. sind durchaus ganz gern mal unter sich.

Reparatur

Sind die Steher der Pergola noch in Ordnung und nur die dünnen Querlatten morsch, so reicht es, die Querlatten zu ersetzen. Das spart nicht nur Material, sondern schont auch die eventuell schon vorhandenen Kletterpflanzen. Wackelnde Belagplatten können Sie aus dem Splittbett nehmen, das Bett neu nivellieren und die alten Platten wieder darauf verlegen.

Eine schmale umlaufende Holzterrasse aus heimischer Lärche bietet verschiedene Sitzplätze und verbraucht nicht viel Platz und Ressourcen.

Recycling

Können die Platten wiederverwendet werden, ist das zwar gut, aber es sind für einen größeren Sitzplatz ja auf alle Fälle zu wenig Platten. Mit etwas Geduld kann man gebrauchte Platten in der Nachbarschaft bekommen, das erspart den sonst mit der Besorgung verbundenen CO_2-Ausstoß und den Nachbarn die Entsorgung. Beispiele für interessante Stein- und Plattenkombinationen finden Sie an verschiedenen Stellen im Buch. Auch alte Mauerteile können als Terrassenbelag funktionieren.

Regionalität

Ist das alles nicht praktikabel, überlegen Sie, wie aufwendig der Abbau und die Entsorgung der alten Terrasse sind. Manchmal kann man die alte Terrasse mit einer neuen Fläche überbauen. Gut geeignet dafür ist ein Belag aus Holz aus heimischen Wäldern, z.B. Lärche, Eiche oder Robinie, das von einem nahen Sägewerk geliefert werden kann. Terrassenbretter sind ca. 4 cm stark, eine Höhe, die oft noch über schon vorhandene Platten passt. Zum richtigen Zeitpunkt geschnittenes, gut getrocknetes Holz ist zwar nicht so langlebig wie Stein, aber unter Beachtung von konstruktiven Holzschutzmaßnahmen hält eine Lärchenholzterrasse auch 20–30 Jahre. Holz ist ein nachwachsender Rohstoff, meist wird eine gerodete Waldfläche neu bepflanzt, und unser Terrassenholz liegt jahrzehntelang, somit ist die Produktion klimaneutral. Bei Betrieben in der Region zu kaufen erhält lokale Arbeitsplätze und unser Landschaftsbild, das vom Wechselspiel zwischen Wäldern, Rodungsflächen und Wiesen geprägt ist.

Ressourcenschonung

Ressourcen umfassen alles, was im Garten vorhanden ist und in den Garten eingebracht wird. Jeder gut gepflegte Spaten ist eine Ressource, ebenso wie selbst produzierter Kompost oder

Bohnenstangen vom eigenen Haselstrauch. In unserem Beispiel wurden mit all den vorher genannten Maßnahmen Ressourcen - also Splitt, Stein, Holz - gespart. Durch die Verwendung eines sickerfähigen Belags wird noch eine weitere Ressource geschont, nämlich Wasser. Wegen des Klimawandels kommt es immer häufiger zu Starkregen, das bedeutet, eine große Regenmenge fällt in kurzer Zeit. Von versiegelten Flächen wie Beton fließt das Wasser ungenutzt in den Kanal und dann in Flüsse, wo die Starkregenmengen zu Überschwemmungen führen. Unversiegelte Flächen wie gewachsener Boden, Wege und Plätze aus Kies (siehe Wassergebundene Decke, Seite 92), Platten im Splittbett oder Holzterrassen mit Fugen, lassen Regen ins Grundwasser durchsickern und helfen, die Grundwasserspeicher wieder aufzufüllen.

Robustheit

Auch die Robustheit, also Qualität und Langlebigkeit eines Materials, bestimmt, ob es als nachhaltig gelten kann. Soll es in unserem Beispiel doch eine Terrasse aus neuen Steinplatten werden, sollte es Material aus der Region sein, dieses fügt sich optisch gut ein und verursacht kaum Transportkosten. Die meisten Steine aus Mitteleuropa, z.B. Granit aus der Böhmischen Masse, sind enorm langlebig und damit enkelfreundlich. Mit der Zeit entwickeln sie Patina und Charme: Kanten werden abgetreten, Moos sammelt sich an, kleine Pflänzchen sprießen aus den Fugen.

Rücksichtnahme

Wir haben nur diese eine Welt. Sind ihre Ressourcen einmal verbraucht, dann war es das. Dank der Globalisierung sind wir mit der ganzen Welt verwoben. Mit unseren Kaufentscheidungen beeinflussen wir Bedingungen in anderen Ländern und Erdteilen. Zwei kleine Beispiele:

Tropenholz

Für Tropenholz werden Regenwälder abgeholzt. Selbst wenn es „aus Plantagen" stammt, gab es anstelle der Plantage früher einmal einen artenreichen Regenwald. Die Arbeitsbedingungen vor Ort entsprechen bei Weitem nicht unseren Standards und der Transport produziert einen enormen CO_2-Ausstoß. Eine Abholzung von Regenwäldern bedeutet dazu meist Brandrodung, wodurch Unmengen von CO_2 und andere Rauchbestandteile in die ohnehin schon aufgeheizte Atmosphäre gelangen und Tiere qualvoll verenden.

Ein sickerfähiger Belag aus recycelten verschiedenen Platten und Pflastersteinen mit bewachsenen Fugen ist ressourcenschonend und erfüllt seinen Zweck.

Naturstein aus Asien

Natursteine aus China und Indien können uns in den Baumärkten nur so billig angeboten werden, weil die Menschen dort unter schlechten Bedingungen arbeiten müssen und weil Umweltschäden nach wie vor nicht eingepreist werden. Die Riesentanker, die den billigen chinesischen Granit liefern, tanken Schweröl, das viel Schwefel und Schwermetalle enthält, und für den Schiffsanstrich werden umweltschädliche Chemikalien verwendet. Das Ballastwasser kann Fremdorganismen und Krankheitskeime enthalten und Abwässer und Abfälle der Tanker werden einfach ins Meer entsorgt.

Im Naturgarten ist eine akkurate Pflege nicht nötig, im Gegenteil, der Garten lebt davon, dass natürlichen Entwicklungen Raum gegeben wird. Ganz ohne Pflege geht es aber auch hier nicht.

Extensive Pflege

Was bedeutet „extensiv“? Es ist das Gegenteil von intensiv, von angespannt und konzentriert. Die Pflege im naturnahen Grün ist entspannt, kommt mit weniger Material, Arbeit und Terminen aus. Im konventionellen Garten gibt es klare Regeln: Hecke und Rasen werden geschnitten, wenn sie die Planhöhe erreicht haben, der Pool wird alle vier Wochen gechlort und das Wechselflorbeet dreimal im Jahr neu bepflanzt. Zu behaupten, der Naturgarten sei völlig pflegefrei, ist allerdings eine Lüge. Tut man gar nichts, findet man sich nach wenigen Jahren in einem Buschwald wieder, da sich Gehölze einfach durchsetzen, wenn weder Schaf noch Mensch sie beschränken. Aber es reicht weniger Pflege, da eine gewisse „Unordnung“ für tierische Mitbewohner lebensnotwendig ist. In Mitteleuropa sind z.B. 1340 verschiedene Arten in irgendeiner Phase auf Alt- und Totholz angewiesen. Über 20 Prozent der Wildbienen nisten in alten Käfergängen oder hohlen Stängeln. Nicht zu vergessen der Specht, der sich Larven aus dem Totholz freiklopft, und schließlich Singvögel, die Spechtlöcher in hohlen Bäumen als Nisthöhlen nutzen. Naturgärtner streben nicht nach Maximierung. Nicht der größte Ertrag des Apfelbaums ist das Ziel, sondern ein gesunder Baum. Der Rasen muss nicht nur aus akkurat geschnittenen Gräsern bestehen, die das ganze Jahr giftgrün leuchten. Es darf ein gemischter Blumenrasen sein, der immer wieder unterschiedliche Blüten zeigt, und im Sommer auch einmal gelb werden darf - er erholt sich bei Regen wieder. Das einzige Maximum, das angestrebt wird, ist ein Höchstmaß an Artenvielfalt. Die folgenden Hinweise gelten für alle Gartenbereiche. Spezielle Pflegearbeiten, z.B. bei einem Teich, finden Sie im jeweiligen Kapitel.

Düngen

Nutzen Sie grundsätzlich keine chemisch-synthetischen Dünger. Die meisten Böden sind für viele Wildpflanzen ohnehin zu nährstoffreich. Flächen können durch Abführen des Mähgutes mit der Zeit abgemagert werden, da viele Wiesenblumen nährstoffarme Böden bevorzugen. Das Abmagern kleinerer Bereiche funktioniert auch durch die Bepflanzung mit Starkzehrern wie Sonnenblumen oder Kürbisgewächsen. Betreiben Sie Kreislaufwirtschaft: Was im Garten anfällt, bleibt größtenteils auch hier. Grünschnitt landet auf dem Kompost oder auf dem Asthaufen. Reifen Kompost setzen Sie als Dünger ein, wo viele Nährstoffe nötig sind, also im Gemüsebeet und vielleicht noch unter Hecken und Obstbäumen.

Kleine Häufchen abgestorbenen Pflanzenmaterials stören nicht groß, lassen Sie es als Nistmaterial und Rückzugsort für Tiere liegen.

Extensive Pflege kurzgefasst

- → weniger ist mehr
- → kein Gift, keine chemisch-synthetischen Dünger
- → nur absolut notwendiges Jäten, Sukzession zulassen
- → den Boden dauerhaft bedecken
- → Kreislaufwirtschaft betreiben
- → Laub- und Asthaufen aufschichten
- → Stängel und Totholz stehen oder liegen lassen
- → Heckenschnitt außerhalb der Brutzeit von Vögeln

Aufräumen und Jäten

Große Äste und Stämme lassen Sie als Totholz im Garten. Herbstlaub rechen Sie vom Rasen weg unter die Hecke oder kompostieren es. In Staudenbeeten jäten Sie nur das Nötigste und lassen Sie Sukzession zu. Das heißt, akzeptieren Sie, zumindest teilweise, die Veränderung der Zusammensetzung der Pflanzenarten. Wenn sich eine Art, z.B. eine Malve, im Beet besonders wohlfühlt, der zarte Lein aber immer wieder verschwindet, müssen Sie nicht ständig Lein nachpflanzen, die Malven dürfen seinen Platz einnehmen. Damit im Beet nicht zu viele unerwünschte Beikräuter keimen, halten Sie den Boden bedeckt, entweder durch Mulchen mit Rasenschnitt oder Asthäcksel oder durch eine Bepflanzung mit Bodendeckern. Vertrocknete Stängel lassen Sie teilweise stehen, hier überwintern Insekten. Schneiden Sie Hecken und Sträucher nur außerhalb der Brutzeit von Vögeln.

Elemente im Naturgarten

Jeder Garten besteht aus verschiedenen Teilen. Dazu gehören gebaute Elemente wie Zäune, Wege, Treppen oder Teiche, aber auch strukturgebende Pflanzen. Die richtige Auswahl macht das grüne Wohnzimmer zu einem Raum voller Leben.

Ein Apfelbaum sollte in keinem Garten fehlen. Erst erfreut er die Insekten mit Nektar und Pollen und später Tiere und uns Menschen mit seinen Früchten.

Bäume

Bäume sind Gehölze, das heißt, sie haben ein verstärktes Dickenwachstum - sie „verholzen". Im Gegensatz zu Stauden treiben sie nicht jedes Jahr neu aus dem Wurzelstock aus, sondern nur aus den Knospen der Äste. Bäume haben einen Hauptstamm, der sich erst später verzweigt. Ökologisch besonders wertvoll sind heimische Arten und alle Obstbäume.

Obstbäume

Uns Menschen freut es, den ganzen Sommer und Herbst frisches Obst auf dem Teller zu haben, aber auch Insekten brauchen Nektar und Pollen ohne Versorgungslücke. Wenn möglich, sollte man also mehrere Arten und Sorten pflanzen.

Obstbäume gibt es in mehreren Größen und Wuchsformen:

- → Der Hochstamm: Beim Hochstamm beginnt sich die Krone erst ab einer Stammhöhe von 1,80 m zu verzweigen. Der Abstand zwischen zwei Hochstämmen sollte mind. 8 m betragen.
- → Der Halbstamm: Hier setzt die Krone bei einer Stammhöhe von 1,2 m an, der einzuhaltende Mindestabstand zum nächsten Baum beläuft sich auf 5 m.
- → Der Spindelbusch oder Säulenbaum: Bei diesen Formen ist die Obstsorte auf eine schwachwüchsige Unterlage veredelt. Die Pflanzen eignen sich für kleine Gärten und Balkone und brauchen in der Reihe einen Ab-

stand von 2-3 m. Außer bei Apfelbäumen muss laufend mit Erziehungsschnitten an der Form gearbeitet werden.
→ Busch oder Viertelstamm: Der Stamm ist hier nur 50 cm hoch. Weil die Pflanzen breit wachsen, sollte man einen Pflanzabstand von 3-4 m einhalten.

Der Vorteil von Hochstämmen ist, dass die darunterliegende Fläche genutzt werden kann, etwa als Blumenwiese. Man kann unter der Krone durchgehen und zwischen zwei Hochstämmen eine Hängematte spannen. Die Ernte ist dagegen mühsamer als beim Halbstamm oder bei Büschen. Dafür bekommt so ein Halbstamm schon einmal einen Kronendurchmesser von 5 m, das nimmt Raum ein. Obstbäume bevorzugen nährstoffreiche Böden mit guter Wasserversorgung in sonniger Lage. Für die Zukunft sollten wir in unseren Breiten auch noch eher unübliche Obstbäume einplanen: Weiße und Schwarze Maulbeere *(Morus alba* und *M. nigra)*, Edelkastanie *(Castanea sativa)* und Kaki *(Diospyros virginiana)*. Sie alle werden gut mit höheren Temperaturen zurechtkommen. An geschützten Stellen wächst jetzt schon die Feige *(Ficus carica)*.

Heimische Laubbäume

Robust, pflegeleicht und auch für Tiere nützlich sind neben Obstbäumen in erster Linie heimische Bäume. Im Folgenden werden nur solche vorgestellt, die sich auch für „normalgroße" Gärten eignen. Eine Linde, die 40 m hoch und 1000 Jahre alt werden kann, ist zwar toll, passt aber kaum in einen Privatgarten. Bäume bieten auch jede Menge Nahrung für Vögel. Direkt, weil Vögel auch Früchte fressen, nicht nur von den klassischen Obstbäumen, sondern auch gerne von Eberesche (*Sorbus aucuparia)*, Trauben-Kirsche *(Prunus padus)* oder Holunder *(Sambucus nigra)*, und indirekt, weil wertvolle Nahrung für Vogeljungen in Form von Raupen auf oder an ihnen lebt. Bäume bieten Vögeln und Eichhörnchen sichere Nistplätze. Und meist hängt an ihnen auch das gute Fettfutter, mit dem wir ihnen über den Winter helfen. Die Ganzjahresfütterung gibt den Vogeleltern die Energie, um Raupen und andere Insektenlarven für die Jungen zu erjagen.

Klimaretter Baum

Bäume sind darüber hinaus wunderbare Schattenspender und sie produzieren viel Sauerstoff, ein ausgewachsener Apfel-Hochstamm ca. 20 kg pro Tag. Sie schaffen durch die Verdunstung in ihrer Umgebung ein angenehmes kühleres Kleinklima. Ein Apfelbaum verdunstet 100-200 l Wasser täglich und fixiert pro Jahr ca. 200 kg Kohlenstoff durch die Aufnahme von Kohlendioxid aus der Luft. Bäume werden darum in Zeiten der Erderwärmung nicht nur in der Stadt, sondern auch im Privatgarten immer wichtiger.

Die Auswahlkriterien

Jeder Garten ist in seiner Größe beschränkt, die Auswahl der Bäume will demnach sorgfältig getroffen sein. Die wichtigsten Auswahlkriterien sind die Standorteigenschaften, aber zwei weitere Punkte sollte man noch bedenken: Durch die Erderwärmung ändert sich vieles, Bäume die bisher ganz gut gewachsen sind, z.B. Rotbuche, Walnuss oder Fichte, können im Tiefland nicht mehr Schritt halten. Berücksichtigen Sie, dass es wärmer und trockener wird, und wählen Sie keinen Baum, der einen gut mit Wasser versorgten Boden braucht, wenn Sie in einer Region wohnen,

Ein nachhaltiges Gartenelement

Einen Baum zu pflanzen hat auch etwas Philosophisches: „Wer Bäume setzt, obwohl er weiß, dass er nie in ihrem Schatten sitzen wird, hat zumindest angefangen, den Sinn des Lebens zu begreifen" (Rabindranath Tagore, indischer Philosoph). Insofern ist das Bäumepflanzen eine wirklich „enkelfreundliche" Tat.

die jetzt gerade noch genug Niederschlag bekommt. Gleichzeitig gibt es immer noch Nächte und Perioden mit tiefem Frost, das muss der Baum auch aushalten können. Ein Orangenhain ist also noch länger nicht drin.

No-Gos und Wackelkandidaten

Gibt es Pollenallergien in der Familie, pflanzen Sie keine Auslöser wie zum Beispiel Birken. Auf gar keinen Fall sollten Sie invasive Neophyten pflanzen, die in der angrenzenden Landschaft die vorhandene Vegetation verdrängen könnten (siehe Seite 14). Der Asiatische Götterbaum *(Ailanthus altissima)* ist in meinen Augen ein Wackelkandidat. Er sprießt gnadenlos aus jeder Ritze, auch im heißesten Stadtpflaster. Deshalb sehe ich ihn zwar nicht als Gartenbaum, als Stadtbaum der Zukunft kann ich ihn mir aber vorstellen. Das trifft auch auf die Robinie *(Robinia pseudacacia)* zu. Sie kann als Schmetterlingsblütler Luftstickstoff binden, das ist auf mageren Böden ein Vorteil. Sie nimmt aber auch große Flächen „dank" ihrer Wurzelausläufer ein.

Empfehlenswerte heimische Arten

In der Tabelle unten finden Sie nur eine kleine Auswahl aus den vielen möglichen Baumarten, aber alle genannten bieten viel für Mensch und Tier und brauchen wenig Pflege. Aufgelistet sind auch Wildobstarten, sie sind für Tiere ebenso wichtig wie Edel-Obst in Sorten. Von den Blättern und Früchten eines Apfel- oder Birnbaumes ernähren sich die Raupen von 21 Groß- und 42 Kleinschmetterlingen, die Falter konsumieren die Säfte des Fallobstes. Sieben Hummelarten und mehr als 30 Wildbienenarten - und natürlich die Honigbiene - nutzen die Blüten. Über 30 Säugetierarten fressen an Äpfeln und Birnen, zum Beispiel der Siebenschläfer oder die Haselmaus. Auch ungefüllte Sorten von Zieräpfeln und Zierkirschen können das Pflanzenspektrum in einem naturnahen Garten erweitern.

Bäume für Naturgärten

Nr	Botanischer Name	Deutscher Name	Besonderheiten
1	*Acer campestre*	Feld-Ahorn	2-15 m, blüht unauffällig im Mai, guter Nektarspender, Sonne oder Halbschatten
2	*Alnus incana*	Grau-Erle	5-15 m, blüht im zeitigen Frühjahr mit gelbgrünen Kätzchen, anpassungsfähig
3	*Betula pendula*	Hänge-Birke	10-20 m, blüht im April, schnellwüchsig, sehr anpassungsfähige Art
4	*Malus sylvestris*	Holz-Apfel	2-10 m, blüht rosaweiß im Mai, Stammform der Apfel-Sorten
5	*Prunus padus*	Trauben-Kirsche	2-10 m, blüht weiß im April und Mai; Früchte bitter, Vogel- und Raupenfutter
6	*Pyrus pyraster*	Wild-Birne	3-20 m, blüht weiß im April und Mai, sehr flexibel bzgl. Nährstoffen, Raupenfutter
7	*Salix caprea*	Sal-Weide	2-10 m, blüht ab Februar mit gelben Kätzchen, wichtige zeitige Bienenweide
8	*Sorbus aucuparia*	Eberesche	5-12 m, blüht weiß im Mai und Juni, Bienenweide und Vogelnährgehölz

1
2
3
4
5
6
7
8

Diese Tiere leben im Baum

SPECHT
Vor allem der Buntspecht holt gerne Larven unter der Baumrinde hervor, kommt aber auch zum Vogelfutterhaus. Er nistet in Baumhöhlen, die er auf die passende Größe meißelt.

KLEIBER
Auch der Kleiber nistet in Baumhöhlen, er „verklebt“ den Eingang der Nisthöhle zum Schutz der Jungvögel mit Lehm. Er ist der einzige Vogel, der kopfabwärts den Baumstamm hinablaufen kann.

MARIENKÄFER
Marienkäfer überwintern dank „Frostschutzmittel“ im Blut als Käfer. Sie legen ihre Eier an von Blatt- oder Schildläusen besiedelten Pflanzen ab, wo ihre Larven die Läuse fressen.

MEISE
Sechs der neun heimischen Meisenarten findet man regelmäßig auf Gartenbäumen: Kohl- und Blaumeise, aber auch Tannen- und Sumpfmeise, gelegentlich Hauben- und Schwanzmeise.

SCHMETTERLING
Etwa 30 heimische Schmetterlinge sind auf waldartige Lebensräume angewiesen, z. B. Trauermantel, Schillerfalter, Großer und Kleiner Fuchs sowie Kaisermantel.

EICHHÖRNCHEN
Eichhörnchen halten ihre Winterruhe in selbst gebauten Kobeln in höheren Bäumen, bedienen sich aber gerne am Vogelfutter. Ein Walnussbaum oder Haselnussstrauch im Garten erfreut sie.

Baumpflege

Bäume existieren auch ohne menschliche Hilfe. Sie gedeihen, selbst wenn man ihnen nicht regelmäßig mit der Säge zu Leibe rückt. Oft würde es ihnen ohne sogar besser gehen. Bäume, besonders heimische, die man zur Zierde, als Schattenspender und als Lebensraum in den Garten gesetzt hat, sollte man nur dann schneiden, wenn sie irgendetwas behindern, fast in Oberleitungen wachsen oder wenn sie die Dachrinne mit ihrem Laub verstopfen.

Ein paar Grundsätze zum Gehölzschnitt:

→ Immer zuerst auf die eigene Sicherheit achten, besonders wenn man auf der Leiter arbeitet.
→ Scharfes, gepflegtes Werkzeug verwenden.
→ Wenn Sie an kranken Bäumen arbeiten, desinfizieren Sie das Werkzeug vor dem Schnitt des nächsten Gehölzes, um keine Krankheiten zu übertragen.
→ Nichts schneiden, was stärker ist als ein Oberarm.
→ Keine Aststümpfe stehen lassen, an die man einen Hut hängen könnte. Jeder Ast hat an seiner Basis einen Astkragen. Dieser enthält eine chemische Sperrschicht mit Abwehrmechanismen gegen das Eindringen von Krankheitskeimen. Bei einem natürlich absterbenden Ast erkennt man den Astkragen gut, da er vom Baum weiter versorgt wird. Der Astkragen ist quasi die Sollbruchstelle. Lässt man über diese hinaus einen Stumpf stehen, so wird dieser vom Baum nicht mehr versorgt und stirbt ab. Der Baum kann die Schnittstelle an dieser Stelle nicht mit lebendem Gewebe (Kallus) verschließen und Keime können eindringen. Das Verschließen der Schnittstellen mit Wundverschlussmitteln ist nicht mehr Stand der Technik. Meist bildet sich unter der Paste Feuchtigkeit und Fäulnis.
→ Komplizierte oder potenziell gefährliche Arbeiten sollte lieber eine Fachfirma ausführen.
→ Gut geplant haben die Bäume schon die richtigen Abstände zum Haus, zu den Stromleitungen und zur Straße. Der Schnitt ist obsolet.

Düngung

Darf im Herbst das Laub unter dem Baum liegen bleiben, wird es von Bodentieren und Mikroorganismen zersetzt und dient dem Baum als Nahrung. Bringen Sie es regelmäßig weg, wird der Boden immer ärmer an Nährstoffen. Wachsen Stauden unter dem Baum, kann das Laub zwischen den Stauden liegen bleiben, auch Mulchen mit Rasenschnitt ist sinnvoll. Wächst Rasen unter dem Baum, muss das Laub allerdings weggerecht werden, sonst erstickt das Gras. In diesem Fall sollten Sie den Baum im Frühling mit Kompost düngen. In jedem Fall können Sie dem Baum auch mit Effektiven Mikroorganismen, Mykorrhiza und/oder Urgesteinsmehl etwas Gutes tun.

Der Schnitt von Obstbäumen

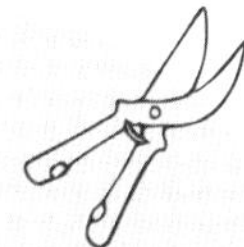

Grundsätzlich produzieren Obstbäume auch ohne Schnitt Früchte. Tun sie das nicht oder nicht genug, sollte zuerst geklärt werden, ob überhaupt ein Baum einer Befruchtersorte in der Nähe wächst. Wenn ja, kann man – muss man aber nicht – „auf Ertrag“ schneiden, dabei werden die Fruchtknospen besonders gefördert. Wie und wann das zu geschehen hat, hängt von der jeweiligen Obstart ab. Ein paar grundsätzliche Hinweise gelten für alle:

→ Der Baum soll sich gleichmäßig in alle Richtungen entwickeln können, also z.B. nicht von einer Hecke bedrängt werden.
→ Er soll nur einen Haupttrieb haben, einen konkurrierenden Nebentrieb sollten Sie frühzeitig entfernen.
→ Einander kreuzende und damit aneinanderreibende Äste sowie Wassertriebe sollten Sie herausnehmen. Ein guter Zeitpunkt, um noch weiche Wasserschosser auszureißen, ist Anfang Juni.

Eine gemischte Hecke aus früchtetragenden Sträuchern stellt im Sommer einen dichten Sichtschutz dar und bietet Nahrung und Zuflucht für zahllose Tiere.

Sträucher

Sträucher sind ein wichtiger Bestandteil jedes Gartens, meist werden sie als Hecke zum Zweck des Sichtschutzes gepflanzt. Sie erfüllen im Prinzip aber die gleichen Aufgaben wie Bäume: Sie werfen Schatten, verdunsten Wasser und schaffen damit ein angenehmes Kleinklima. Sie binden Kohlenstoff aus der Luft und geben Sauerstoff ab. Damit nicht genug, bieten sie, richtig gewählt, Pollen und Nektar für Insekten, Blätter für Schmetterlingsraupen, Früchte und Rückzugsorte für Singvögel und Eichhörnchen.

Die Sache mit dem Sichtschutz

Jede Strauchart hat ein natürliches Wuchsverhalten, meist ist die Form eher kugelig, oft überhängend und die Mehrzahl der Arten wird doch einige Meter hoch. Will man eine formale Hecke, die schmal wächst und die man kaum schneiden muss, sollte man daher zu immergrünen Nadelgehölzen greifen. Diese haben aber auch ihre Nachteile, unter anderem bieten sie keine Insektennahrung und sehen das ganze Jahr über gleich aus, wie eine grüne Mauer. Unter den heimischen Nadelgehölzen eignet sich die Eibe am besten für solch einen dichten Sichtschutz, weil sie sehr schnittverträglich ist und nicht schnell verkahlt. Allerdings wächst sie recht langsam und die ganze Pflanze, bis auf die roten Fruchtmäntel, ist sehr giftig. Mit der richtigen Auswahl und etwas Pflege kann man mit der Pflanzung heimischer

Laubgehölze aber ebenfalls einen sehr guten Sichtschutz erreichen (siehe Seite 48).

Die Hecke als Abgrenzung

Hecken sind in der Landschaft am Übergang zwischen Räumen wie Wiesen und Wäldern zu finden. Sie schließen den Wald sozusagen ab. Zwischen Hecke und Wiese findet noch eine Saumgesellschaft Platz, mit Stauden, die eher standfest sind wie etwa Karden *(Dipsacus* spp.*)* Malven *(Malva* spp.*)* oder Astern *(Aster* spp.*)*.
Auch im Garten bildet eine Hecke oft die Grenze zwischen außen und innen und wir tun im Sinne der Artenvielfalt gut daran, auch dort einen Übergang bzw. einen Saum einzuplanen.
Hecken werden im Garten oft entlang des Zauns gesetzt. Hier erfüllen sie neben ökologischen auch praktische Aufgaben. Die Hecke dient als Sichtschutz und lässt uns den eigenen Garten als privaten, abgeschlossenen Raum erleben, als Rückzugsort, als Urlaubsinsel. Sie filtert neben neugierigen Blicken auch Staub, Schadstoffe und Lärm. Dazu muss sie entsprechend dicht gepflanzt werden und je nach verfügbarem Platz und Bedarf nach Blickdichte auch eine gewisse Breite aufweisen (siehe Seite 48).
Gleichzeitig kann man sie durch Schnittmaßnahmen perfekt den eigenen Bedürfnissen anpassen: gerade hoch und breit genug, um Sichtschutz zu bieten, aber nicht, um Sonne und Platz zu rauben. Beim Pflanzen einer Hecke an der Grundstücksgrenze gibt es jedoch rechtliche Aspekte zu berücksichtigen. Einzuhaltende Abstände sind in Deutschland in den Nachbarrechtsgesetzen der Bundesländer festgeschrieben, in Österreich in den Bauordnungen der jeweiligen Bundesländer. Da mancherorts auch eine Umfriedung in der Einfriedungssatzung der Gemeinde festgeschrieben ist, erkundigen Sie sich am besten bei Ihrer Kommunalverwaltung.

Solitärsträucher

Nicht jeder Strauch muss Teil einer Hecke sein, er kann auch einzeln, als Solitär, gepflanzt werden. So kann er seine natürliche Wuchsform und seine ganze Pracht ungehindert entfalten. Das kann auch in kleineren Gärten funktionieren, wenn z.B. zugunsten des Solitärs eine Hecke durch einen blickdichten Zaun ersetzt wird. Entsprechend der vorhandenen Fläche werden dann eher kleine bis mittelgroße Sträucher gewählt, etwa Wildrosen wie die Bibernell-Rose *(Rosa pimpinellifolia)* oder die Zimt-Rose *(Rosa majalis)*. Diese beiden und einige andere Wildrosen werden nicht höher als zwei Meter.
Ein Solitärstrauch bietet einen attraktiven Blickpunkt für uns Menschen, Blüten für Insekten und Nist- und Landeplätze für Vögel. Auf einem sonnigen Standort schafft er eine Insel für Stauden, die Halbschatten benötigen. Eine Auswahl solcher Stauden finden Sie auf Seite 60.
Grundsätzlich eignen sich alle Sträucher als Solitäre, besonders natürlich solche mit eindrucksvollen und duftenden Blüten wie Flieder *(Syringa vulgaris* und ungefüllte Sorten), die Früchte tragende Felsenbirne *(Amelanchier ovalis)*, Weißdorn *(Crataegus monogyna)* oder Sommerflieder *(Buddleja davidii)*.

Hagebutten, die Früchte von Wildrosen, haben viele Fans im Tierreich. Manche bleiben so lange am Strauch hängen, dass sie als Winterfutter dienen.

Auf den folgenden Seiten finden Sie eine kleine Auswahl aus der Vielzahl der für Gärten geeigneten und ökologisch sinnvollen Sträucher. Sie sind nach Standorten geordnet.

Sträucher für nährstoffarme, trockene und sonnige Standorte

Standorte, die trocken und sonnig sind, werden im Zuge der Erderwärmung immer häufiger vorkommen. Deshalb können Sie die Gehölze dieses Abschnitts auch in Ihren Garten setzen, wenn bei Ihnen aktuell über das Jahr noch ausreichend Regen fällt, es aber bereits trockene Perioden gibt. Man muss nur darauf achten, dass die Sträucher keinesfalls mit den Füßen im Wasser stehen. Das heißt, wenn viel Regen fällt, sollte das Wasser abfließen können. Alle unten genannten Gehölze kommen mit mageren Böden gut zurecht, wachsen aber freilich auch auf nährstoffreicheren Standorten. Die meisten ertragen auch Halbschatten, blühen dort aber nicht so reich.

Großer Ausbreitungsdrang

Einige der für diese Situation geeigneten Sträucher verbreiten sich über Ausläufer. Das ist gut für die Pflanze, denn sie ist für die Vermehrung nicht auf das heikle Keimen der Samen angewiesen, vor allem, wenn es trocken ist. Für uns sind die Ausläufer durchaus störend, wenn dort etwas anderes wachsen soll. Am einfachsten ist es, anschließend an die Hecke einen Blumenrasen einzuplanen. Den mähen Sie regelmäßig ab und kappen damit automatisch die Ausläufer der Sträucher. Im Staudenbeet dagegen sind Ausläufer wirklich mühsam zu jäten. Zu den Gehölzen, die sehr stark Ausläufer treiben, gehören unter anderem die Schlehe *(Prunus spinosa)*, die nicht heimische, aber bei Bienen sehr beliebte Ölweide *(Eleagnus angustifolia)*, der Sanddorn *(Hippophae rhamnoides)*, die hübsche, pink blühende Zwergmandel *(Prunus tenella)* und auch manche Wildrose. Wen die Ausläufer stören, der sollte auf diese Gehölze lieber verzichten.

Sträucher für magere, trockene, sonnige Standorte

Nr	Botanischer Name	Deutscher Name	Besonderheiten
1	*Amelanchier ovalis*	Felsenbirne	bis 3 m, blüht weiß im April/Mai, essbare Früchte (*A. canadensis, A. lamarckii)*
2	*Buddleja davidii*	Sommerflieder	2-5 m, blüht von Juli bis Oktober, nicht heimisch, teils invasiv, Falterpflanze
3	*Crataegus monogyna*	Eingriffliger Weißdorn	2-10 m, dornentragend, blüht weiß im Mai und Juni, Raupenfutterpflanze
4	*Hippophae rhamnoides*	Sanddorn	2-4 m, blüht unauffällig, silbriges Laub, mit Dornen, zweihäusig, essbare Früchte
5	*Prunus mahaleb*	Steinweichsel	2-4m, blüht weiß im Mai und Juni, liebt kalkhaltige Böden, Bienenweide
6	*Prunus spinosa*	Schlehe	2-4 m, blüht weiß vor dem Laubaustrieb, bedornt, Früchte nach Frost genießbar
7	*Rhamnus cathartica*	Kreuzdorn	2-4 m, blüht grünlichgelb im Mai und Juni, Raupenfutterpflanze (Zitronenfalter)
8	*Rosa canina*	Hunds-Rose	1,5-3 m, blüht hellrosa im Juni und Juli, Bienenweide, Vogelnährgehölz

1
2
3
4
5
6
7
8

Stäucher für sonnige bis halbschattige Standorte auf gutem Boden

Viele heimische Sträucher sind auf nährstoffreichen frischen Böden sehr flexibel, was das Licht betrifft. Sie sind auch mit dem Halbschatten zufrieden, solange die Wasserversorgung passt. Zusätzlich zur Auswahl in der Tabelle gibt es viele weitere geeignete Sträucher, wie z. B. den duftenden Flieder *(Syringa vulgaris)*, der aber nur kurz blüht und nicht heimisch ist, weitere Schneeballarten wie den Wolligen Schneeball *(Viburnum lantana)* oder den frühblühenden, nicht heimischen Bodnant-Schneeball (*Viburnum bodnantense* 'Dawn'*)*.

Winterblüher

Manche schon im Januar oder Februar blühende Sträucher wie die Zaubernuss *(Hamamelis* spp.) oder die Chinesische Winterblüte *(Chimonanthus praecox)* schenken uns an dunklen Wintertagen einen Ausblick auf den Frühling. Allerdings blühen sie, wenn noch keine Insekten fliegen. Ich setze sie deshalb nur auf Wunsch als Blickfang ein. Der Winterjasmin *(Jasminum nudiflorum)* dagegen blüht zwar auch im Winter, aber durchaus noch im März oder April und wird dann gern von Honigbienen und Hummeln besucht.
Hortensien *(Hydrangea* spp.) gehören zwar optisch zu meinen Lieblingspflanzen, für Insekten bieten sie jedoch leider fast nichts, da ihre Blütenstände vor allem aus unfruchtbaren Schaublüten bestehen. Nur Rispen-Hortensien *(Hydrangea paniculata)* tragen auch zwittrige fruchtbare Blüten, die von Honigbienen und Hummeln genutzt werden.
Für den tiefen Schatten eignen sich die Pflanzen der Tabelle unten nicht. Dafür könnten Sie die Hainbuche *(Carpinus betulus)*, den Feld-Ahorn *(Acer campestre)* oder die Rote Heckenkirsche *(Lonicera xylosteum)* verwenden. Die dekorativen roten Beeren Letzterer sind aber giftig. Im Vollschatten tun auch sie sich schwer.

Sträucher für sonnige bis halbschattige, nährstoffreiche Standorte

Nr	Botanischer Name	Deutscher Name	Besonderheiten
1	*Cornus mas*	Kornelkirsche	2-6 m, blüht honiggelb von Februar bis April, wertvoller Frühblüher
2	*Cornus sanguinea*	Roter Hartriegel	2-4 m, Blüten cremeweiß im Mai und Juni, purpurrote Äste, Bienenweide
3	*Corylus avellana*	Haselnuss	2-5 m, gelbe Kätzchen im zeitigen Frühjahr, frühe Bienenweide, Nüsse
4	*Frangula alnus*	Faulbaum	2-4 m, blüht weiß im April und Mai, Raupenfutterpflanze (Zitronenfalter)
5	*Philadelphus coronarius*	Pfeifenstrauch	2-4 m, trägt im Mai und Juni weiße, duftende Blüten
6	*Sambucus nigra*	Schwarzer Holunder	2-7 m, cremeweiße Blüten im Frühsommer, Blüten und Früchte nutzbar
7	*Staphylea pinnata*	Pimpernuss	1-4 m, duftende Blüten im Mai und Juni, liebt Kalk, dekorative Ballonfrüchte
8	*Viburnum opulus*	Gewöhnlicher Schneeball	1-3 m, cremeweiße Blütenbälle im Mai und Juni, Früchte roh giftig

1
2
3
4
5
6
7
8

Kleinsträucher für Einfassungen

Zu den Sträuchern gehören auch einige Arten, die viele Menschen vom Gefühl her eher in die Gruppe der Stauden eingeordnet hätten. Da sie aber verholzen, gehören sie eindeutig zu den Sträuchern, die meisten von ihnen zu den sogenannten Halbsträuchern, z.B. Lavendel *(Lavandula angustifolia)*, Rosmarin *(Salvia rosmarinus)*, Salbei *(Salvia officinalis)* und Ysop *(Hyssopus officinalis)*.
Einen praktischen Unterschied macht dies auch in der Pflege. Stauden schneidet man einmal im Jahr (im Herbst oder Frühjahr) bodennah ab, sie treiben jedes Jahr im Frühling aus ihrem Wurzelstock wieder aus. Halbsträucher schneidet man dagegen nur wenig zurück. Viele Arten kann man gut in Form schneiden, in der man sie gerne hätte, z.B. zu Kugeln oder als niedrige Einfassungshecke. Allerdings sollte man hier wirklich regelmäßig zur Schere greifen. Beim Schnitt nehmen Sie dafür jedes Mal nur einen Teil des jährlichen Zuwachses weg, denn einen tiefen Schnitt ins alte Holz vertragen Halbsträucher meist nicht. Kleingehölze werden also ein- bis zweimal im Jahr in Form gebracht, nicht erst nach fünf Jahren radikal zurückgeschnitten. Kombiniert man Kleingehölze und Stauden in einem Beet, muss man bei der Pflege gut aufpassen.
Die Kleingehölze in der Tabelle eignen sich als kugelförmige Solitärpflanzen genauso wie für kleine Einfassungshecken, z. B als Abgrenzung eines Sitzplatzes. Sie alle brauchen einen sonnigen, nicht zu nährstoffreichen Standort.

Kleingehölze für den Schatten

Das Immergrün *(Vinca minor)* und der Efeu *(Hedera helix)* sind die besten Gehölze für den Schatten, von der Verwendung her fallen sie unter den Begriff »Bodendecker«. Ein schöner, im Vorfrühling pink blühender und angenehm duftender Kleinstrauch für den (Halb-)Schatten, ist der stark giftige Seidelbast *(Daphne mezereum)*.

Kleinsträucher für Einfassungen

Nr	Botanischer Name	Deutscher Name	Besonderheiten
1	*Caryopteris × clandonensis*	Bartblume	30-80 cm, blüht von August bis Oktober, kommt aus Asien, Bienenweide
2	*Chamaecytisus austriacus*	Österr. Zwerggeißklee	30-70 cm, blüht von Juni bis Oktober, Bienenweide
3	*Hyssopus officinalis*	Ysop	20-50 cm, blüht von Juli bis September, aus Südeuropa, Halbstrauch, Bienenweide
4	*Lavandula angustifolia*	Lavendel	30-60 cm, blüht von Juni bis August, aus dem Mittelmeerraum, Bienenweide
5	*Ligustrum vulgare* 'Lodense'	Zwerg-Liguster	Sorte wird nur 30-60 cm hoch, cremeweiße Blüten im Juni und Juli, dichter Wuchs
6	*Salvia officinalis*	Echter Salbei	40-80 cm, blüht von Ende Mai bis Juli, Gewürz- und Arzneipflanze, Bienenweide
7	*Santolina chamaecyparissus*	Graues Heiligenkraut	15-50 cm, blüht von Mai bis Juni, aus dem Mittelmeerraum, silbriges Laub
8	*Teucrium chamaedrys*	Edel-Gamander	15-40 cm, blüht von Juli bis September, gut schnittverträglich

1
2
3
4
5
6
7
8

Tiere in der Hecke

ERDKRÖTE
Die Erdkröte kommt nur zum Laichen in den Teich, die meiste Zeit verbringt sie im Umland, unter Laub und Ästen, wo sie ihre Nahrung (Ameisen, Asseln, Schnecken etc.) findet.

AMSEL
Die Amsel baut ihr Nest in Bäumen, Sträuchern oder am Boden, auch auf Mauervorsprüngen. Das Weibchen baut das Nest aus feuchtem Lehm mit dünnen Zweigen, Moos und Halmen.

ZAUNKÖNIG
Der Zaunkönig ist der drittkleinste Vogel Europas. Er nistet gerne im sehr dichten Gehölz, auch im Kletterpflanzengewirr.

HIRSCHKÄFER
Hirschkäfer leben in Bäumen und Sträuchern, die Gehölze sind Paarungsort, Saftquelle und Versteck zugleich. Die Brut wird am Übergang zwischen morschem Holz und Erde abgelegt.

IGEL
Der Igel lebt am Boden unter der Hecke, tagsüber in Schlafnestern aus Gras und Laub, gerne in Höhlen unter Totholz; das Winternest baut er meist unter dichten, dornigen Sträuchern.

TÜRKENTAUBE
Die Türkentaube nistet ebenfalls in Bäumen und Hecken, sie legt bereits im März die ersten Eier, immer zwei pro Gelege, meist zwei bis vier Bruten pro Jahr

Die Ökologie der Strauchhecke

Eine gemischte Hecke aus heimischen Gehölzen ist ein wunderbarer Lebensraum für zahlreiche Tierarten, sie bietet Nahrung und Schutz. Die Blüten, wie etwa von Rosen *(Rosa* spp.*)*, Kornelkirsche *(Cornus mas)* und Haselnuss *(Corylus avellana)* bieten zuerst Nektar und Pollen für Insekten, dann Früchte für Vögel und Kleinsäuger. Außerdem stellen Laubgehölze die Nahrung für unzählige Larven bereit. Schmetterlingsraupen ernähren sich meist von jungen Blättern, so fressen z. B. die Raupen des Zitronenfalters nur die Blättchen von Faulbaum *(Frangula alnus)* und Kreuzdorn *(Rhamnus cathartica)*. Leider entwickeln sich aufgrund des Klimawandels Blätter und Raupen teilweise unterschiedlich schnell. Wenn das Räupchen aus dem Ei schlüpft, ist das Blatt vielleicht schon zu hart zum Hineinbeißen. Weniger Raupen bedeuten aber auch weniger Futter für die Jungen der Singvögel. Die Altvögel müssen immer weiter fliegen, um ihre Jungen mit hochwertigem Raupen-Eiweiß zu ernähren. Dazu benötigen sie viel Kraft, die wir ihnen in Form von Fettfutter das ganze Jahr zur Verfügung stellen können. Um den Raupen selbst bessere Chancen zu geben, siedeln Sie am besten möglichst unterschiedliche Wildpflanzen im Garten an.

Schutzraum Hecke

Überdies ist eine Hecke auch ein Schutz- und Wohnraum für Singvögel, die sich dort vor Räubern, meist vor Katzen, in Sicherheit bringen. Viele Arten nisten in oder unter den Gehölzen. Wichtig ist, dass diese dicht gewachsen sind und nicht zu schmal geschnitten werden. Beliebt sind dornige Sträucher wie der Weißdorn *(Crataegus monogyna)*. Dort traut sich keine Katze hinein. Auch Schlehe *(Prunus spinosa)*, Sanddorn *(Hippophae rhamnoides)* und Berberitze *(Berberis vulgaris)* bieten neben Früchten guten Schutz. Bei dornenlosen Sträuchern verbessert regelmäßiger Schnitt die Schutzfunktion für Vögel, da Äste an der Schnittstelle meist an zwei Seiten wieder austreiben, somit wird die Hecke dichter. Darum sollte man die Hecke besser regelmäßig jedes Jahr mäßig zurückschneiden statt alle paar Jahre stark. Schwingen Sie bitte aber erst ab September die Heckenschere, da ist auch die Zweitbrut schon ausgeflogen. Ein grober Rückschnitt ist in Deutschland durch das Bundesnaturschutzgesetz ohnehin nur zwischen dem 1. Oktober und dem 28. Februar erlaubt.

Der Boden unter der Hecke

Da manche Vögel auf dem Boden unter der Hecke brüten und sich Amphibien ebenfalls gern dort verstecken, sollte man Äste und Laub unter und am Rand der Hecke liegen lassen. Das mögen auch Regenwürmer, die bei Regen an die Oberfläche kommen, um Blätter zum Fressen unter die Erde zu holen. Dabei werden sie zum eiweißreichen Happen für manchen Vogel. Auch für Igel sind dichte Hecken mit einem Gewirr aus Laub und Ästen ein wertvoller Rückzugsraum.

Die Pflege von Solitärsträuchern

Meist reicht der Platz im Garten nicht dafür, den Solitärstrauch völlig ungehindert wuchern zu lassen. Wie aber schneiden, dass er nicht wie ein Besen aussieht? Ahmen Sie beim Schnitt die natürliche Wuchsform des Strauches nach. Ein eher straff und schmal wachsendes Gehölz wird entsprechend geschnitten, ein kugeliges eben dementsprechend anders. Für alle gilt, dass Sie einmal im Jahr mindestens einen alten Ast, bei älteren Sträuchern eher zwei oder drei, bodennah abschneiden sollten. Das fördert die Verjüngung, lässt Luft zu den jungen Trieben und verhindert, dass der Strauch im unteren Bereich verkahlt. Schneiden Sie dagegen immer nur in der Höhe zurück, haben Sie nach einigen Jahren einen nur noch im oberen Drittel belaubten Besen.

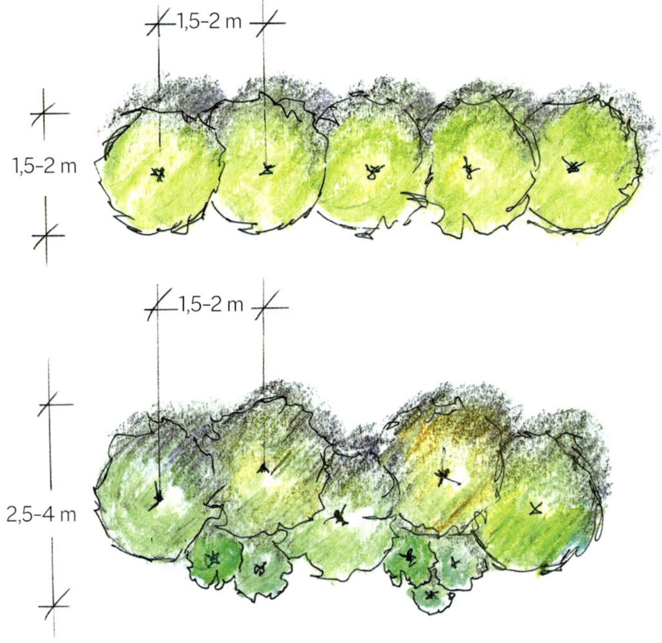

Anfangs wirken die Abstände viel zu groß. Lassen Sie sich nicht täuschen und halten Sie sie ein, schon bald schließen die Pflanzen die Lücken.

Eine Hecke pflanzen

Bevor Sie eine Hecke pflanzen, überlegen Sie, welchen Zweck sie erfüllen soll und wie viel Platz zur Verfügung steht. Die meisten heimischen Sträucher erreichen, wenn man sie lässt, eine Höhe von 4–8 m und eine Breite von 4 m. Ist der Platz vorhanden, können Sie sich den Schnitt künftig fast komplett sparen. Die meisten Gärten sind aber nur so groß, dass die Hecke eher nur 1,5 m Breite einnehmen darf. Das funktioniert mit jährlichem Schnitt aber auch sehr gut, dafür eignen sich alle der bisher genannten Sträucher. Der Abstand zwischen den Pflanzen sollte dann 1,5–2 m betragen (siehe Skizze oben). Ist etwas mehr Platz vorhanden, können die Sträucher auch leicht versetzt gepflanzt werden, das wirkt lockerer und natürlicher. Oder Sie ergänzen die Strauchhecke mit einer Vorpflanzung aus niedrigeren Sträuchern oder Stauden.

Sichtschutz

Ist der Sichtschutz das Hauptthema und soll die Hecke so schmal wie möglich gehalten werden, muss man die richtigen Arten wählen. Der Schnitt ist dann zwei bis drei Mal pro Jahr nötig. An den Schnittstellen verzweigen sich die Äste, so wird die Hecke schön dicht. Am besten eignen sich Feld-Ahorn *(Acer campestre)*, Berberitze *(Berberis vulgaris)*, Hainbuche *(Carpinus betulus)*, Liguster *(Ligustrum vulgare)* und Prager Schneeball *(Viburnum × pragense)* dafür. Letzterer ist eine immergrüne Hybride, deren Elternteile aus China stammen, die anderen Arten sind heimisch. Besonders dicht werden die Hainbuche *(Carpinus betulus)* und die Rotbuche *(Fagus sylvatica)*. Sie behalten das alte, braune Laub bis knapp vor dem Neuaustrieb, das bietet auch im Winter Sichtschutz. Man setzt von diesen Sträuchern drei bis vier Stück pro laufendem Meter und schneidet Sie regelmäßig auf nicht weniger als 50 cm Breite zurück. Die genannten Arten können auf jede Höhe geschnitten werden. Es gibt auch einige gut schnittverträgliche blühende Sträucher, die von selbst unter 2 m Wuchshöhe bleiben, wie der Fingerstrauch *(Potentilla fruticosa* 'Goldfinger') oder Spiersträucher, wie die Weiße Rispenspiere *(Spirea × cinerea* 'Grefsheim') oder die Pracht-Spiere *(Spirea vanhouttei)*. Allerdings sind diese alle nicht heimisch.

Schnittform

Grundsätzlich sollten Sie alle Heckenpflanzungen leicht pyramidal schneiden, also oben schmäler halten als unten, damit auch die unteren Astpartien der Gehölze zumindet teilweise besonnt werden und nicht verkahlen.

Pflanzware kaufen und vorbereiten

Es beginnt, wie bei allen Pflanzarbeiten, mit der Auswahl und der Qualitätskontrolle der Pflanzen. Nehmen Sie nur gesund aussehende, gleichmäßig gewachsene Sträucher ohne abgestorbene Spitzen oder Schädlingsbefall. Der Ballen sollte gut durchwurzelt sein, aber es dürfen keine Wurzeln durch die Löcher im Topfboden oder über die Topfkante gewachsen sein. Hebt man die Pflanze an einem der Äste an, sollte der Topf am Wurzelballen bleiben, sich aber mit etwas Kraftanstrengung lösen lassen. Dies betrifft **Containerware**, die das ganze Jahr über erhältlich ist. **Ballenware** kann man in Baumschulen im Frühling kaufen, wenn die Pflanzen noch nicht ausgetrieben haben, und im Herbst, wenn das Laub schon wieder abgefallen ist. Diese Pflanzen werden direkt vom Baumschulfeld ausgegraben, der Wurzelballen mit Jute oder Gitter eingefasst und die Pflanze so transportiert. Die Wurzeln werden dabei stark gekappt, deshalb funktioniert diese Art und Weise im Sommer nicht. Die Sträucher würden verdursten, weil das Laub Wasser verdunstet und die wenigen Wurzeln nicht für ausreichend Nachschub sorgen könnten. Bei manchen Gehölzen, z.B. Rosen, erhält man im Winterhalbjahr auch **wurzelnackte Ware**. Diese Pflanzen werden ganz ohne Erdballen verkauft und müssen gerade im Frühjahr besonders schnell in den Boden. Gießen Sie jedwede gekaufte Pflanzware und decken Sie Ballenware mit einer Plane ab. Werden die Sträucher nicht sofort eingesetzt, müssen sie an einem schattigen Platz „eingeschlagen“ werden. Das bedeutet, man stellt die Gehölze in einen Graben, schüttet die Wurzeln mit lockerer Erde zu und gießt sie an. Entfernen Sie alle Etiketten, ihre Befestigung würde die wachsenden Stämme einschnüren. Schneiden Sie eventuelle Transportschäden und -wunden sorgfältig aus.

Das Einpflanzen

Für die verschiedenen Heckentypen benötigen Sie unterschiedliche Pflanzgruben: für Schnitthecken mit drei bis vier Pflanzen pro Laufmeter heben Sie am besten einen schmalen Graben aus. Für eine Zeile aus gemischten Sträuchern markieren Sie zunächst die richtigen Abstände, z.B. mit Gartenkalk, und graben Sie dann mit dem Spaten einzelne Pflanzgruben. Der Durchmesser der Grube ist jeweils idealerweise doppelt so groß wie der Ballen und mindestens 20 cm tiefer. Mischen Sie die Aushuberde mit Kompost. Reiner Kompost würde die Wurzeln dazu verführen, in der nährstoffreichen Schicht zu bleiben, sie sollen aber zur Wasseraufnahme in die Tiefe wachsen. Die Mischung füllen Sie dann so weit in die Grube, dass die Wurzelansätze des Ballens beim Einsetzen oben noch sichtbar sind. Äste dürfen nicht mit eingegraben werden, sie könnten abfaulen. Bilden Sie eine Mulde um die gepflanzte Strauchbasis mit Gießrand und gießen Sie die Pflanzen kräftig an, um die Erde an die Wurzeln und in die Zwischenräume zu spülen. Hiermit sollten Sie nicht sparen, es dürfen ruhig 30–40 l Wasser pro Strauch sein.

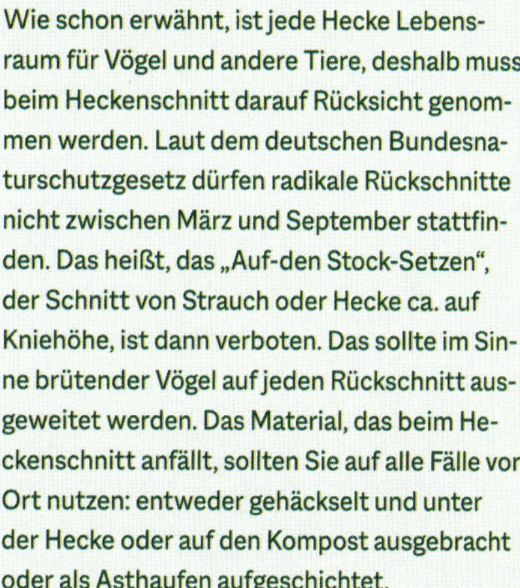

Ökologisch vertretbarer Heckenschnitt

Wie schon erwähnt, ist jede Hecke Lebensraum für Vögel und andere Tiere, deshalb muss beim Heckenschnitt darauf Rücksicht genommen werden. Laut dem deutschen Bundesnaturschutzgesetz dürfen radikale Rückschnitte nicht zwischen März und September stattfinden. Das heißt, das „Auf-den Stock-Setzen“, der Schnitt von Strauch oder Hecke ca. auf Kniehöhe, ist dann verboten. Das sollte im Sinne brütender Vögel auf jeden Rückschnitt ausgeweitet werden. Das Material, das beim Heckenschnitt anfällt, sollten Sie auf alle Fälle vor Ort nutzen: entweder gehäckselt und unter der Hecke oder auf den Kompost ausgebracht oder als Asthaufen aufgeschichtet.

Stauden bringen Farbe in den Garten, hier Fingerhut *(Digitalis purpurea)*, Moschus-Malve *(Malva moschata)*, Bart-Nelke *(Dianthus barbatus)*, Mohn *(Papaver rhoeas)* u. a.

Stauden

Stauden sind Blütenpflanzen, die jedes Jahr neu aus ihrem Überdauerungsorgan, also Wurzeln, Knollen oder Zwiebeln, austreiben. Die oberirdischen Teile (Spross, Blätter und Blüten) werden braun und sterben im Herbst ab, im Frühling sprießt dann junges, frisches Grün. Die meisten Stauden sind ausdauernd, das heißt, sie leben mehrere Jahre. Manche leben sogar Jahrzehnte, wie Pfingstrosen *(Paeonia lactiflora)* oder Phlox *(Phlox paniculata)*. Andere, z. B. die typischen Wiesenpflanzen Margerite *(Leucanthemum vulgare)* oder Wiesen-Salbei *(Salvia pratensis)*, sind kurzlebig. Sie halten gerade mal vier bis sieben Jahre durch. Wenige davon sind wintergrün etwa Schneerosen *(Helleborus* spp.). Dann gibt es noch die Kategorie der Einjährigen: Bei diesen lebt jede Pflanze zwar nur ein Jahr, vermehrt und erhält sich aber über unzählige Samen. Dazu zählen typische Ackerbegleitpflanzen wie Mohn *(Papaver rhoeas)*, Kornblume *(Centaurea cyanus)* oder Acker-Rittersporn *(Consolida regalis)*. Sie halten sich auf Dauer nur an Stellen, wo der Boden immer wieder aufgebrochen wird, da die Samen zum Keimen Bodenkontakt brauchen.

Um es noch ein bisschen komplizierter zu machen, gibt es auch noch zweijährige Stauden, die im ersten Jahr nur eine Blattrosette bilden und erst im zweiten Jahr zur Blüte kommen. Dazu gehören zum Beispiel Karden *(Dipsacus* spp.) und die meisten Königskerzen *(Verbascum* spp.).

Die Architektur des Staudenbeets

Bei der Pflanzplanung unterscheidet man zwischen Gerüststauden, Begleitstauden, Bodendeckern und Streupflanzen. Die Gerüststauden nennt man auch Leit- oder Strukturstauden, es sind auffällige, höher wachsende Pflanzen. Begleitstauden sind Pflanzen mittlerer Höhe, die gut mit den Gerüststauden harmonieren. Zu den Streupflanzen zählen Zwiebelpflanzen wie viele Frühjahrsblüher, aber auch kurzlebige Stauden, die im Beet „wandern", sich also durch Samen verbreiten und irgendwo im Beet auftauchen, wie zum Beispiel die Akelei *(Aquilegia* spp.).

Die Bodenvorbereitung

Die Pflanzenauswahl sollte sich immer nach dem vorhandenen Boden richten. Das bedeutet weniger Aufwand für Anlage und Pflege. Setzen Sie also wüchsige, konkurrenzstarke Pflanzen auf nährstoffreiche Böden, zarte, aber stresstolerante auf magere, trockene Standorte - unter Berücksichtigung der Lichtverhältnisse. Will man auf fetten Böden ein Kiesbeet etablieren, ist ein Bodenaustausch bis in eine Tiefe von mindestens 40 cm nötig (siehe Seite 54). Das ist aufwendig und nicht nachhaltig. So ein Wunsch-Kiesbeet sollte also klein gehalten oder auf Flächen angelegt werden, wo vorher ein versiegelter Weg war o.Ä. Der Boden darunter ist ohnehin tot und muss ersetzt werden. Zunächst entfernen Sie unerwünschte Pflanzen. Dann lockern Sie die Erde bei lehmigen Böden mit der Grabegabel auf und rechen anschließend die Fläche glatt.

Die Pflanzung

Beim Einsetzen der Pflanzen folgen Sie einem Pflanzplan wie auf den folgenden Seiten oder verteilen Sie die gewünschten Pflanzen locker und unregelmäßig über die Fläche: Zuerst die Strukturpflanzen (10-15 %), danach die Begleitstauden (40-50 %), dann die Bodendecker (40-50 %). Zum Schluss kommen die Streupflanzen dazwischen. Beachten Sie den unterschiedlichen Platzbedarf der Arten! Auf einen Quadratmeter passen nur zwei Königskerzen *(Verbascum* spp.) aber 18 Mauerpfeffer *(Sedum* spp.)!

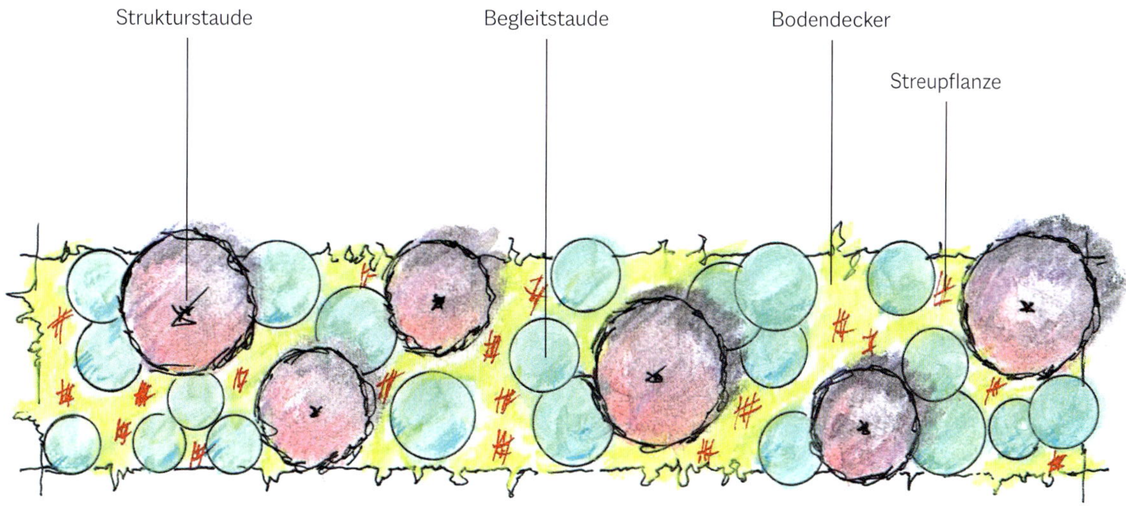

Für eine harmonische Wirkung kombinieren Sie wenige Strukturstauden mit mehreren Begleitstauden und vielen Bodendeckern und Streupflanzen.

Die Sonnenkinder

Sonnige Plätze sind bei Pflanzen so begehrt wie Sitzplätze in der U-Bahn zur Hauptverkehrszeit. Auf sonnigen Standorten entwickeln sich generell mehr Blüten, was entsprechend viele Insekten anzieht. Insekten sind als wechselwarme Tiere von der Umgebungstemperatur abhängig, sie brauchen wärmende Sonnenstrahlen, damit der Körper warm genug für Aktivität ist. Manche Insekten, z.B. Hummeln, können zwar selbst ihre Körpertemperatur durch „Warmzittern" erhöhen, aber das kostet sie Energie. Sie fliegen trotzdem schon bei wenigen Plusgraden aus, deshalb sind Frühblüher auf sonnigen Standorten besonders wichtig. Auch Schmetterlinge, die als Falter überwintern, wie Zitronenfalter und Kleiner Fuchs, benötigen schon früh im Jahr Nektar. Darum plane ich in jedem Staudenbeet immer ein paar Frühjahrsblüher ein, zum Beispiel das Frühlings-Fingerkraut *(Potentilla neumanniana)* und die Echte Schlüsselblume *(Primula veris)*. Alle Primeln sind Futterpflanzen für mehrere Schmetterlingsraupen, u.a. den gefährdeten Schlüsselblumen-Würfelfalter. Für trockene, sonnige, magere Standorte wähle ich die Echte Schlüsselblume, denn hier kommt sie zum Zug, während sie auf besser versorgten Standorten von konkurrenzstärkeren Arten überwuchert werden würde. Neben den Frühjahrsblühern setzen Sie unbedingt ein paar Stauden, die erst im (Spät-)Sommer blühen, z.B. den Echten Dost *(Origanum vulgare)*.

Diese Pflanzen sind hier problematisch

Unter den gerne gesetzten Stauden gibt es eine, die Sie wegen ihrer Ausbreitungstendenzen gut im Auge behalten sollten: die Zypressen-Wolfsmilch *(Euphorbia cyparissias)*. Nicht so erwünscht sind hier auch Gräser, die auf mageren Böden keimen oder aus Wurzelresten wieder austreiben, ähnlich wie der Ampfer mit seinen tief reichenden Wurzeln, weil sie die zarten Arten verdrängen.

Stauden für sonnige, trockene, magere Standorte

Nr	Botanischer Name	Deutscher Name	Besonderheiten
1	*Allium lusitanicum*	Berg-Lauch	Im Spätsommer und Herbst blühender, bis 45 cm hoher heimischer Lauch
2	*Lotus corniculatus*	Hornklee	Ein Rückschnitt nach der Blüte fördert eine Nachblüte, liebt magere Böden
3	*Malva moschata*	Moschus-Malve	Kräftige, buschige Pflanze, die auf nährstoffarmen Böden sehr standfest ist
4	*Origanum vulgare*	Echter Dost	Auf mageren Böden bis zu 60 cm hoch, produziert sehr zuckerhaltigen Nektar
5	*Potentilla neumanniana*	Frühlings-Fingerkraut	Attraktiver, lang blühender, teppichartiger Bodendecker auf kalkhaltigen Standorten
6	*Primula veris*	Echte Schlüsselblume	Wichtiger Frühjahrsblüher für das Beet oder den trockenen Gehölzrand
7	*Salvia pratensis*	Wiesen-Salbei	Bis zu 60 cm hohe Staude für sonnige, kalkhaltige Beete oder Wiesen
8	*Scabiosa columbaria*	Tauben-Skabiose	Blüht vom Juli bis in den Oktober hinein, beliebt bei fast 50 Schmetterlingsarten

1
2
3
4
5
6
7
8

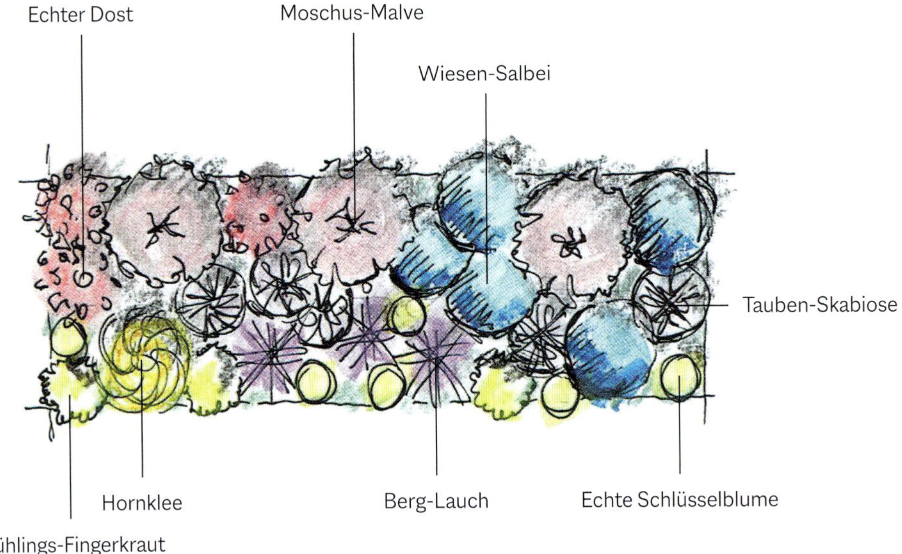

Mit den Stauden aus der Liste von Seite 52 ließe sich dieses bunte Beet gestalten (ca. 3 m²), in dem vom Frühjahr bis zum Herbst immer etwas blüht.

Ein sonniges, mageres Beet bepflanzen

In den wenigsten Gärten existiert ein sonniger, magerer und trockener Standort von vornherein. Gartenböden sind meist nährstoffreich und lehmig. Sie wurden oft über Jahre, ja sogar Jahrzehnte gedüngt, weil man das eben so gemacht hat und viele der klassischen (Bauern-)Gartenblumen wie Pfingstrosen oder Rittersporn das auch brauchen. Ein Magerstandort, ein Kies- oder Steingarten, bringt zweifelsfrei Pflanzenvielfalt in den Garten. Allerdings finde ich es nicht nachhaltig, fruchtbare Böden großflächig abzumagern oder durch Kies zu ersetzen. Erstens wegen des Transportaufwandes für Ab- und Zufuhr von Erde bzw. Kies, zweitens, weil der Platz dann für eine künftige Gemüseproduktion verloren ist. Magerstandorte plane ich z.B. dort ein, wo versiegelte Flächen aufgebrochen werden oder ein Gelände mittels Trockenmauern terrassiert wird (siehe Seite 96). Die Sonnenkinder unter den Stauden gedeihen auch gut in Trögen oder Töpfen, hier müssen Sie aber dennoch gießen, da die Wurzeln nicht die Möglichkeit haben, in tiefere, feuchtere Bodenschichten vorzustoßen.
Das Beispielbeet oben enthält eine meiner Lieblingspflanzen, den Hornklee (*Lotus corniculatus*). Er kann sich mit bis zu 1 m tief reichenden Wurzeln auch noch in sehr trockenen Böden und Zeiten mit Wasser versorgen. Als Schmetterlingsblütler hat er Zugang zum Stickstoff aus der Luft und damit auf mageren Böden einen Nährstoffvorteil, den er auch nutzt. Deshalb kombiniere ich ihn oft mit dem Echten Dost (*Origanum vulgare*), dieser lässt sich nicht so leicht verdrängen und ist ein gefragter Landeplatz für etwa 70 Schmetterlingsarten, zahlreiche Wildbienen, Honigbienen und über 20 Schwebfliegen. Am Hornklee saugen übrigens 57 Wildbienenarten, die Honigbiene und an die 60 Falter. Dazu ist er eine wertvolle Raupenfutterpflanze für Bläulinge und Widderchen. Für spätfliegende Insekten sind Spätblüher wichtig, wie im Beispiel der dauerblühende, pollen- und nektarreiche Berg-Lauch *(Allium lusitanicum)*.

Ein neues Beet anlegen

Würden Sie das Beispielbeet oben neu anlegen wollen, sollten Sie so vorgehen:
Wenn Ihr Boden, was wahrscheinlich ist, eher nährstoffreich und lehmig und mit Giersch und Löwenzahn bestückt ist, graben Sie die Fläche 40 cm tief ab und entfernen Sie Wurzelreste vollständig. Für das neue Substrat brauchen Sie Grädermaterial (Bruchschotter der Körnung 0/8), es kann auch Ziegelsplitt 5/10 im Verhältnis 1:1 eingemischt werden. Ziegelsplitt ist ein guter

Wasserspeicher. Dazu bauen Sie 5–10 Prozent gedämpften, das heißt beikrautfreien Grünkompost ein. Der Kompost dient als Nährstoffquelle und Wasserspeicher.

Steinmulch-Abdeckung

Planen Sie eine Abdeckung mit Steinmulch, bleiben Sie mit der Substratschicht 5 cm unter der Bodenkante. Die Stauden setzen Sie so, dass die Wurzelballen ca. 2 cm aus dem Substrat ragen. Decken Sie die Stauden mit umgedrehten Pflanztöpfen ab, während Sie den Steinmulch, z.B. Splitt der Körnung 4/8, jedenfalls ohne Feinanteile, über die Fläche bis zur Bodenoberkante verteilen. Entfernen Sie anschließend die Töpfe und verteilen Sie den Mulch zu den Pflanzen hin. Der Vorteil des Steinmulchs ist, dass er als Boden für anfliegende Samen von Beikräutern zu trocken und oft auch zu heiß ist. Dies betrifft allerdings auch die Samen der Wunschpflanzen. Diese sollten sich ja vermehren, um die Fläche möglichst schnell zu bedecken. Alternativ können Sie bodendeckende Stauden dichter pflanzen oder niedrige einjährige Arten wie Acker-Stiefmütterchen *(Viola arvensis)* ansäen.

Weitere passende Stauden für diesen Standort:

Gut geeignet für solche Beete sind folgende **frühblühenden Stauden**: Küchenschellen *(Pulsatilla* spp.), die Zypressen-Wolfsmilch *(Euphorbia cyparissias)*, die Kleine Schwertlilie *(Iris pumila)*, das Steinkraut *(Alyssum montanum)* und die Gänsekresse *(Arabis* spp.). Auch manche Sorten des Blaukissens *(Aubrieta* spp.*)* und des Polster-Phlox *(Phlox subulata)* blühen bereits ab April. **Sommerblüher** gibt es für diesen Standort sehr zahlreich, von Habichtskräutern *(Hieracium* spp.), über Storchschnäbel *(Geranium* spp.), dem Wundklee *(Anthyllis vulneraria)*, Königskerzen *(Verbascum* spp.) bis zum Wiesen-Salbei *(Salvia pratensis)* und dem Steppen-Salbei *(Salvia nemorosa)*. Als wichtige **Herbstblüher** passen hierzu Malven *(Malva* spp.), Astern (z.B. *Aster amellus)*, Wiesen-Flockenblume *(Centaurea jacea)* und Skabiosen *(Scabiosa columbaria* und *S. ochroleuca)*.

Wiesencharakter entsteht mit Schafgarbe *(Achillea millefolium)*, Färber-Hundskamille *(Anthemis tinctoria)*, Dost *(Origanum vulgare)* und Skabiosen *(Scabiosa)*.

Hier harmoniert Heimisches mit Sonnenfreunden aus Südeuropa: Lavendel *(Lavandula angustifolia)*, Kronen-Lichtnelke *(Silene coronaria)* und Brandkraut *(Phlomis)*.

Aus dem Vollen schöpfen

Auf dem Standort für die folgenden Pflanzen ist alles reichlich da: Nährstoffe, Wasser und Sonne. Es würden sich grundsätzlich auch die als Hochstauden beschriebenen Pflanzen eignen (siehe Seite 64), aber im Folgenden halte ich mich klassisch an eine Mischung aus Struktur- und Begleitstauden, Bodendeckern und Streupflanzen.

Unerwünschtes soll draußen bleiben

Die Stauden in einem gut geplanten Beet wachsen innerhalb von circa zwei Jahren so gut zusammen, dass Beikräuter fast chancenlos sind. Bis dahin sollte den Wunschpflanzen allerdings der Rücken freigehalten werden. Entweder durch Jäten, das ist durchaus meditativ, oder durch temporäre Bodenbedeckung. Sie können außerdem mit Rasenschnitt mulchen, aber bitte nicht mit Wiesenschnitt, denn der enthält unerwünschte Samen. Auch Asthäcksel eignet sich, Rindenmulch dagegen nicht, denn er senkt den pH-Wert des Bodens und ist als Ablageort für Schneckeneier ziemlich beliebt. Eine schnelle Bodenbegrünung erreichen Sie mit der Ansaat von Einjährigen. Sie müssen nur darauf achten, dass diese die Stauden nicht überwuchern, wozu etwa die Kornblume *(Centaurea cyanus)* durchaus in der Lage ist. Bescheidener sind verschiedene Violen *(Viola tricolor* und *V. arvensis)*, der Reiherschnabel *(Erodium cicutarium)* oder das Acker-Vergissmeinnicht *(Myosotis arvensis)*.

Diese Pflanzen gehören nicht hierher:

Invasive Neophyten wie die Kanadische Goldrute *(Solidago canadensis)* oder das Drüsige Springkraut *(Impatiens glandulifera)* haben hier nichts verloren und Hochstauden wie das Schmalblättrige Weidenröschen *(Epilobium angustifolium)* würden das Beet sofort komplett übernehmen. Bedenken Sie, dass die üppige Ausstattung dieses Standorts auch für andere Pflanzen anziehend ist: Löwenzahn, Brennnessel und Co.

Stauden für Standorte mit Vollpension

Nr	Botanischer Name	Deutscher Name	Besonderheiten
1	*Crocus* spp.	Krokusse	5-15 cm, bunte Farben, blühen von Februar bis April
2	*Centaurea jacea*	Wiesen-Flockenblume	20-120 cm, blüht violett von Juni bis in den November
3	*Geranium pratense*	Wiesen-Storchschnabel	30-60 cm, robust, blüht blauviolett von Juni bis August
4	*Hypericum perforatum*	Echtes Johanniskraut	30-60 cm, Heilpflanze, blüht gelb von Juni bis August
5	*Leonurus cardiaca*	Herzgespann	50-150 cm, aparte Pflanze, blüht in hellem Purpur von Juni bis September
6	*Lysimachia vulgaris*	Rispen-Gilbweiderich	50-160 cm , blüht gelb von Juni bis August, lockt Bestäuber mit ihrem Öl an
7	*Sanguisorba officinalis*	Großer Wiesenknopf	30-80 cm, Schmetterlingspflanze, blüht rötlich von Juli bis September
8	*Verbascum densiflorum*	Großblütige Königskerze	50-120 cm, blüht mit eindrucksvoller Gestalt in hellem Gelb von Juli bis Oktober

1
2
3
4
5
6
7
8

Im Sommer zeigt sich dieses Beet (ca.3 m^2) in voller Pracht. Für einen schönen Frühjahrsaspekt setzen Sie noch Zwiebelpflanzen dazwischen.

Beispiel für ein „sattes" Beet

Die im Pflanzplan oben verwendeten Stauden zeigen nur eine Auswahl aus den vielen Möglichkeiten für diesen Standort. Für das Beispiel habe ich robuste Pflanzen gewählt, die auch eine gewisse Bandbreite in ihren Ansprüchen haben. So ist z.B. die **Wiesen-Flockenblume** *(Centaurea jacea)* in Hinblick auf Temperatur, Feuchte, Kalk- und Nährstoffgehalt des Bodens indifferent. Das **Johanniskraut** *(Hypericum perforatum)* findet sich am Naturstandort auch auf halbschattigen oder mageren Standorten, ebenso der **Große Wiesenknopf** *(Sanguisorba officinalis),* dem auch noch der Kalkgehalt des Bodens egal ist und der gerne auf wechselfeuchten Wiesen steht. Der **Kleine Wiesenknopf** *(Sanguisorba minor)* verträgt nur wenig Nährstoffe, beide Wiesenknöpfe sind aber sehr wertvolle Schmetterlingspflanzen, sowohl für Falter wie Silberfalter, Ochsenauge und Bläulinge als auch für die Raupen von Bläulingen. Die verschiedenen Königskerzen haben unterschiedliche Ansprüche an den Nährstoffgehalt des Bodens: die **Schwarze Königskerze** *(Verbascum nigrum)* benötigt eher nährstoffreichen Boden, die **Mehlige Königskerze** *(Verbascum lychnitis)* dagegen mageren. Die Ansprüche der von mir eingeplanten **Großblütigen Königskerze** *(Verbascum densiflorum)* liegen irgendwo dazwischen. Viele dieser Pflanzen kommen mit weniger optimalen Standorten durchaus zurecht und entwickeln sich dabei auch ganz gut, aber nicht optimal. Das zeigen sie durch geringeres Wachstum, wenn zu wenig Nahrung oder Wasser vorhanden ist, und durch weniger Blüten, wenn Sonnenlicht fehlt.

Nichts für Zartbesaitete

Im Gegenzug sollten Sie Pflanzen, die sehr auf trockene und magere Standorte spezialisiert sind, nicht in so ein „sattes" Beet mit wuchskräftigen Nachbarn setzen. Sie können ihre Stärken hier nicht ausspielen und werden schnell überwuchert. Wenn fraglich ist, ob die Wunschpflanze wirklich geeignet ist, probieren Sie es am besten zuerst nur mit einem Exemplar aus, denn so eine komplette Beetbepflanzung ist nicht ganz billig. Für einen Quadratmeter Staudenbeet können Sie schon mit 30-60 € Kosten für die Pflanzen rechnen. Das hängt natürlich davon ab, wie viel Exemplare jeder Art pro Quadratmeter benötigt werden und wie teuer die Pflanzen jeweils sind.

Alternativen für diesen Standort

Grundsätzlich sind alle hier vorgestellten Pflanzen im gärtnerischen Fachhandel leicht erhältlich, sie können aber auch durch ähnliche ersetzt werden. Aus den vielen Krokus-Arten wähle ich eher botanische Krokusse mit kleineren Blüten wie den Elfen-Krokus *(Crocus tommasianus)*, sie wirken natürlicher, finde ich. Die Krokusse können Sie auch durch andere Frühjahrsblüher wie Wildtulpen (z.B. *Tulipa tarda*), Traubenhyazinthen *(Muscari* spp.) oder Narzissen ersetzen. Soll ein Eindruck der Zufälligkeit, der Natürlichkeit entstehen, so kann man die Zwiebeln der Frühjahrsblüher über die Schulter ins Beet werfen und sie dann dort, wo sie gelandet sind, einpflanzen. Statt des Wiesen-Storchschnabels passen auch nicht heimische *Geranium*-Arten für sonnige Standorte, z.B. der Graue Storchschnabel *(Geranium cinereum)*, der Kaukasus-Storchschnabel *(Geranium renardii)* oder auch Zuchtsorten. Zumindest die Honigbiene ist auch damit zufrieden. Der Wiesen-Flockenblume *(Centaurea jacea)* sehr ähnlich ist die Skabiosen-Flockenblume *(Centaurea scabiosa)*, größere und eher bläuliche Blüten hat die Berg-Flockenblume *(Centaurea montana)*. Wenn Sie das Beet eher in blauen und weißen Farbtönen halten wollen, ersetzen Sie das Johanniskraut und den Gilbweiderich beispielsweise durch Baldrian *(Valeriana officinalis)*, Seifenkraut *(Saponaria officinalis)* oder Quirlblütigen Salbei *(Salvia verticillata)*.

Nicht heimisch, aber attraktiv

Für diesen Standort möchte ich Ihnen noch weitere Pflänzchen ans Herz legen: Die Spornblume *(Centranthus ruber)* ist sehr flexibel bezüglich Nährstoffen und Wasser. Schatten verträgt sie nicht, aber sie ist eine Nektarpflanze für zahlreiche Schmetterlinge, unter anderem für das Taubenschwänzchen. Dieses niedliche Insekt liebt auch den Phlox *(Phlox paniculata)* und die Nachtkerze *(Oenothera biennis)* Alle drei Arten sind zwar nicht heimisch, aber dennoch attraktiv für Mensch und Falter. Dieser Standort ist der passende für fast alle Prachtstauden. Auch wenn Sie hauptsächlich auf heimische Arten zurückgreifen sollten, können Sie hier auch ein paar (ungefüllte) Klassiker des Staudengartens einsetzen wie Rittersporn-Hybriden *(Delphinium)*.

Ein Hummelschwärmer versenkt seinen langen Rüssel in die schmale Röhre der Spornblumen-Blüten, um Nektar vom Kelchgrund zu saugen.

Lila Beet: Pfingstrose *(Paeonia lactiflora)*, Skabiosen, Spornblume *(Centranthus ruber)*, Storchschnabel *(Geranium)* und Steppen-Salbei *(Salvia nemorosa)*.

Stauden für den Halbschatten

Halbschattige bis schattige Bereiche gibt es in den meisten Gärten, manchmal sogar mehr als den Gartenbesitzern lieb ist. Im Schatten von Laubbäumen und Hecken ist die Auswahl an geeigneten Stauden aber gar nicht so klein, es eignen sich viele Frühjahrsblüher, die den unbelaubten Zustand der Bäume nutzen, um Sonnenlicht zu erhaschen. Dazu gehören die Busch-Windröschen *(Anemone nemorosa* und *A. ranunculoides)*, Bärlauch *(Allium ursinum)*, Waldmeister *(Galium odoratum)* und Lerchensporn *(Corydalis* spp.). Darüber hinaus gibt es viele blühende heimische Stauden für den Halbschatten, die am Naturstandort auf Waldlichtungen oder am Waldrand wachsen.

Vorsicht mit Minzen

Heimische Minzen *(Mentha* spec.) sind gut für Insekten, können an einem frischen Standort im Halbschatten durch ihre Ausläuferbildung allerdings rasch das ganze Beet übernehmen. Am besten nur mit Wurzelsperre pflanzen!

Im tiefen Schatten

Im Vollschatten wächst und blüht wirklich nicht viel. Wenn möglich, sollten solche Bereiche für andere Zwecke genutzt werden. Wenn es doch ein Beet werden soll, eignen sich als Bodendecker die immergrünen Gehölze Efeu *(Hedera helix)* und Immergrün *(Vinca minor)*. Das Immergrün ist neben der violettblau blühenden Art auch in Sorten mit purpurfarbenen und weißen Blüten erhältlich. Im Winter ebenfalls grün ist auch ein üppiges Gras, das Schatten verträgt: die Hänge-Segge *(Carex pendula)*. Dazu kann man den immergrünen Hirschzungenfarn *(Asplenium scolopendrium)* pflanzen. Andere schattenverträgliche Farne wie der Wurmfarn *(Dryopteris filix-mas)* oder der Wald-Frauenfarn *(Athyrium filix-femina)* ziehen über den Winter ein und treiben im Frühling frisch aus.

Stauden für den Halbschatten

Nr	Botanischer Name	Deutscher Name	Besonderheiten
1	*Ajuga reptans*	Kriechender Günsel	10-30 cm, blüht blauviolett von April bis Juni
2	*Astrantia major*	Große Sterndolde	30-100 cm, zarte Blüten in Weiß oder Purpur von Juni bis August
3	*Campanula persicifolia*	Pfirsichblättrige Glockenblume	30-80 cm, ausbreitungsfreudig, blüht violett von Juni bis August
4	*Hepatica nobilis*	Leberblümchen	8-15 cm, blauvioletter Frühjahrsblüher im März und April
5	*Lathyrus vernus*	Frühlings-Platterbse	20-30 cm, blüht mit purpurnen oder leicht bunten Blüten von Mai bis Juli
6	*Lunaria rediviva*	Mondviole	30-40 cm, lila Blüten von Mai bis Juli und attraktive silberne Samenstände
7	*Pulmonaria officinalis*	Echtes Lungenkraut	10-30 cm, blüht blau-rosa von März bis Mai, schönes geflecktes Laub
8	*Stellaria holostea*	Große Sternmiere	15-30 cm, bringt mit weißen Blüten von April bis Mai Licht in den Schatten

1
2
3
4
5
6
7
8

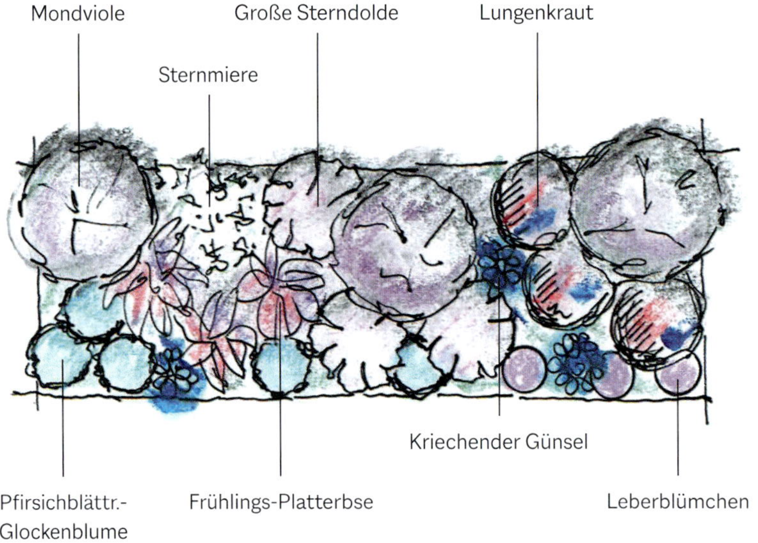

Zarte Blüten in verschiedenen Formen in Weiß und kühlen Violett- und Blautönen zieren das halbschattige Beet über viele Monate.

Ein halbschattiges Beet

Die Artenzusammenstellung oben eignet sich besonders gut für die Randbereiche von Hecken, deshalb ist das Beispielbeet eher länglich und schmal. Ist der verfügbare Bereich länger als die vorgeschlagenen drei Meter, kann der Plan einfach aliquot verlängert werden.
Als zeitige Frühjahrsblüher finden sich hier Leberblümchen *(Hepatica nobilis)* und Lungenkraut *(Pulmonaria officinalis)*. Letzteres ist eine wichtige Hummelpflanze, wird aber auch von einigen Wildbienen, Honigbienen, dem Hummelschweber und dem als Falter überwinternden Zitronenfalter besucht. Gleich danach blüht die Frühlings-Platterbse *(Lathyrus vernus)* eng im Verband mit der Sternmiere *(Stellaria holostea)*. Die Sternmiere webt sich flächig zwischen anderen Stauden durch und nimmt dadurch einigen Raum in Anspruch, weshalb im Beispiel nur ein Exemplar eingeplant ist. Sehr schön ist sie in Verbindung mit dem zeitgleich blühenden Wolligen Hahnenfuß *(Ranunculus lanuginosus)*.
Als Bodendecker dient in dieser Kombination der Kriechende Günsel *(Ajuga reptans)*, ebenso gingen Gundermann *(Glechoma hederacea)*, Pfennigkraut *(Lysimachia nummularia)*, Wald-Erdbeere *(Fragaria vesca)* oder Waldmeister *(Galium odoratum)*.

Eine dufte Lieblingspflanze

Mein besonderer Liebling in diesem Beet ist die Mondviole *(Lunaria rediviva)*, auch Ausdauerndes Silberblatt genannt. Sie verbreitet einen feinen, veilchenartigen Duft, der auf mich ebenso unwiderstehlich wirkt wie auf zahlreiche Falter. Aurorafalter, Zitronenfalter, verschiedene Weißlinge und Taubschwänzchen besuchen sie ebenso wie zahlreiche Wildbienen. *Lunaria* und die ähnlich aussehende Nachtviole *(Hesperis matronalis)* sind dazu wertvolle Raupenfutterpflanzen. *L. rediviva* hat eine einjährige Verwandte, *L. annua*, die ich besonders gerne in neuen Staudenbeeten als Zwischensaat verwende. Werden die mehrjährigen Stauden dichter, verschwindet sie langsam, da die Samen keinen Bodenkontakt mehr finden. In der Liste stehen noch zwei nicht besonders auffällige Begleitstauden: die Sterndolde *(Astrantia major)* und die Pfirsichblättrige Glockenblume *(Campanula persicifolia)*. Beide vertragen bei guter Wasserversorgung auch mehr Licht, dann blühen sie üppiger und die Laubblätter der Sterndolde werden handtellergroß.

Alternative Kombinationsmöglichkeiten

Die gleichen Bereiche könnten Sie auch mit Akeleien *(Aquilegia vulgaris* und *A. atrata)*, Wald-Ziest *(Stachys sylvatica)*, Akeleiblättriger Wiesenraute *(Thalictrum aquilegifolium)* oder dem Duft-Odermennig *(Agrimonia procera)* gestalten. Wenn Sie etwas Licht in den Schatten bringen wollen, hellen Sie den Ort mit ausschließlich weiß blühenden Stauden auf: weiß blühende Formen gibt es beispielsweise vom Immergrün *(Vinca minor)*, von Glockenblumen wie der Breitblättrigen Wald-Glockenblume *(Campanula latifolia* var. *macrantha)*. Generell weiß blühen Sternmiere *(Stellaria holostea)* und Waldmeister *(Galium odoratum)*. Das Immenblatt *(Melittis melissophyllum)* zeigt weiß-rosa Blüten.

Geeignete nicht heimische Pflanzen

Für halbschattige Bereiche sind auch viele nicht heimische, aber dennoch wertvolle Gartenpflanzen einsetzbar. Dazu zählen Bergenie *(Bergenia cordifolia* 'Silberlicht'), Silberkerze *(Cimicifuga japonica* 'Silverdance'), Schaumblüte *(Tiarella* spp.*)* und weiß blühende Sorten der Elfenblume *(Epimedium* spp.). Auch unter den Storchschnäbeln lassen sich schöne, aufhellende bodendeckende Arten und Sorten finden wie z.B. der weiß blühende Storchschnabel *Geranium nodosum* 'Silverwood' oder der Veränderliche Storchschnabel *(Geranium versicolor)* mit seinen blassrosa Blüten. Funkien *(Hosta* spp.) sind unter nicht heimischen Stauden ein großes Thema für dunkle Ecken. Achten Sie auf Schneckenresistenz. Die resistentesten Funkien-Arten, die ich kenne, blühen nicht weiß, sondern blasslila. Das sieht aber im Halbschatten auch sehr schön aus. Gut halten sich z.B. *Hosta tardiana* 'June' oder *Hosta plantaginea* 'Sum and Substance', wogegen von der weiß blühenden *Hosta plantaginea* 'Japonica' nicht viel übrig bleibt.

Humusreiche Umgebung

Halbschattige Bereiche sind meist eher nährstoffreich, da sich dort viel Laub sammelt, das sich zersetzt und zu Humus wird. Optisch passt dazu eine Beeteinfassung aus liegenden Ästen oder Baumstämmen, die dort langsam verrotten können und dabei Nahrung für holzbewohnende Käfer wie Hirschkäfer, Bockkäfer und Glühwürmchen bieten.

Bunte Schattenkombi: Punktierter Gilbweiderich *(Lysimachia punctata)*, Wald-Glockenblume *(Campanula latifolia macrantha)*, Wald-Aster *(Aster divaricatus)*.

Bereits im Mai und Juni blühen Akeleiblättrige Wiesenraute *(Thalictrum aquilegifolium)* und Schwarzviolette Akelei *(Aquilegia atrata)*.

Ein Hochstaudenbeet zusammenstellen

Hochstauden tun, was ihr Name impliziert: sie wachsen hoch, sie wachsen üppig. In der Landschaft kommen sie vor allem an nährstoffreichen Feuchtstandorten vor. Bekannt ist die Mädesüß-Flur, deren Pflanzen auch in der Tabelle unten vorkommen. Alle Stauden, bis auf die ersten beiden in der Tabelle, mögen nährstoffreichen, gut mit Wasser versorgten Boden. Es können, müssen aber keine Feuchtstandorte sein - ein nährstoffreicher, lehmiger Gartenboden reicht. Über die Blütenstauden hinaus möchte ich Ihnen eine weitere wichtige Hochstaude ans Herz legen: die Brennnessel *(Urtica dioica)*. Sie ist das Grundnahrungsmittel für rund 50 Schmetterlingsraupen, 17 davon ernähren sich ausschließlich von ihr. Dazu zählen Kleiner Fuchs, Admiral, Tagpfauenauge, Distelfalter und C-Falter. Die Arten in der Tabelle zählen alle zu den heimischen Wildstauden, man könnte noch einige typische Bauerngartenpflanzen dazuzählen wie Hohe Flammenblume (*Phlox paniculata)*, Scheinsonnenhut *(Echinacea* spp.), Stockrosen *(Alcea rosea)* oder den Echten Alant *(Inula helenium)*.

Achtung: Hier sind Übergriffe möglich!
Bedenken Sie bei der Planung eines Hochstaudenbeets, dass diese Stauden keine zarten Nachbarn dulden, man kombiniert sie also besser nur untereinander. Alle Hochstauden erobern darüber hinaus gern fremde Territorien wie den Gemüsegarten, den Steingarten oder schöne, durchgeplante andere Staudenbeete. Das gilt auch für Wilde Karde und Königskerzen, die eigentlich beide auf eher mageren Standorten vorkommen. Sie können dafür nicht nur die Pracht-Königskerze *(Verbascum speciosum)* verwenden, sondern auch die Mehlige Königskerze *(Verbascum lychnitis)* oder die Großblütige Königskerze *(V. densiflorum)*. Die flexible Nachtkerze *(Oenothera biennis)* keimt buchstäblich überall, vom Steingarten bis ins Hochbeet.

Stauden für ein Hochstaudenbeet

Nr	Botanischer Name	Deutscher Name	Besonderheiten
1	*Althaea officinalis*	Echter Eibisch	60-130 cm, blassrosa Malvenblüten von Juli bis September, ausdauernde Staude
2	*Angelica sylvestris*	Wald-Engelwurz	50-150 cm, blüht weiß oder rötlich von Juli bis September, zweijährige Pflanze
3	*Dipsacus fullonum*	Wilde Karde	80-180 cm, blüht lilaviolett im Juli und August, zweijährige Pflanze
4	*Epilobium angustifolium*	Schmalblättriges Weidenröschen	60-120 cm, blüht purpurrosa von Juni bis August, ausdauernde Staude, samt aus
5	*Eupatorium cannabinum*	Wasserdost	50-150 cm, blüht hellrosa in Dolden von Juli bis September, ausdauernde Staude
6	*Filipendula ulmaria*	Großes Mädesüß	50-150 cm, blüht cremeweiß und duftend von Juli bis September, ausdauernd
7	*Lythrum salicaria*	Blutweiderich	50-150 cm, blüht reich in kräftigem Purpur von Juni bis September, ausdauernd
8	*Verbascum speciosum*	Pracht-Königskerze	100-150 cm, blüht gelb von Juni bis Juli, zweijährige Pflanze

1
2
3
4
5
6
7
8

Bunte Beete gestalten

Farbbeete geben einem Garten ein ganz besonderes Flair. Das einfachste Farbbeet ist „kunterbunt“, dabei mischen Sie verschiedene Farbtöne so, dass sie in der Summe ein harmonisches Ganzes ergeben. Tulpen eignen sich übrigens ausgezeichnet dafür, sowohl für kunterbunte als auch für monochrome Kombinationen, da sie in allen Farbschattierungen erhältlich sind. Bei einer kunterbunten Gestaltung müssen Sie besonders auf die Blütezeitpunkte achten, damit auch wirklich das ganze Jahr über ein schönes buntes Bild entsteht. Was blüht also wann, z.B in einem sonnigen Beet auf nährstoffreichem Boden?

Im Frühjahr könnten hier blühen:
Zwiebelpflanzen wie Tulpen, Narzissen und Krokusse, blasslila Mondviolen *(Lunaria rediviva)*, Rote Lichtnelke *(Silene dioica)*, grüngelbe Zypressen-Wolfsmilch *(Euphorbia cyparissias)*, gelbe Primeln *(Primula elatior* und *P. vulgaris)*, Goldlack *(Erysimum cheiri)* und frühblühende Schwertlilien *(Iris barbata-elatior)* in allen Farbschlägen von Weiß bis Dunkelviolett.

Im Sommer könnten folgen:
Phlox *(Phlox paniculata)* in Weiß, Rosa oder Violett und Malven in Rosatönen *(Malva* spp.). Vielseitig kombinierbar ist auch der Scheinsonnenhut *(Echinacea* spp.) mit Sorten, die weiß, weißgrün, gelb, orange, rosa oder rot blühen. Blau blühende Kandidaten wären Wiesen-Salbei *(Salvia pratensis)*, Rittersporn *(Delphinium* spp.) und Berg-Flockenblume *(Centaurea montana)*. In rosarotem Kleid und ausgesprochen lang blühend zeigen sich das Schmalblättrige Weidenrös-

In diesem bunten Frühlingsbeet strahlen verschiedene Tulpen und die Nachtviole *(Hesperis matronalis)* in kräftigen Farben um die Wette.

chen *(Epilobium angustifolium)* und der Blutweiderich (*Lythrum salicaria*). Beide verbreiten sich stark, der Blutweiderich wenigstens „nur" über Samen, das Weidenröschen zusätzlich noch über Ausläufer. Weidenröschen sind nur für Menschen geeignet, denen es entweder egal ist, wie sich das Beet entwickelt, oder die zuverlässig jäten und Verblühtes zurückschneiden. Letzteres muss regelmäßig erfolgen, da eine Pflanze gleichzeitig mit den ersten ausgereiften Samen noch Blüten trägt. Fast in jede Kombination passt die zitronengelb blühende Nachtkerze *(Oenothera biennis* agg.*)*, die bis in den Herbst hinein aus dem Beet leuchtet.

Im Herbst können in diesem Beet erstrahlen: Astern in Weiß, Rosa, Lila, Blau und Violett. Dunkelviolett und oft bis in den November hinein blüht z. B. die Sorte 'Violetta'. Gut passen dazu Rainfarn *(Tanacetum vulgare)*, verschiedene Königskerzen *(Verbascum* spp.) und die Echte Goldrute *(Solidago virgaurea)*. Bitte holen Sie sich nicht die Kanadische Goldrute *(Solidago canadensis)* in den Garten. Sie zählt zu den invasiven Neophyten.

Bunt, aber nicht knallig

Wer es zwar bunt, aber nicht knallig möchte, kann sich auf Pastellfarben oder nur auf zwei verschiedene Farben beschränken, z.B. Blau und Gelb oder Violett und Rosa. Sie können auch monochrom in einer Farbfamilie bleiben, z.B. mit verschiedenen Rosa- bis Purpurtönen.
Weiß blühende Pflanzen dienen bei allen vorgeschlagenen Zusammenstellungen als neutrales, verbindendes Element oder Sie planen gleich einen weißen Garten. Zu dieser zurückhaltenden Gestaltung passen Pflanzen mit silbrig behaarten Blättern gut, wie etwa Woll-Ziest *(Stachys byzantina)*, weiß blühender Lavendel (*Lavandula angustifolia* 'Alba' oder 'Arctic Snow') oder Bergminze *(Clinopodium nepeta)*. Silbrige Behaarung ist allerdings eine Anpassung an sonnig-trockene Magerstandorte, diese Pflanzen gehören nur auf solche Plätze, nicht auf fette Böden.

Zum weiß blühenden Wald-Windröschen *(Anemone sylvestris)* passen die purpurnen Roten Lichtnelken *(Silene dioica)* und das gelbgrüne Meer der Wolfsmilch.

Heiter, aber kühl wirkt der blau-gelbe Mix aus Wegwarte *(Cichorium intybus)*, Natternkopf *(Echium vulgare)* und Schwarzer Königskerze *(Verbascum nigrum)*.

Tiere im Staudenbeet

REGENWURM
Der Regenwurm ist ein wichtiger Bodenbildner, er verbessert die Nährstoffaufnahme der Beetpflanzen. Gleichzeitig dient er als Nahrung für Amsel, Maulwurf und Co.

HONIGBIENE
Honigbienen nutzen Nektar und Pollen der meisten Pflanzen. Wichtig ist, dass es von Frühling bis Herbst ein gutes Angebot gibt.

STIEGLITZ
Der Stieglitz wird auch Distelfink genannt, wegen seiner Vorliebe für Distelsamen und andere feine Sämereien, die er sich im Staudenbeet holt.

TAGPFAUENAUGE
Das Tagpfauenauge überwintert als Falter und fliegt deshalb früh aus. Frühjahrsblüher sind für ihn daher essenziell, die nächste Generation braucht Herbstblüher als Futterpflanzen.

HUMMEL
Hummeln nisten im offenen Boden im Beet und zwischen Steinritzen, z.B. auch in Trockenmauern.

ROSENKÄFER
Rosenkäfer fressen zwar die Staubgefäße, tragen aber trotzdem zur Bestäubung bei, da an ihren behaarten Beinen Pollen hängen bleibt, den sie zur nächsten Pflanze transportieren.

Tiere im Beet

Der Regenwurm ist zwar ein unauffälliger Bewohner des Beetes, aber ein wichtiger. Er arbeitet sich quer durch die Bodenschichten und frisst dabei Pflanzenteile, auch Wurzeln. Im Blumentopf ist das nicht optimal, dort ist die Wurzelmasse beschränkt. Im Beet spielt das keine Rolle, da ist der Regenwurm sehr nützlich, weil er auch Erde mit aufnimmt. In seinem Darm verbinden sich die organischen und die mineralischen Bestandteile zu einem Ton-Humus-Komplex, der für Pflanzen besonders gut verwertbar ist. Regenwurmhumus können Sie auch kaufen, ebenso Regenwürmer in der Kiste, die man mit Küchenabfällen füttern kann.

Bestäuber in Sicht

Die Honigbiene ist nicht sehr wählerisch, sie besucht Beeren- und Obstgehölze, Wiesenblumen und Beetstauden. Letztere sind für sie besonders wichtig, weil hier Früh- und Spätblüher vertreten sind. Hummeln gehören zu den früh ausfliegenden Wildbienen. Sie lieben Röhrenblüten und sind Hauptbestäuber verschiedener Halbschattenstauden wie Beinwell *(Symphytum officinale)* oder Lungenkraut *(Pulmonaria officinalis)*.

Hungrige Besucher

Viele Schmetterlingsraupen ernähren sich von der Brennnessel, wie das Tagpfauenauge. Reservieren Sie der Pflanze in Ihrem Garten unbedingt ein Eck! Rosenkäfer waren früher häufiger. Man hat sie dezimiert, weil man annahm, dass die Larven Pflanzenwurzeln schädigen. Tatsächlich fressen sie vor allem totes Pflanzenmaterial, darum findet man sie oft im Komposthaufen. Der Käfer selbst leckt Nektar und frisst die Staubgefäße einer Blüte, um an den eiweißreichen Pollen zu gelangen. Das gefährdet die Pflanzen aber nicht in ihrem Fortbestand. Der Stieglitz, auch Distelfink genannt, holt sich im Herbst und Winter gerne die Samen von Disteln und Karden als wertvolles Fettfutter. Auch die des Sonnenhuts *(Rudbeckia fulgida)* nimmt er gerne. Lassen Sie die Samenstände deshalb unbedingt stehen.

Die Pflege eines Staudenbeets

Alle Staudenbeete, ob konventionell oder naturnah, muss man in den ersten drei Jahren regelmäßig jäten, bis sich die Pflanzen etabliert haben. Jäten Sie am besten, wenn der Boden schön durchfeuchtet ist, oberflächlich aber schon etwas abgetrocknet, falls Sie dazu in die Erde steigen müssen. Vermeiden Sie Letzteres eigentlich, um die Erde nicht zu verdichten, und planen Sie bei größeren Beeten Trittsteine ein. Es lohnt sich, von Anfang an regelmäßig zu jäten, besonders im Mai, wenn alles sprießt. In der Summe spart das Arbeit.

Als Arbeitsgerät gegen tief wurzelnde Beikräutern eignet sich die Grabegabel, bei oberflächlichen Wurzeln eine Hacke. Lassen Sie blühende Beikräuter nicht als Mulch liegen, eventuell reifen ihre Samen noch nach. In kleinen Beeten reicht eine Handschaufel. Etwas beschränken kann man den Beikräuterdruck durch Mulchen, dichteres Bepflanzen mit niedrigen kurzlebigen Bodendeckern oder durch Ansaat von zarten Einjährigen wie Mohn *(Papaver rhoeas)*, Acker-Rittersporn *(Consolida regalis)* oder Büschel-Nelke *(Dianthus armeria)*. Entscheiden Sie sich dabei für nur eine Art, so erkennen Sie besser, was gewünscht ist und was sich hineingeschummelt hat.

Schneiden Sie Stauden im naturnahen Beet so spät wie möglich zurück, am besten erst im nächsten Sommer, denn Insekten, z.B. Schmetterlinge, legen im und am Stängel im Herbst ihre Eier ab. Überwintert das Ei, so fliegt der Falter erst im Juni des Folgejahres. Mein Kompromiss: Ich schneide in den Eingangsbereichen meines Gartens im Frühling knapp über dem Neuaustrieb, sobald man diesen sieht. In nicht so einsichtigen Bereichen lasse ich die Stängel bis August stehen.

Eine artenreiche Blumenwiese wie diese im Garten zu etablieren ist gar nicht so einfach, denn die meisten Gartenböden sind dafür zu nährstoffreich, die Gräser gewinnen die Oberhand.

Rasen und Wiese

Rasen oder Wiese, das ist doch das Gleiche, oder? Beides besteht aus Gras, so scheint es auf den ersten Blick. Ein Unterschied besteht in der Nutzung und Pflege. Der Rasen wird regelmäßig kurz gemäht und kann zum Liegen und Spielen betreten werden. In einer Wiese erreichen die Pflanzen ihre natürliche Wuchshöhe, dürfen blühen und Samen produzieren und werden nur ein- bis zweimal im Jahr abgemäht. Eine Wiese soll nicht betreten werden, dabei würden die Halme und Blütenstiele geknickt werden und absterben. Verschieden ist auch die Artenzusammensetzung: Rasen kann Blumen enthalten, aber auch nur aus verschiedenen Gräsern bestehen. Eine Wiese dagegen beinhaltet immer auch einen Anteil an Blumen. Je nachdem, ob es sich um eine Mager- oder eine Fettwiese handelt, ist der Blumenanteil höher bzw. niedriger. Eine gedüngte Wiese, die als Viehfutter genutzt wird, enthält vor allem eiweißreiche Gräser. Eine Blumenwiese, die vor allem Insekten und unserer Freude dient, besteht zu einem großen Teil aus Blumen.

Die Blumenwiese

Grundsätzlich sollte man immer mit dem vorhandenen Boden arbeiten, allerdings stammen die Bilder einer Blumenwiese, wie wir sie im Kopf haben mit Wiesen-Salbei *(Salvia pratensis)* und Margeriten *(Leucanthemum* spp.), allesamt von eher mageren Standorten. Die meisten Gartenböden sind durch jahrzehntelange Düngung aber eher nährstoffreich. Wählen Sie also entweder eine Saatgutmischung für fetten Boden oder magern Sie den Boden ab.

Den Boden abmagern

Sie können den Boden mit Quarzsand (0,5-1,5 mm) abmagern, dazu müssen aber mindestens 10 cm Sand aufgebracht und in den Boden eingefräst werden. Das empfehle ich höchstens bei kleinen Flächen, denn 100 m^2 mit 10 cm Sand zu bedecken bedeutet auch den Transport von 10 m^3 Sand, der viel CO_2-Ausstoß verursacht. Abmagern funktioniert auch durch Abfuhr des Mähguts über mehrere Jahre. Schneller geht es, wenn Sie Starkzehrer anpflanzen. Sonnenblumen *(Helianthus annuus)* z.B. brauchen viele Nährstoffe und durchwurzeln den Boden bis in eine Tiefe von 3 m und lockern ihn so zusätzlich auf. Lassen Sie den Blütenstand über den Winter für die Vögel stehen, schneiden Sie ihn im Frühling bodennah ab und entfernen Sie auch die Wurzelstrünke. Im Folgejahr können Sie weitere Starkzehrer wie Kürbisse auf demselben Boden anbauen. Zur Bodenverbesserung dient dann im dritten Jahr eine Mischung aus Bienenfreund *(Phacelia tanacetifolia)*, Ringelblume *(Calendula officinalis)* und Gelb-Senf *(Sinapis alba)*. Auf Schmetterlingsblütler wie Lupinen *(Lupinus angustifolius)* sollten Sie verzichten, sie reichern den Boden mit Stickstoff aus der Luft an.

Die Neuanlage

Die Aussaat erfolgt immer auf pflanzenlosen Böden, d.h., die vorhandene Vegetation muss zuerst entfernt und der Boden durchgefräst werden. Wenn es Quecke *(Elymus repens)* im Boden gibt, muss man deren lange Ausläufer mithilfe der Grabegabel und viel Geduld akribisch jäten. Fräst man die Queckenwurzel unter, vermehrt man sie nur, da aus jedem noch so kleinen Rhizomstückchen eine neue Pflanze austreibt. Den gefrästen Boden recht man anschließend zu einer glatten, feinkrümeligen Oberfläche. Darauf können Sie dann säen. Wählen Sie eine Saatgutmischung, die

Eine Blumenwiese kann im Gegensatz zu Rasen nicht bespielt und begangen werden. Dafür kann man sich an den Rand setzen und das Treiben darin beobachten.

Eine Blumenwiesenmischung kann man nicht auf bestehenden Bewuchs aussäen. Der Boden muss dafür beikrautfrei und feinkrümelig sein.

Wem eine ganze Wiesenfläche zu viel ist, der kann einen Wiesenstreifen anlegen oder beim Mähen eine Margeriteninsel stehen lassen.

möglichst aus der Region stammt, mindestens 70 Prozent Blumen - der Großteil davon mehrjährig - und unbedingt mehr als 40 verschiedene Pflanzenarten enthält. Je mehr Arten, umso mehr überleben bei den jeweiligen Bedingungen. Für eine Blumenwiese wird wesentlich weniger Saatgut benötigt als für einen aus Gräsern bestehenden Rasen: 2-4 g/m² gegenüber 20-30 g/m². Eigentlich logisch, da eine Blütenpflanze mehr Platz einnimmt als ein Grashalm. Zur Aussaat mischen Sie das Saatgut mit leicht feuchtem Sand. Säen Sie die Hälfte der Menge zuerst in eine Richtung, dann die zweite Hälfte im rechten Winkel dazu. Man beginnt dort, wo der erste Durchgang geendet hat. Nicht säen, wenn es windig oder der Boden nass ist. Danach stellen Sie mit der Rasenwalze einen guten Kontakt der Samen mit der Erde her. Arbeiten Sie die Samen nicht ein und düngen Sie die Fläche nicht. Eine gute Zeit zum Ansäen sind die Monate September, Oktober und März, April, wenn es frostfrei ist. Wenn bei Bedarf zuverlässig gegossen werden kann, können Sie im Frühjahr bis in den Juni hinein aussäen.

Alternativen zur Wiese

Ein konventioneller Rasen besteht nur aus Gräsern und es ist für die Gartenbesitzer eine Lebensaufgabe, diesen Zustand zu erhalten. Will man nicht ständig auf den Knien rutschen und mit dem Löwenzahnstecher unerwünscht eingewandertes Kraut ausstechen, bleibt nur die chemische Keule, um zweikeimblättrige Pflanzen, also Blumen, mit selektiven Herbiziden aus dem Rasen zu entfernen. Das kommt für einen Naturgarten nicht infrage, hier heißen die Alternativen je nach Bodenart Schotterrasen oder Blumenrasen. Ein **Blumenrasen** erfüllt auf eher nährstoffreichen Böden dieselbe Funktion wie ein Rasen, der nur aus Gräsern besteht. Hält man ihn durch Mahd kurz, kann er regelmäßig betreten und bespielt werden. Auch optisch wirkt er ähnlich: dicht und sattgrün. Ein **Schotterrasen** auf mageren Böden dagegen wirkt schütter, weniger grün, aber durchaus blütenreich. Zum Liegen eignet sich der Schotterrasen weniger, dafür aber zum Betreten und Befahren.

Der Blumenrasen

Eine Blumenrasenmischung enthält neben Grassamen Samen von Kriechendem Günsel *(Ajuga reptans)*, Gundermann *(Glechoma hederaceae)* und Gänseblümchen *(Bellis perennis)* etc. So ergibt sich ein Mosaik aus Gräsern und eher niederwüchsigen Blumen. Dort, wo die Fläche begangen wird, wird etwa alle zwei Wochen gemäht. An den ungenutzten Rändern darf der Blumenrasen so behandelt werden wie eine Blumenwiese und entsprechende Blüten treiben.

Der Schotterrasen

Eine Schotterrasenmischung kann auf schotterig-sandigen, mageren Böden angesät werden. Sie enthält Arten, die wenig Nährstoffe und Wasser brauchen, niederwüchsig und trittfest sind (siehe Seite 76). Die Mischung passt auch auf eine trittfeste Fläche nach Art einer Wassergebundenen Decke (siehe Seite 92). An den wenig begangenen Rändern blüht es üppig, wo gelaufen, gefahren oder geparkt wird, halten sich gerade so die Gräser und der steinige Untergrund scheint durch.

Die Entscheidung

Ob Sie eine Blumenwiese, einen Blumenrasen oder einen Schotterrasen anlegen sollten, hängt vom vorhandenen Boden und der Art der Nutzung ab. Ein Schotterrasen ist befahrbar, aber nichts zum Darinliegen. Für eine Familie mit fußballbegeisterten Kindern eignet sich ein Blumenrasen besser als eine Wiese. Ziehen die Kinder irgendwann aus, kann der Blumenrasen ungemäht bleiben und zur Blumenwiese werden.

Ein Schotterrasen zeichnet sich durch festen Untergrund und schütteren Bewuchs aus. Er kann als Sitzplatz- oder Wegebelag dienen.

Einen Blumenrasen kann man regelmäßig mähen, muss es aber nicht tun. Lässt man ihn oder einzelne Bereiche davon wachsen, blüht es hier farbenfroh.

Pflanzenarten für eine Gartenwiese

Saatgutmischungen mit weniger als 40 verschiedenen heimischen Arten und weniger als 70 Prozent Blumen sollten Sie nicht verwenden.
90 Prozent der enthaltenen Blumenarten sollten überdies ausdauernd sein. Ein- und Zweijährige Blumen sind für einen optisch ansprechenden Blütenflor in den ersten beiden Jahren zwar wichtig, werden aber später von Mehrjährigen verdrängt. Blumenarten, die in keiner Wiesenmischung fehlen sollten, finden Sie in der Tabelle unten. Einige weitere wichtige Arten kamen schon im Kapitel Stauden vor (siehe Seite 56): Wiesen-Flockenblume *(Centaurea jacea)*, Großer Wiesenknopf *(Sanguisorba officinalis)*, Wiesen-Storchschnabel *(Geranium pratense)*, Wiesen-Salbei *(Salvia pratensis)* und Tauben-Skabiose *(Scabiosa columbaria)*. In den meisten Mischungen sind außerdem folgende Gräser enthalten: Rotes Straußgras *(Agrostis capillaris)*, Gewöhnliches Ruchgras *(Anthoxanthum odoratum)*, Weide-Kammgras *(Cynosurus cristatus)*, Schaf-Schwingel *(Festuca ovina)*, Rot-Schwingel *(Festuca rubra)* und Schmalblättriges Rispengras *(Poa angustifolia)*.

Ungünstige Mischungen für die Gartenwiese:
Im Handel manchmal angebotene Mischungen, die vor allem aus einjährigen Sommerblumen bestehen, sind zwar anfangs schön, später etablieren sich aber zunehmend zufliegende, unerwünschte Beikräuter wie Löwenzahn, Melde oder Ampfer. Auch Mischungen mit nicht heimischen, manchmal sogar invasiven Arten sind zu vermeiden. Lassen Sie von Mischungen ohne Angabe der enthaltenen Pflanzenarten ganz die Finger, manchmal holt man sich damit unliebsame sich ausufernd ausbreitende Pflanzen in den Garten, die die ganze Fläche übernehmen (einige Knöteriche z.B.). Besonders günstige Mischungen aus dem Discounter sind oft mit Beikrautsamen verunreinigt.

Blumen für die Wiese

Nr	Botanischer Name	Deutscher Name	Besonderheiten
1	*Campanula patula*	Wiesen-Glockenblume	30-50 cm, blüht blauviolett von Mai bis August, Insektenmagnet
2	*Centaurea cyanus*	Kornblume	20-80 cm, leuchtend blaue Blüten auf filigranen Stielen im Mai und Juni
3	*Galium verum*	Echtes Labkraut	10-70 cm, webt von Juni bis September kleine gelben Blüten durch die Wiese
4	*Knautia arvensis*	Wiesen-Witwenblume	25-75 cm, die violetten Köpfchen erscheinen auf hohen Stielen im Juli und August
5	*Leucanthemum ircutianum*	Große Wiesen-Margerite	30-70 cm, von Mai bis September erblühen immer wieder weiße Körbchenblüten
6	*Papaver rhoeas*	Klatsch-Mohn	30-80 cm, entfaltet seine roten hauchzarten Blütenblätter von Mai bis August
7	*Prunella grandiflora*	Großblütige Braunelle	10-30 cm, lila Blüten in kleinen Kerzen übereinander von Juni bis August
8	*Silene dioica*	Rote Lichtnelke	30-90 cm, strahlend pinke Blüten an den Stängelspitzen von April bis September

1
2
3
4
5
6
7
8

Mischungen für den Schotterrasen

Schotterrasensaatgut kann auf mageren, steinigen Böden aufgebracht werden oder auf einer Wassergebundenen Decke, wie sie auf Seite 92 beschrieben ist. Der dafür benötigte Grünkompost muss gütegesichert sein, das heißt, er muss beikrautfrei sein. Samen von unerwünschten Beikräutern sterben beim Kompostierprozess erst bei über 60 °C ab, dies wird im Komposthaufen im Privatgarten kaum erreicht. Deshalb empfiehlt es sich, hier ausnahmsweise einmal Grünkompost zuzukaufen - oder Sie stellen sich auf regelmäßiges Jäten ein. Mein Kompost enthält regelmäßig Sonnenblumen-Samen aus dem Vogelfutter. Ich versetze sie nach der Keimung immer in den Gemüsegarten oder vor die Hecke, dort stören sie nicht, sondern sehen noch gut aus. Kompost im Schotterrasen ist aber wichtig, er dient den Pflanzen als Nährstoffquelle aber auch zur Wasserspeicherung. Er muss jedenfalls in die oberste Kantkornschicht des Unterbaus (siehe Seite 92) eingemischt und nicht einfach aufgetragen werden, sonst bilden die Pflanzen nur ganz oberflächliche Wurzeln und Löwenzahn und Co. finden ideale Keimbedingungen vor.

Anfangs muss gegossen werden

Schotterrasen-Pflanzen brauchen wenig Wasser, das trifft aber nicht auf die Keimlinge zu. Wenn sich der erste grüne Hauch zeigt und eine Trockenphase droht, müssen Sie gießen. Etablierte Trockenpflanzen entwickeln tiefe Wurzeln, um an Wasser zu gelangen. Diese haben Keimlinge noch nicht. Gießen Sie am Morgen und zwar durchdringend und nicht nur oberflächlich, damit sich die Wurzeln dem Wasser nach in die Tiefe entwickeln. Schotterrasenmischungen enthalten einen Gräseranteil von 70 Prozent, angesät werden 4g/m². Oft enthaltene Gräser sind Platthalm-Rispengras *(Poa compressa)*, Horst-Rot-Schwingel *(Festuca nigrescens)* und Fieder-Zwenke (*Brachypodium pinnatum)*.

Pflanzen für den Schotterrasen

Nr	Botanischer Name	Deutscher Name	Besonderheiten
1	*Achillea millefolium*	Echte Schafgarbe	30-60 cm, cremeweißer Dauerblüher von Juni bis November, Heilpflanze
2	*Campanula rotundifolia*	Rundblättrige Glockenblume	20-40 cm, zartes aber robustes Gewächs, blüht violett von Juni bis Oktober
3	*Dianthus carthusianorum*	Kartäuser-Nelke	20-60 cm, knallig pinke Blüten sitzen von Juni bis Oktober auf dunklen Stielen
4	*Hieracium pilosella*	Kleines Habichtskraut	10-30 cm, zeigt zitronengelbe Korbblüten von Mai bis September, anspruchslos
5	*Linaria vulgaris*	Echtes Leinkraut	30-60 cm, von Juni bis Oktober öffnen sich immer mehrere Blüten gleichzeitig
6	*Linum austriacum*	Österreichischer Lein	20-60 cm, zarter hellblauer Sommerblüher, der steinige Standorte bevorzugt
7	*Petrorhagia saxifraga*	Felsennelke	10-20 cm, kleine Blüten in Wolken über dem Laub von Juni bis Oktober
8	*Thymus pulegioides*	Arznei-Thymian	5-10 cm, im Juli und August reich blühender Thymian, bildet Kissen und Matten

1
2
3
4
5
6
7
8

Tiere in Wiese und Schotterrasen

WILDBIENE
Zwei Drittel aller Wildbienen (inklusive Kuckucksbienen) brüten im Boden. Sie bauen ihre Nester in sandig-lehmige Böden ohne Pflanzenbewuchs.

WEINBERGSCHNECKE
Die große Schnecke ist auf einen Lebensraum angewiesen, wo sie Kalk aufnehmen kann, um ihr Haus zu bilden. Deshalb fördert man sie mit kalkreichem Schotterrasen.

ZITRONENFALTER
Der Schmetterling überwintert als Falter und braucht schon im zeitigen Frühling Nahrung. Die Raupe frisst nur am Faulbaum *(Frangula alnus)* und Kreuzdorn *(Rhamnus carthartica)*.

HEUSCHRECKE
Heuschrecken benötigen mindestens kniehohe Wiesen, sie legen ihre Eier in den Boden oder in weiches Pflanzengewebe und ernähren sich überwiegend von Gräsern und Blumen.

FELD-SANDLAUFKÄFER
Er repräsentiert hier verschiedene Laufkäfer, deren Larven sich in Erdlöchern entwickeln; sie sind auf offene, sandige Böden angewiesen.

BLÄULING
Rund 50 verschiedene Bläulinge leben in Mitteleuropa, ihre Raupen sind teilweise sehr spezialisiert, wie z. B. die des Pflaumen-Zipfelfalters.

Leben in Wiese und Schotterrasen

Während das Dickicht der Wiese für manche Arten Schutz und Nahrung bietet, brauchen andere Arten offene Bodenflecken, die wiederum Schotterrasen bieten kann. Bodenbrütende Wildbienen etwa benötigen vegetationsfreie Flecken mit standfester Erde. Sandiger Lehm ist gut, reiner Sand stürzt ein, ein zu humoser Boden wird zu stark durchwurzelt und Kantkorn, wie es für Wassergebundene Decken verwendet wird, ist zu grob. Der unbepflanzte Fleck darf gerne am Hang liegen, aber nicht in einer Mulde, damit sich kein Regenwasser dort sammelt. Gut geeignet sind auch Fugen zwischen nicht betonierten Wegplatten oder in alten Trockenmauern, wo sich schon Erde gebildet hat. Sonnige Lagen sind besser als schattige, die Larven haben es lieber trocken als feucht. Diese offenen Flächen werden auch schnell zur Heimat für diverse Laufkäfer. So ein trockener, etwas lehmiger Sandboden ist auch ein guter Standort für Nelken, z.B. die Kartäuser-Nelke *(Dianthus carthusianorum)* und die länger blühende Späte Feder-Nelke *(Dianthus serotinus)*.

Insektennahrung in Wiese und Schotterrasen

Nelken sind dazu beliebte Nektarquellen des Zitronenfalters. Im Schotterrasen kann der Zitronenfalter auch zwei Habichtskräuter vorfinden *(Hieracium aurantiacum* und *H. pilosella)* und den Kiel-Lauch *(Allium carinatum)*. In der Blumenwiese besucht er den Echten Dost *(Origanum vulgare)*, die Gelbe Skabiose *(Scabiosa ochroleuca)* und die Färber-Hundskamille *(Anthemis tinctoria)*. Die 50 in Mitteleuropa heimischen Bläulingsarten sind in ihren Ansprüchen jeweils sehr spezialisiert. Je artenreicher eine Wiese ist, umso eher deckt man ihre Bedürfnisse ab. Für die rund 70 Heuschreckenarten, die es in Deutschland gibt, sind artenreiche Blumenwiesen essenziell. Damit sie dauerhaft darin wohnen können, darf nie die ganze Fläche auf einmal gemäht werden und das Mähgut sollte vor Ort trocknen dürfen und nicht samt den Heuschrecken in Silageballen vergoren werden.

Was muss man wann mähen?

Die Pflege eines **Blumenrasens** ist einfach: Mähen Sie nach Bedarf und entfernen Sie das Mähgut, das verschafft Blumen einen Vorteil gegenüber den Gräsern.
Auch beim **Schotterrasen** ist wenig zu tun: normalerweise ist Mähen überflüssig. In einem regnerischen Jahr kann es schon mal vorkommen, dass die Vegetation auf einem Schotterrasen-Weg „ins Kraut schießt“, dann mähen Sie eben. Wird die Fläche gar nicht oder nur selten betreten, kann man einmal im Jahr mähen. Das muss man aber nicht. Sollten sich konkurrenzstarke Arten wie Löwenzahn oder Ampfer ansiedeln, jäten Sie diese.
Eine **Blumenwiese** mähen Sie normalerweise zweimal im Jahr. Die erste Mahd erfolgt traditionell dann, wenn die Margeriten beginnen zu verblühen, meist ist das Ende Juni. Bei starkem Aufwuchs erfolgt noch eine zweite Mahd im Herbst. Das Mähgut darf beide Male ein paar Tage liegen bleiben und trocknen, dadurch reifen Samen nach und die Wiese kann sich so verjüngen. Dann entfernen Sie das Heu. Wenn es keine giftigen Arten wie die Kornrade *(Agrostemma githago)* enthält, können Sie es an (Haus-)Tiere verfüttern.
Mähen Sie nie die gesamte Fläche auf einen Schlag. Erst wenn in dem zuerst gemähten Bereich wieder Blumen blühen, mähen Sie den zweiten Teil. Mindestens 10 Prozent der Wiese sollte übers Jahr als Rückzugsort für Insekten stehen bleiben. Versuchen Sie nie genau zum gleichen Zeitpunkt im Jahr immer den gleichen Wiesenteil zu mähen, das begünstigt immer jene Arten, die zu diesem Zeitpunkt schon Samen bilden konnten. Rotation und eine gewisse Unordnung und Unpünktlichkeit sorgt auch hier für Artenvielfalt.

Die mit Wildem Wein und Kletterrosen bewachsene Fassade verleiht diesem Haus ein lebendiges und freundliches Gesicht.

Kletter- und Hängepflanzen

Alle bisher beschriebenen Pflanzen wachsen aufwärts in die für sie mit eigener Kraft erreichbare Höhe. Dies können bei Bäumen schon mal 60 m sein, bei Sträuchern ist meist schon unter 10 m Schluss. Es gibt aber auch Pflanzen, die mithilfe anderer weit nach oben in Richtung Licht wachsen. Diese Pflanzen entwickeln wenig eigenes Stützgewebe, sie nutzen quasi die Stabilität anderer. Kletterpflanzen ist der gängige Überbegriff für diese Gewächse.

Viele Wege führen zum Ziel

Nach der Art des Kletterns unterscheidet man zunächst einmal zwischen Selbstklimmern und Gerüstkletterern. **Selbstklimmer** haben entweder Haftwurzeln wie Efeu *(Hedera helix)*, Kletter-Hortensie *(Hydrangea anomala)* und Trompetenblume *(Campsis radicans)* oder Haftscheiben wie eine Sorte des Wilden Weins *(Parthenocissus tricuspidata* 'Veitchii'). Unter den **Gerüstkletterern** gibt es **Schlinger** und **Winder**. Bei ihnen bewegt sich der ganze Trieb um die Kletterhilfe. Damit sie gut schlingen bzw. winden können, brauchen sie senkrechte Rundstäbe oder Seile mit einem Durchmesser zwischen 0,5 cm und 5 cm als Kletterhilfe.

Schlinger und Winder

Zu den Schlingern und Windern gehören als einzige Staude der Hopfen *(Humulus lupulus)* und viele Gehölze wie die Kiwi *(Actinidia* spp.), die Pfeifenwinde *(Aristolochia macrophylla)*, verschiedene Geißblätter *(Lonicera* spp.), die Baumschlinge *(Periploca graeca)*, Waldreben *(Clematis* spp.) und einige mehr. Die Glyzinie *(Wisteria sinensis)* ist der mächtigste Schlinger, sie schafft es bis in 30 m Höhe.

Ranker

Bei anderen Gerüstkletterern haben sich Pflanzenteile zu speziellen Ranken umgebildet, sie nennt man deshalb **Ranker**. Zu ihnen gehört die Weinrebe *(Vitis vinifera)*. Verschiedene Formen des Wilden Weins *(Parthenocissus* spp.), auch Jungfernrebe genannt, zählen ebenfalls zu den Rankern. Eine Sonderform ist die Sorte 'Engelmannii', sie bildet beides aus: Ranken und Haftscheiben. Ranker kommen besser mit gitterförmigen Kletterhilfen zurecht, mit einem Stangen- oder Seildurchmesser von 0,5-3 cm und Abständen von 10-20 cm.

Spreizklimmer

Die sogenannten **Spreizklimmer** spreizen sich in Strukturen ein und stützen sich auf. Die bekanntesten darunter sind Kletter- und Ramblerrosen (*Rosa* spp.), Brombeeren *(Rubus* sect. *Rubus)* und der frühblühende Winter-Jasmin *(Jasminum nudiflorum)*. Diese Pflanzen benötigen horizontale Strukturen mit Abständen von ca. 40 cm als Kletterhilfe. Für alle Gerüste gilt, dass zur Fassade ein Abstand von 10-20 cm gehalten werden sollte. Details lesen Sie am besten in den FLL-Richtlinien nach (siehe Anhang).

Die Vorteile einer Fassadenbegrünung

Grundsätzlich kann eine Begrünung im städtischen, betonreichen Umfeld die Lufttemperatur um mehrere Grad Celsius senken. Da Bodenfläche in der Stadt rar und teuer ist, bieten sich Fassaden als Grünflächen an. Begrünte Fassaden schaffen ein kühleres und feuchteres Mikroklima im direkten Umfeld, filtern Lärm und Staub und sogar Schadstoffe. Gemessen wurde eine Bindung von Schwermetallen im Luftstaub von bis

Wie mit kleinen Saugnäpfen hält sich der Wilde Wein *(Parthenocissus tricuspidata* 'Veitchii') mit seinen Haftscheiben an der Holzverkleidung fest.

zu 80 Prozent durch die Dreispitzige Jungfernrebe *(Parthenocissus tricuspidata)*. Kletterpflanzen nehmen Kohlenstoffdioxid aus der Luft auf und geben Sauerstoff ab. Und nicht zu vergessen: Menschen sind biophile Wesen, es gibt zahlreiche Untersuchungen zur Wohlfahrtswirkung von Grünflächen. Fassadengrün bietet darüber hinaus Nahrung für Insekten, Nahrung, Schutz und Nistplätze für Vögel und dient als Trittsteinbiotop. Trittsteinbiotope sind kleine Lebensräume, die so nah beieinanderliegen, dass Tiere problemlos von einem zum anderen und so zu größeren Lebensräumen gelangen können. Man kann das Grün auch finanziell bewerten: Fassadengrün bringt einen nachweislich höheren Verkaufswert der Immobilie. Die Bausubstanz wird durch das Blätterkleid vor Regen, UV-Strahlung und Graffiti geschützt und die Wurzeln der Pflanzen haben eine Drainagewirkung für das Fundament, weil sie dem Untergrund Feuchtigkeit entziehen.

Pflanzen für die Vertikale

Bei allen positiven allgemeinen Eigenschaften muss man bei der Fassadenbegrünung auch sehr auf die Wahl der Pflanzenart achten. Pflanzen mit Haftwurzeln können Schäden anrichten, da sie besonders gerne in vorhandene Ritzen hineinwachsen. Eine schon etwas brüchige Fassade eignet sich für Kletter-Hortensie *(Hydrangea anomala)* und Efeu *(Hedera helix)* also nicht, eine glatte, neue Fassade aus Klinker dagegen schon. Alle Kletterer, auch Schlinger und Ranker, können unter Hausteile wie Schindeln, Dachrinnen oder Dachziegel gelangen und sie durch ihr Dickenwachstum absprengen (siehe Seite 85). Besonders achtsam muss man bei hinterlüfteten Fassaden sein. Haftwurzeln vom Efeu z.B. zeigen einen negativen Phototropismus. Das bedeutet, sie wenden sich vom Licht ab und entwickeln sich unter der Wärmedämmung und Fassadenverblendung. Grundsätzlich sollten Bausubstanz und Gebäudehülle intakt sein, damit sie das Gewicht auch älterer Kletterpflanzen tragen können. Dabei ist die Vertikallast zu bedenken, also das nach unten wirkende Gewicht der Begrünung in nassem Zustand und mit Eis- und Schneelast. Die Glyzinie *(Wisteria sinensis)* kann eine Höhe von bis zu 30 m erklimmen und oberarmdicke Triebe bekommen, sie entwickelt sicher das höchste Gewicht. Auch eine Horizontallast wirkt auf die Befestigungen: das Gewicht der Pflanze und der Winddruck. Je mehr Verankerungspunkte ein Stützsystem hat, umso besser verteilen sich die Lasten. Vor jeder Pflanzung will gut überlegt sein, ob Glyzinie, Efeu und Schlingknöterich *(Fallopia aubertii)* nicht zur buchstäblich untragbaren Last werden. Vorsicht gilt auch bei der Begrünung von Zäunen oder Bäumen. Selbst Ramblerrosen wie 'Paul's Himalayan Musk' können ein so hohes Gewicht erreichen, dass von ihnen verzierte Zäune oder morsche Bäume einstürzen können. Passen Sie also die Kletterpflanze immer dem Bekletterten an.

Kletterpflanzen für Fassaden

Nr	Botanischer Name	Deutscher Name	Besonderheiten
1	*Clematis vitalba*	Gewöhnliche Waldrebe	Bis 12 m, Schlinger mit cremeweißen Blüten im Juni und Juli
2	*Hedera helix*	Efeu	Bis 20 m, immergrün, Haftwurzler, blüht von September bis November
3	*Humulus lupulus*	Hopfen	Bis 8 m, schlingende Staude, zieht im Herbst ein und treibt im Frühjahr neu aus
4	*Hydrangea anomala*	Kletter-Hortensie	Bis 10 m, Haftwurzler, blüht im Juli überreich mit weißen Schirmrispen
5	*Lonicera periclymenum*	Wald-Geißblatt	Bis zu 5 m, Schlinger, cremeweiße Blüten mit süßem Duft im Mai und Juni
6	*Parthenocissus tricuspidata* 'Veitchii'	Wilder Wein 'Veitchii'	Bis 15 m, Selbstklimmer mit Haftscheiben, breiter Wuchs, tolle rote Herbstfärbung!
7	*Rosa* spp.	Ramblerrose	Bis 10 m, Spreizklimmer, viele üppig blühende und duftende Sorten im Handel
8	*Vitis vinifera*	Weinrebe	Bis 10 m, Ranker, Wild- und Edelformen des Rankers bringen Trauben hervor

1
2
3
4
5
6
7
8

Tiere im Fassadengrün

SPATZ
Einst einer der häufigsten Vögel, ist der Haussperling mittlerweile gefährdet. Spatzen leben gerne in Scharen; sie fressen vor allem Sämereien, die Jungen benötigen Raupen als Futter.

FLORFLIEGE
Die Larven der Insekten sind wertvolle Blattlausfresser. Erwachsene Tiere überwintern gerne in Ritzen und Spalten, so auch zwischen Kletterhilfen und Hauswand.

FLEDERMAUS
Fledermäuse sind nachtaktiv, ernähren sich von Insekten und nisten in Höhlen oder Dachböden. Sie sind stark gefährdet, mit Nistkästen an der Fassade kann man sie unterstützen.

WEINSCHWÄRMER
Dieser hübsche Nachtfalter versteckt sich tagsüber im dichten Laub von Kletterpflanzen. Seine Raupen fressen an Weidenröschen, Blutweiderich und Nachtkerze.

ROTKEHLCHEN
Die kleinen Vögel sind Insektenfresser, die auch Beeren und Fettfutter nicht verschmähen. Sie nisten vor allem in Bodenvertiefungen, nächtigen aber auch im Fassadengrün.

SCHWEBFLIEGE
Die noch spät im Jahr aktiven Insekten profitieren zum Beispiel sehr von der späten Blüte des Efeus.

Noch mehr Lebensräume durch aufstrebendes Grün

Kletterpflanzen bieten die Möglichkeit, zusätzliches Blattgrün und Blüten in den Garten zu bringen, unter anderem kann man damit auch weniger attraktive Gebäude wie alte Schuppen ummanteln. So habe ich es auch mit meiner Garage gemacht. Zu meinen Lieblingen zählen ungefüllte **Kletterrosen** wie etwa die Ramblerrosen-Sorte 'Bobby James' und die heimische Feld-Rose *(Rosa arvensis)*, die sich gerne in Hecken verspreizt und so nach oben klettert.

Zu Füßen der Strebsamen

Einen beschatteten, bepflanzten Fuß mögen Rosen gerne, **Waldreben** *(Clematis* spp.) aber brauchen ihn regelrecht. Gut eignen sich dafür früh austreibende Stauden mit üppigem, dauerhaftem Blattwerk wie Akeleien *(Aquilegia* spp.), Akeleiblättrige Wiesenraute *(Thalictrum aquilegifolium)* oder Frauenmantel *(Alchemilla* spp.). Für die in schattigeren Bereichen wachsende Alpen-Waldrebe *(Clematis alpina)* passen auch gut Beinwell *(Symphytum officinale)* und Lungenkraut *(Pulmonaria officinalis)*. Farne sind an sich auch gut geeignet, treiben aber teilweise spät aus, außer der immergrüne Hirschzungenfarn *(Asplenium scolopendrium)*.

Einfach und anziehend

Die Gewöhnliche Waldrebe *(Clematis vitalba)* ist anspruchslos, sie wächst überall, versamt aber stark. Ein Must-have unter den Kletterpflanzen sind die **Geißblätter** *(Lonicera* spp.). Es gibt zahlreiche Sorten, die für unsere Nasen himmlisch duften! Auch Nachtfalter fliegen auf sie. Auch Blattläuse finden Geißblätter besonders anziehend, gut für die Marienkäfer. Ein buchstäbliches Schattendasein fristet oft der **Efeu** *(Hedera helix)* - zu Unrecht. Seine Haftwurzeln schaden der Hauswand, vitalen Bäumen in der Regel nicht. Er blüht erst spät im Oktober und zieht damit jede Menge Insekten an. Seine blauschwarzen Beeren ernähren im Winter Amsel und Co. Sein immergrünes Laub bietet rund ums Jahr Zuflucht.

Die Pflege von Kletterpflanzen

→ Das Gießen: Pflanzen an der Fassade haben oft einen eingeschränkten Wurzelraum, das heißt, sie müssen öfter gegossen werden als frei stehende Pflanzen. Besonders wichtig ist dies bei südorientierter Bepflanzung, z.B. mit Trompetenblumen *(Campsis radicans, Campsis × tagliabuana)*, einigen Waldreben *(Clematis maximowiczina, C. orientalis, C. tangutica)* und der Glyzinie *(Wisteria sinensis)*. Bei wintergrünen Kletterern wie Efeu und dem Immergrünen Geißblatt *(Lonicera henryi)* ist die Gefahr von Frosttrocknis zu beachten. Immergrüne Blätter verdunsten auch im Winter Wasser, die Pflanzen können bei gefrorenem Boden aber keines aufnehmen. Hier sollten Sie bei leichten Plusgraden unterstützend gießen.

→ Der Schnitt: Da es so viele verschiedene Arten von Kletterpflanzen gibt, erkundigen Sie sich hierfür speziell nach der gewählten Art. Als Grundregel ist es sinnvoll, nach der Blüte zu schneiden. Schneidet man zu früh, schnippelt man die Blütenknospen mit weg, schneidet man zu spät, nimmt die Samenbildung der Pflanze viel Kraft. Fruchttragende Pflanzen wie Wein und Kiwi werden erst nach der Ernte geschnitten. Der Hopfen *(Humulus lupulus)* ist eine Staude. Er treibt jedes Jahr neu aus dem Wurzelstock aus, die alten, abgestorbenen Triebe kann man deshalb bodennah abschneiden. Bei besonders wuchskräftigen Arten wie der Glyzinie erziehen Sie die Haupttriebe entlang der Kletterhilfe und kappen Sie wilde Seitentriebe.

→ Achten Sie grundsätzlich darauf, dass die Kletterpflanzen nichts beschädigen und nicht zu schwer und üppig werden.

Im Naturgarten darf das Gemüse in einer gesunden Mischkultur stehen. Pflanzt man u. a. mehrjährige Arten wie hier Etagenzwiebeln und Baumspinat an, hat man auch weniger Arbeit.

Gemüse

Hier renne ich wahrscheinlich offene Türen ein, aber im Naturgarten muss jeder Gemüsegarten natürlich ökologisch bewirtschaftet werden, also ohne chemisch-synthetische Gifte und Dünger. Niemand will so etwas mitessen. Verzichten Sie auch auf torfhaltige Erde. Ein naturnaher Gemüsegarten zeichnet sich wiederum durch Artenvielfalt aus. Säen Sie zwischen das Gemüse nützliche Blumen, wie z.B. die Ringelblume *(Calendula officinalis)*, deren Duftstoffe Fadenwürmer von Kartoffeln, Erdbeeren und Co. abhalten.

Bodenpflege

Im naturnahen Gemüsegarten wird der Boden gepflegt, das bedeutet unter anderem, ihn nach dem erstmaligen Herrichten der Beete nicht mehr umzustechen, um die Schichtungen des Bodenlebens nicht durcheinanderzubringen. Lockern Sie ihn nur auf. So lassen sich unerwünschte Beikräuter leicht aus der Erde ziehen. Ich benutze Werkzeug aus Kupfer, das bringt dieses Spurenelement in den Boden. Gepflegt wird der Boden auch durch das Mulchen, schleierdünn mit Rasenschnitt. Regenwürmer holen sich das Gras in die Erde, wo sie es leicht angewelkt fressen und mit ihren Ausscheidungen die Erde düngen. Regenwurmröhren dienen darüber hinaus zur Belüftung des Bodens. Durch die Ernte werden dem Boden ständig Nährstoffe entzogen, also müssen Sie der Fläche, im Gegensatz zum

Großteil des Naturgartens, Nährstoffe wieder zuführen. Ein wenig geschieht das durch das Mulchen und zusätzlich mithilfe von selbst produziertem Grünkompost. Die Rotte sollte schon vollständig abgeschlossen sein, der Kompost sollte also aus dem Vorjahr stammen. Sie können ihn auch mit Gartenerde mischen. Abgelagerten Mist von Tieren aus biologischer Haltung können Sie ebenfalls verwenden. Hauchdünn aufgestreutes Urgesteinsmehl kann den Verlust an Mineralstoffen und Spurenelementen ausgleichen.

Die Wasserversorgung

Gießen Sie auch im Gemüsegarten selten, dafür aber durchdringend, damit sich die Wurzeln in die Tiefe entwickeln. Man kann auch Wasserreservoirs im Boden versenken, z.B. einen Tontopf mit verkleinertem Loch, der mit Wasser befüllt wird. Das Wasser kann durch die Poren des Topfes und das kleine Loch langsam in den Boden sickern. Den Topf sollten Sie aber abdecken, damit keine Tiere darin ertrinken. Gut geeignet sind auch im Boden vertikal eingegrabene, nach unten hin verschlossene Kunststoffrohre, in die Sie seitliche Löcher gebohrt haben.

Verschiedene Beet-Arten

Spezialkonstruktionen im Gemüsegarten sind **Hochbeete u**nd Hügelbeete. Beide haben einen schichtweisen Aufbau. Von unten nach oben bestehen sie aus groben Ästen, feinen Ästen, Laub, Grasnarbe, tierischem Mist, halbreifem Kompost, mit reifem Kompost gemischter Gartenerde und obenauf einer Mulchschicht. Hochbeete sind angenehm zu bestellen, da man sich das Bücken spart, gehen aber in der Anschaffung ganz schön ins Geld. Wird der Garten von Schnecken geplagt, können an die Hochbeete leicht Schneckenkanten, Kupferstreifen u.Ä. angebracht werden. **Hügelbeete** haben dagegen den Vorteil, dass der Hügel eine größere bepflanzbare Oberfläche schafft. Bei beiden Beetarten sorgt die Verrottung der verschiedenen Materialien im Untergrund für ständigen Nährstoffnachschub und ein bisschen Wärmeentwicklung.

Permakultur

Der Begriff Permakultur stammt aus dem Englischen, abgeleitet von permanent agriculture, also dauerhafter Landwirtschaft. Hier geht es nicht um möglichst hohe Erträge, egal wie, sondern um die Schaffung eines ökologischen Kreislaufsystems im eigenen Garten, das auch noch Nahrung erzeugt. Dieses System soll allen nützen: den Pflanzen, die ohne Chemie, aber mit natürlichen Hilfsmitteln gestärkt werden, den Tieren, die hier einen Lebensraum finden, und den Menschen, die hier Entspannung und eine Vielfalt an Nahrungspflanzen genießen können.

Alles wird im Kreislauf geführt, es ist keine Energiezufuhr von außen nötig, wie z.B. chemisch-synthetische Düngemittel. Die benötigten Nährstoffe werden aus den Pflanzenresten des Gartens und, wenn vorhanden, aus tierischem Mist der eigenen Hühner und anderer Haustiere mittels Kompostierung selbst im Garten erzeugt.

Verschiedene Gemüse, Obstgehölze und Blumen wachsen eng verzahnt, sodass sie einander positiv beeinflussen. Größere Pflanzen beschatten kleinere, die es brauchen.

Regenwasser wird gesammelt und durch Erdmodellierung den Pflanzen zugeführt, die es am meisten benötigen.

Ein interessantes Konzept, das wunderbar in den Naturgarten passt. Hilfreich ist dafür natürlich eine gewisse Gartengröße, aber auch auf kleinen Flächen kann man Elemente davon einsetzen und etwa niederwüchsige Blumen, wie Ringelblume *(Calendula officinalis),* Stiefmütterchen *(Viola* spp.) oder auch die essbaren Gewürz-Tagetes *(Tagetes tenuifolia)* zwischen die Gemüsepflanzen setzen. Ein Regenfass und eine flache Vogeltränke finden ebenfalls überall Platz.

Gemüsearten für den Naturgarten

Ich bin keine begnadete Gemüsegärtnerin, was teilweise auch am Zeitmangel liegt. Dafür habe ich Erfahrung, welches Gemüse problemlos und ohne viel Aufwand gedeiht.

Gefräßige Schnecken

Die schleimigen Gesellen sind der größte Gegner im naturnahen Gemüsegarten. Rauke *(Eruca sativa)* ist der einzige Salat, den Schnecken verschmähen. Lässt man sie blühen, vermehrt sie sich selbst. Spinat *(Spinacia oleracea)* und Mangold *(Beta vulgaris* subsp. *vulgaris)* kommen auch mit lehmigeren Böden in halbschattiger Lage zurecht und werden nicht zu sehr Opfer von Schnecken. Ebenfalls schneckenresistent sind alle **Zwiebelgewächse:** die Gemüsezwiebel *(Allium cepa)*, die Winterheckenzwiebel *(A. fistulosum)*, Schnittlauch *(A. schoenoprasum)*, Schnittknoblauch *(A. tuberosum)*, Knoblauch *(A. sativum)* und Lauch *(A. porrum)*. Die Schnecken wissen wahrscheinlich nichts vom hohen Gehalt der *Allium*-Arten an Antioxidantien, Kalzium, Phosphor, Kalium, Vitamin B6 und Vitamin C. Kürbisse und Zucchini *(Cucurbita pepo)* sind Pflanzen für Gärtner, die mehr Platz als Zeit haben. Kürbisse klettern auch auf Zäune und sogar Garagendächer. Bei hoher Schneckendichte sollte man Holzwolle unter die Blüten und Früchte legen. Kürbisse eignen sich auch zum Abmagern von Arealen für künftige Blumenwiesen. Bohnen *(Phaseolus)* sind ebenfalls ein dankbares Gemüse, besonders die kletternden Stangenbohnen eignen sich auch für kleinere Gärten. Es gibt zahlreiche Sorten, die entweder als Grüne Bohnen (österr. Fisolen) oder als Bohnenkerne genutzt werden. Die Leguminosen binden Luftstickstoff und brauchen kaum Dünger, genau wie Erbsen *(Pisum sativum)*. Beide sind nur als Jungpflanzen für Schnecken lecker. Es hilft, wenn man sie vorzieht. Tomaten sollten sonnig und geschützt stehen, z.B. unter einem Dachvorsprung.

Pflanzen für den Gemüsegarten

Nr	Botanischer Name	Deutscher Name	Besonderheiten
1	*Allium cepa*	Zwiebel	Zwiebeln benötigen keine Pflege und lassen sich gut lagern
2	*Capsicum annuum*	Chili	Getrocknet oder eingefroren lassen sich Chilis gut über den Winter lagern
3	*Cucurbita pepo*	Kürbis	Kürbisse sind vielseitig verwendbar und begrünen große Flächen
4	*Eruca sativa*	Rauke/Rucola	Würzig-nussige Rauke schmeckt leicht scharf und deshalb den Schnecken nicht
5	*Phaseolus vulgaris*	Gartenbohne	Unkompliziertes Gemüse für vertikale Strukturen
6	*Pisum sativum*	Erbse	Frische Erbsen sind zuckersüß und viel besser als Dosen- oder Tiefkühlware
7	*Solanum lycopersicum*	Tomate	Samenfeste, buschig wachsende Sorten müssen Sie nicht stützen und ausgeizen
8	*Spinacia oleracea*	Spinat	Spinat können Sie im Frühjahr vor und im Herbst nach vielen anderen Arten säen

1
2
3
4
5
6
7
8

Befestigte Flächen können verhältnismäßig nachhaltig sein, so wie dieses Pflaster aus alten großen Natursteinplatten mit groben Fugen, in denen etwas wachsen darf.

Wege und Plätze

In jedem Garten gibt es Bereiche, die häufig betreten oder befahren werden, sei es der Weg vom Gartentor zum Haus, ein Sitzplatz oder ein Stellplatz für das Auto. Dazu eignen sich befestigte Flächen besser als z.B. Rasen. Der erste Schritt ist die Planung. Denken Sie gründlich darüber nach, wie viel befestige Fläche tatsächlich nötig ist. Muss der Zugang zum Haus wirklich 1,5 m breit sein, damit zwei Leute aneinander vorbeikommen? Muss die Terrasse für die große Familienfeier ausgelegt werden oder kann der Tisch für die zehn Besucher mehr zweimal im Jahr auch auf dem Rasen stehen? Jeder unbebaute Quadratmeter schafft Raum für Grünes und schont auch noch die Geldbörse.

Befestigt, aber nicht versiegelt

Ist die richtige Größe und Wegeführung gefunden, entscheiden Sie sich für sickerfähiges Material, also nicht für Beton oder Asphalt, damit Regenwasser ins Grundwasser versickern kann. Solche Flächen sind in Zukunft auch leichter zurückzubauen, wenn sich die Bedürfnisse ändern. Belastbare versickerungsfähige Oberflächen sind Wassergebundene Decken, Schotterrasen oder ein Steinpflaster im Splittbett verfugt mit Sand.

Das Material

Das gewählte Material (Sand, Splitt, Steine) sollten aus der Region kommen oder gebraucht und wiederaufbereitet sein. Nicht nur der kurzen

Transportwege wegen, sondern auch aufgrund der unerfreulichen Sozialstandards in den Herkunftsländern von Importware. Als Material für ein Pflaster kommen Natursteine aus der Region ebenso infrage wie recycelte Betonsteine. Die vor Jahrzehnten so beliebten Waschbetonplatten finden sich noch in vielen Gärten, sind aber aus der Mode gekommen. Ihre Unterseite besteht jedoch aus einfachem grauen Beton, dadurch können die umgedrehten Platten mit Klinker, Granitkleinsteinen und Ähnlichem kombiniert und in neuen Mustern verlegt werden. Dies geht ordentlich rechtwinklig oder wild kombiniert mit allen möglichen Steinen, die Ihre Nachbarn vielleicht loswerden wollen.

Hartgestein

Man unterscheidet die Gesteine grundsätzlich nach der Härte. Hartgestein ist z.B. Granit, bestehend aus Feldspat, Quarz und Glimmer. Er stammt beispielweise aus der Böhmischen Masse und ist sehr hart und witterungsbeständig. Es gibt Granit in allen Nuancen von Hellgrau bis Dunkelgrau. Angeboten wird er als geschnittene, ebenmäßige Platten oder als Klein- sowie Großsteinpflaster. Ähnlich hart ist der rötliche Porphyr, den es als polygonale Platten und Kleinpflasterstein gibt. Der hell- bis dunkelgraue Gneis ist dem Granit ähnlich, bricht aber durch den höheren Glimmeranteil plattig und ist leichter zu bearbeiten. Ein weiteres Hartgestein ist Quarzit. Er ist als Pflaster- und Mauerstein erhältlich, kann aber mit sehr scharfen Kanten brechen.

Weichgestein

Zu den Weichgesteinen zählt Sandstein, den es in unterschiedlichen Härten gibt. Er ist nicht immer frostfest, das heißt, die Platten können auch mal durch Frost gesprengt werden, aber er ist leicht zu bearbeiten. Sandstein kann grau sein, aber auch gelbbraun oder weißgelb. Oft genutzt wird Kalkstein in unterschiedlichen Härtegraden. Er ist aufgrund der verschiedenen mineralischen Beimengungen in Farbschlägen von Weißgelb und Grau bis Rosa erhältlich.

Klinker und Ziegel

Klinker werden aus Ton oder Lehm hergestellt und dabei ein- bis zweimal bei bis zu 1300 °C gebrannt. Durch ihre hohe Druckfestigkeit und geringe Wasseraufnahme sind Klinker frostfest. Sie werden in Farben von Gelb bis dunklem Rotbraun angeboten und sind farbecht. Mauerziegel und Backsteine sind dagegen nicht frostfest und deshalb nicht als Bodenbeläge geeignet.

Sand, Splitt und Kies

Für einen strapazierfähigen Wege- und Sitzplatzbelag wird mit Sand, Splitt und Kies in verschiedenen Körnungen gearbeitet. Sand in Korngrößen von 0-5 mm, Splitt ohne Feinanteil meist in Korngröße 4-8 mm und kantiger Bruchschotter mit Null-Anteil, also in Korngröße 0-32 mm. Das bedeutet, dass Körner von 0 bzw. 0,1 mm bis 32 mm Durchmesser enthalten sind. Die Feinanteile bewirken eine gute Verbindung zwischen den gröberen Teilen. Kies bezeichnet generell runde Steine (in div. Größen), wogegen Splitt und Schotter gebrochene, kantige Steine meint.

Alte Klinker, ein paar alte Pflasterplatten und Flusskiesel ergeben hier einen charmanten und individuellen befestigten Bodenbelag.

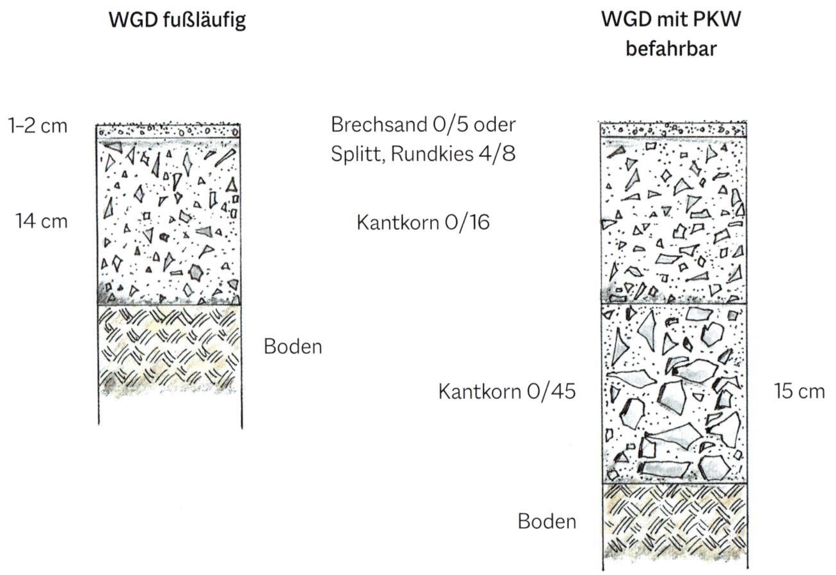

WGD fußläufig

WGD mit PKW befahrbar

1-2 cm — Brechsand 0/5 oder Splitt, Rundkies 4/8

14 cm — Kantkorn 0/16

Boden

Kantkorn 0/45 — 15 cm

Boden

Der Zweck bestimmt die Mittel: Die Skizze macht den Unterschied im Aufbau einer Wassergebundenen Decke je nach geplanter Belastung klar.

Die Wassergebundene Decke

Eine Wassergebundene Decke ist eine nachverdichtete Schichtung von Bruchsteinen in verschiedenen Körnungen, die man nass einarbeitet. Die eingeschlämmte Deckschicht ergibt eine feste und glatte Oberfläche. Man sinkt hier mit den Schuhen oder dem Schubkarren nicht ein, der Belag ist wasserdurchlässig und das Material und die Errichtung sind sehr kostengünstig. Je nach Aufbau ist eine Wassergebundene Decke auch begrünbar. Nachteilig ist, dass man gelegentlich Mulden ausbessern muss, in der ersten Zeit nach der Anlage noch feine Steinchen ins Haus trägt und dass Schneeschaufeln schwieriger sein kann als auf Asphalt.

So geht's

→ Zeichnen Sie die geplante Fläche mit Kalk an, messen Sie die Höhe der umgebenden Erdoberfläche aus und markieren Sie sie mit einer zwischen Schnureisen gespannten Schnur. Für kurze Strecken eignet sich dafür eine Schnurwasserwaage. Ein leichtes Quergefälle von 2-3 Prozent, entweder in eine Richtung oder abfallend von der Mitte in beide Richtungen, ist erwünscht. Wege sollten ein Längsgefälle von max. 7 Prozent haben. So können Starkregen oberirdisch abfließen.

→ Koffern Sie nun die angezeichnete Fläche aus. Für größere Flächen ist ein Minibagger hilfreich. Nach außen hin sollte ein stabiler Rand vorhanden sein, beispielsweise ein standfester, gewachsener Boden, Betonrandsteine, Bandeisen, Bänder aus Recycling-Kautschuk oder Ähnliches.

→ Kontrollieren Sie mit der Wasserwaage, ob die Ränder das richtige Niveau haben. Bitte keine Vertiefungen zulassen, dort würde sich Wasser sammeln und bei Frost den Wegeaufbau sprengen.

→ Soll die Fläche befahren werden, muss man, abhängig vom Kfz-Gewicht, eine Tragschicht von mindestens 15 cm groben Materials, d.h. Bruchschotter der Korngröße 0-32 mm oder 0-45 mm, einplanen. Füllen Sie das Material ein, wässern Sie es und verdichten Sie es mit der Rüttelplatte. Durch das Verdichten verkeilen sich die eckigen Steine und werden durch den Sandanteil verbunden. Der Weg wird so stabil, bleibt aber wasserdurchlässig.

→ Danach tragen Sie eine Ausgleichsschicht von ca. 14 cm mit Schotter der Körnung 0-16 mm auf, wässern sie und rütteln Sie sie mit der Platte fest.

→ Wird der Weg nur zu Fuß genutzt, brauchen Sie keine ganz grobe Tragschicht. Eine Schicht

Schotter der Körnung 0-16 mm genügt. Sie muss aber ebenfalls nass festgerüttelt werden. Soll die Fläche eher pflanzenlos bleiben, so wird sie 1-2 cm dick mit Brechsand (0-5 mm), Splitt (4-8 mm) oder Rundkies (4-8 mm) abgestreut und mit Wasser (kein scharfer Strahl, lieber aus dem Regner) eingeschlämmt. Deckschichten aus gebrochenem Gestein, also Sand oder Splitt, vor allem kalkhaltiger Brechsand, bilden stabilere Oberflächen als runder Kies.

→ Für begehbaren Schotterrasen belassen Sie die obersten 5 cm vorerst unverdichtet und mischen Sie eine ca. 1 cm dicke Schicht gütegesicherten, d.h. unkrautsamenfreien Grünkompost unter. Rechen Sie alles glatt und säen Sie darauf eine passende Schotterrasenmischung aus. Danach walzen Sie alles mit der Rasenwalze an.

Eine neu angelegte Wassergebundene Decke als Gartenweg mit einer Deckschicht aus kalkhaltigem Brechsand der Körnung 0-3 mm.

Ein Pflaster verlegen

Steinpflaster kann man, ein gewisses Geschick, Geduld und eine Rüttelplatte vorausgesetzt, durchaus selbst verlegen. Besonders leicht gelingt ein gemischtes Muster aus Recycling-Material. Solch ein Belag wirkt an sich unruhig, das verzeiht kleine Fehler und Buckel. Wichtig ist, dass die Fläche insgesamt ein leichtes Gefälle aufweist. Wenn Sie lieber eine Firma beauftragen, betonen Sie, dass Sie eine Verlegung ohne Beton wünschen.

So geht's

→ Markieren Sie die Fläche, berechnen Sie die benötigte Tiefe und koffern Sie sie aus.

→ Sie benötigen eine 10-15 cm starke Tragschicht aus Schotter/Splitt der Körnung 0-16 mm, gewässert und abgerüttelt. Auf den Unterbau kommen je 3 cm dicke Schichten nicht verdichtetes Kantkorn und Splitt oder Brechsand. Die Oberkante der Schichten liegt tiefer als die geplante Oberkante des Weges. Wie viel tiefer ergibt sich aus der Höhe der Steine, die mit 1-2 cm Überhöhung gesetzt werden. Ein Beispiel: Sie verlegen Granitwürfel mit 10 cm Höhe. Vom Außenrand rechnen Sie 8 cm für die Würfel, denn sie sollen ja 2 cm Überhöhung aufweisen. Die Oberkante aller Schichten liegt also 8 cm unter dem Rand. Rechnen Sie je 3 cm für Splitt und Kantkorn und einen 15 cm tiefen verdichteten Unterbau, müssen Sie insgesamt 29 cm tief auskoffern, damit die Würfel 2 cm über den Rand ragen.

→ Auf das fertige Splittbett platzieren Sie die Steine, immer eine Reihe nach der anderen. Die Fugenbreite darf bei Kleinpflaster 1 cm, bei Großpflaster 1,5 cm nicht überschreiten. Klopfen Sie die Steine mit dem Gummihammer ein, bis sie das richtige Niveau erreicht haben. Bei gemischten Steinen sind die Höhen selten ganz exakt.

→ Die Fugen befüllen Sie mit Sand oder einem Sand-Kies-Gemisch und schlämmen es ein. Diesen Schritt muss man mehrmals wiederholen, auch später, wenn starker Regen die Fugen ausgespült hat.

Pflanzen für Wege und Plätze

Zur Begrünung von Wassergebundenen Decken oder Fugen eignen sich nicht nur die Pflanzen der folgenden Tabelle, sondern grundsätzlich alle, die mit mageren und trockenen Standorten zurechtkommen. Einige finden Sie schon bei den Stauden (siehe Seite 52), beim Schotterrasen (siehe Seite 76), andere folgen noch beim Element Trockenmauer (siehe Seite 98). Weniger geeignet sind Dickblattpflanzen wie Hauswurzen *(Sempervivum)*, sie vertragen das Betreten gar nicht. Sehr gut passen niedrige Thymian-Arten wie Arznei-Thymian *(Thymus pulegioides)*, Sand-Thymian *(Thymus serpyllum)*, Steppen-Thymian *(Thymus pannonicus)* und Frühblühender Thymian *(Thymus praecox)*. An den Wegrändern schafft es auch der bis zu 40 cm hohe Gewürz-Thymian *(Thymus vulgaris)*. Es gibt auch spezielle Saatgutmischungen aus Gräsern und Blumen für Wege. Darin enthalten sind meist hauptsächlich Gräser wie das Rote Straußgras *(Agrostis capillaris)*, der Schaf-Schwingel *(Festuca ovina)*, der Horst-Rot-Schwingel *(Festuca nigrescens)*, das Schmalblättrige Rispengras *(Poa angustifolia)* und das Platthalm-Rispengras *(Poa compressa)*.

Gewächse für Fugen

Säen Sie nur in Fugen, können Sie auch ganz auf Gräser verzichten. Mischungen für Fugen enthalten meist 100 Prozent Blumen, neben mehreren verschiedenen Thymian-Arten auch Bergminze *(Clinopodium nepeta)*, Frühlings-Hungerblümchen *(Draba verna)* und Gänseblümchen *(Bellis perennis)*. Befindet sich der Weg oder der Platz in eher schattiger Lage, kann man zur Pflasterfugenmischung, die überwiegend Pflanzen für sonnige, magere und trockene Standorte enthält, noch Samen von Gundermann *(Glechoma hederacea)*, Kleiner Braunelle *(Prunella vulgaris)* und dem Kriechenden Günsel *(Ajuga reptans)* dazumischen.

Pflanzen als Lückenfüller

Nr	Botanischer Name	Deutscher Name	Besonderheiten
1	*Anthyllis vulneraria*	Wundklee	Bis 40 cm, blüht gelb-orange von Mai bis August, sehr gute Insektenweide
2	*Helianthemum nummularium*	Gelbes Sonnenröschen	Bis 30 cm, blüht gelb von Juli bis September, liebt Kalk, braucht wenig Nährstoffe
3	*Legousia speculum-veneris*	Venus-Frauenspiegel	Einjährige Blume mit prächtiger Blüte in dunklem Violett von Juni bis August
4	*Malva neglecta*	Weg-Malve	Wächst, wenn sie betreten wird, ganz flach auch auf sehr magerem Boden
5	*Plantago media*	Mittlerer Wegerich	Sehr robust, wächst auch auf stark benutzten Wegen
6	*Sanguisorba minor*	Kleiner Wiesenknopf	Futterpflanze für Bläulinge, blüht weinrot von Mai bis August
7	*Silene vulgaris*	Taubenkropf-Leimkraut	Eher zarte Pflanze für Ränder, blüht weiß von Juni bis September
8	*Trifolium arvense*	Hasen-Klee	Einjähriger niedriger Klee mit weiß-rosa Blüten von Mai bis Oktober

1
2
3
4
5
6
7
8

So eine Terrassierung mit Trockenmauern ist eine wunderbare Möglichkeit, einen Hang nutzbar zu machen, allerdings auch ein sehr anspruchsvolles Gartenprojekt.

Mauern

Viele Gärten liegen an mehr oder weniger steilen Hängen. Das kann reizvoll sein, wenn die Aussicht dadurch spektakulär ist, aber auch etwas lästig, wenn man gerne Fußball spielen oder einen Tisch aufstellen möchte. Die Lösung, um ebene Bereiche zu bekommen, heißt Terrassieren. Das kann man mit kleinen Mauern schaffen, wobei die Mauern gleichzeitig selbst als Gestaltungselement und Lebensraum dienen. In einen Naturgarten fügen sich am besten Trockenmauern ein - sie bieten Lücken und Verstecke. Der Bruchschotter der Hinterfüllung eignet sich für die Hungerkünstler unter den Pflanzen, die Steine speichern Wärme und schaffen so ein angenehmes Mikroklima. Dies nützt besonders wechselwarmen Tieren wie Eidechsen und Schlangen. Dazu zieht in eine Mauer viel Krabbelgetier ein. Asseln gehören zwar nicht zu meinen Lieblingen, man kann ihnen aber zugutehalten, dass sie sozusagen die Staubsauger der Natur sind: Sie fressen abgestorbenes organisches Material. Sie haben, wie alle anderen Tiere, ihren Platz im Kreislauf des Lebens.

Die Trockenmauer

Der Begriff Trockenmauer bedeutet, dass die Steine nicht mit Mörtel verbunden, sondern nur aufeinandergeschichtet werden. Die Stützfähigkeit der Mauer beruht auf der Reibung der Steine untereinander. Zwischen den Steinen darf weder Erde noch Schotter eingebracht werden, sonst entsteht ein Gleitlager. Niedrige Mauern, etwa bis Kniehöhe, vielleicht sogar bis Hüfthöhe, können Sie mit einigen Grundkenntnissen und Muskelkraft durchaus selbst bauen, klären Sie aber vorab die örtlichen rechtlichen Rahmenbedingungen ab. Sie sollten sich auch dessen bewusst sein, dass Sie als Errichter des Bauwerks für eventuelle Schäden haften. Sei es, dass sich ein kletterndes Kind verletzt oder sich ein Stein löst, auf die Straße kullert und dabei ein Auto beschädigt. Höhere Mauern, Stützmauern oder Mauern in heikler Lage überlassen Sie daher lieber den Profis. Für eine ausführliche Anleitung zur Errichtung von Trockenmauern, reicht in diesem Buch der Platz nicht, aber ein bisschen Grundwissen soll Ihnen dabei helfen, zu entscheiden, ob Sie ein Mauerprojekt selbst in Angriff nehmen wollen oder nicht, und die Arbeit von beauftragten Profis besser zu beurteilen. Man unterscheidet zwei Arten von Trockenmauern:

→ **Mauern aus unförmigen, wenig bearbeiteten Steinen** wie Findlings- oder Zyklopenmauern. Solche Mauern sollten Sie als Anfänger eher nicht selbst bauen, es ist zeitaufwendig und schwierig.
→ **Mauern aus von Natur aus glatt brechenden,** also „lagerhaften" Steinen oder aus mehr oder weniger stark bearbeiteten Mauersteinen. Sie sind leichter zu verarbeiten.

Verwenden Sie dafür am besten Naturstein (siehe Seite 91), der möglichst aus der Region stammt. Aber auch mit verschiedensten Reststeinen lassen sich interessante, fantasievolle Mauern gestalten. Es dürfen ruhig auch alte Stufen, Klinker, Betonplatten und Ähnliches dabei sein.

Mauer aus Gabionen

Gabionen sind mit Bruchsteinen gefüllte Drahtkörbe. Aufeinandergeschichtet können Sie ebenfalls Stütz- und Sichtschutzmauern ergeben. Sie sind zwar im Moment modern, dienen aber vor allem der Verwertung von sonst weniger brauchbaren Bruchsteinen, wirken unnatürlich und sind sehr schwer als Pflanzenstandort und Lebensraum zu gestalten.

Bunt gemischt in Form und Farbe ist das Stein- und Betonmaterial, aus dem diese niedrige bepflanzte Trockenmauer entstanden ist.

Die zur Grundstücksgrenze hin abfallende Trockenmauer aus einheitlichem Gestein in verschiedenen Größen stützt hier einen Hang ab und schafft einen Aufgang.

Pflanzen für die Trockenmauer

Trockenmauern bieten Nischenlebensräume für an Wärme und Trockenheit angepasste Pflanzen und Tiere. Während sich höher wachsende Stauden eher auf der Mauerkrone und am Mauerfuß wohlfühlen, wachsen polster- und mattenbildende Pflanzen auch zwischen den Steinen und verzieren die Mauer mit der Zeit mit ihrem Blattwerk und ihren Blüten. Die in der folgenden Tabelle erwähnten Pflanzen eignen sich besonders, aber es gibt viele weitere, die teils schon bei anderen trockenen Standorten erwähnt wurden, wie Thymian-Arten *(Thymus* spec.), Felsennelke *(Petrorhagia saxifraga),* Kartäuser-Nelke *(Dianthus carthusianorum)* und Lein *(Linum perenne).* Bei Mauern, die im Halbschatten liegen, passen Pfennigkraut *(Lysimachia nummularia),* Kriechender Günsel *(Ajuga reptans),* Gundermann *(Glechoma hederacea)* oder Zimbelkraut *(Cymbalaria muralis)* in die Fugen und am Fuß fühlen sich Farne, Glockenblumen *(Campanula trachelium* und *C. persicifolia)* oder Schneerosen *(Helleborus* spec.*)* wohl.

Diese Pflanzen eignen sich nicht

Pflanzen, die viel Wasser und Nährstoffe brauchen oder sehr üppig werden und so die Mauer verdecken, wie Malven *(Malva* spec.) oder Wegwarte *(Cichorium intybus),* sind nicht passend.

Das Bepflanzen

Bepflanzen Sie die Mauer schon während des Baus. Optimal sind Stauden aus Multitopfplatten mit kleinem Ballen, sie sind aber leider selten erhältlich. Legen Sie die Wurzelballen der Pflanzen zwischen zwei Mauersteinen hinten ein und verfüllen Sie den Platz mit Sand, gemischt mit einem geringen Anteil Humus. Die Sandmischung muss bis in die Hinterfüllung der Mauer reichen, damit die Wurzeln Erdanschluss bekommen. Der Lichtreiz durch die Fuge lässt die Pflanze aus der Mauer herauswachsen.

Pflanzen für die Trockenmauer

Nr	Botanischer Name	Deutscher Name	Besonderheiten
1	*Alyssum montanum*	Berg-Steinkraut	10-25 cm, blüht von Mai bis September, wächst gut in Mauerfugen
2	*Armeria elongata*	Sand-Grasnelke	20-40 cm, blüht von Juni bis August, für Mauerfugen
3	*Galatella linosyris*	Goldaster	10-50 cm, blüht von August bis Oktober, passt eher an den Mauerfuß
4	*Geranium sanguineum*	Blut-Storchschnabel	25-40 cm, leuchtende Farbe von Juni bis August, robust, passt an den Mauerfuß
5	*Saxifraga paniculata*	Rispen-Steinbrech	15-30 cm, blüht von Mai bis August, wächst gut in den Fugen
6	*Sedum album*	Weißer Mauerpfeffer	5-15 cm, blüht von Juni bis September, gut für die Mauerfugen
7	*Sedum sexangulare*	Milder Mauerpfeffer	5-10 cm, blüht im Juni und Juli in den Mauerfugen
8	*Sempervivum tectorum*	Dach-Hauswurz	10-50 cm, niedrige Blattrosetten mit hohem Blütenstand von Juli bis September

1
2
3
4
5
6
7
8

Trockenmauer

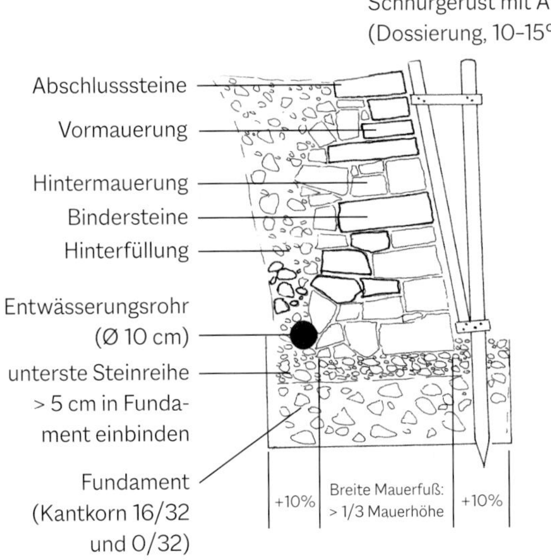

Der korrekte Aufbau und die Hinterfüllung einer Trockenmauer sind wichtig für deren Stabilität. Eine höhere Mauer sollte unbedingt eine Fachperson planen.

Der Bau einer Trockenmauer

Trockenmauern bauen macht Spaß und ist besonders kreativ, wenn Sie mit Recycling-Materialien arbeiten. Das Bauwerk unterliegt aber tatsächlich rechtlichen Vorgaben und statischen Gegebenheiten. Beachten Sie unbedingt auch Absturzsicherungen. Höhere Mauern können z.B. abgestuft werden, sodass bepflanzte Bankette entstehen, auf denen ein stürzendes Kind landen kann. Überlegen Sie auch bei niedrigen Mauern, wo jemand landet, der stürzt. Dort sollte keine Steinkante, kein Metallspieß, kein Teich und auch keine Straße sein.

So geht´s:

→ Auch eine Trockenmauer braucht ein Fundament. Es wird aber nicht betoniert, sondern aus frostsicherem Bruchschotter (32-63 mm) ohne Feinanteile geschüttet. Die Mächtigkeit des Fundaments hängt von der Mauer ab, die es tragen muss. Es darf jedenfalls nicht weniger als 30 cm hoch bzw. tief sein, muss mindestens zehn Prozent breiter als die künftige Mauer sein und in den gewachsenen Boden reichen. Um Hangwasser abzuleiten und Frostschäden zu verhindern, baut man ein Gefälle ein, manchmal auch ein Drainagerohr. Der Mauerfuß sollte mindestens ein Drittel so breit sein, wie die Mauer hoch wird.

→ Auf das Fundament werden nun die Steine geschlichtet, die größeren zuunterst. Wenn die erste Reihe fertig ist, hinterfüllen Sie die Steine mit kleineren, zum Mauern nicht geeigneten Steinen, Bruchsteinen und Kies. Aushuberde ist dafür nicht geeignet. Das Ziel ist, der Mauer nach hinten Halt zu geben und Wasser ablaufen zu lassen. Zwischen gewachsenem Erdreich und der Hinterfüllung bauen Sie ein durchlässiges Vlies ein. Das hinterfüllte Material verdichten Sie lagenweise, ohne dabei die Mauersteine zu verschieben.

→ Hilfreich beim Aufmauern ist ein Schnurgerüst, denn Trockenmauern werden mit Schräge gebaut. Die Schräge sollte 10–15 Prozent betragen, was bedeutet, dass eine 100 cm hohe Mauer sich nach hinten um 10–15 cm verjüngt. Die Vorderseite der Mauer darf dabei nicht treppenförmig wirken, sondern die Steine werden an ihrer Hinterseite leicht nach unten gekippt. Am Schnurgerüst muss die untere Anschlusshöhe und die fertige Mauerhöhe ablesbar sein, damit die Neigung überall gleich ist.

→ Arbeiten Sie etwa 25 Prozent Bindersteine ein. Bindersteine durchkragen die gesamte Mauerbreite in die Hinterfüllung hinein, sie verbinden das Mauerwerk mit der Hinterfüllung und sind sehr wichtig für die Stabilität der Mauer.

→ Lassen Sie nie mehr als drei Fugen zusammenstoßen, erzeugen Sie keine Kreuzfugen.

→ Der Mauerabschluss muss besonders sorgfältig ausgeführt werden. Hier sollten Sie größere Steine mit einer Mindesttiefe von 20 cm verwenden. Sie sollten so schwer sein, dass ein kletterndes Kind sie nicht löst. Wählen Sie die Abschlusssteine schon zu Baubeginn aus.

Tiere in und auf der Mauer

EIDECHSE
Eidechsen verstecken sich zwischen den Steinen, wärmen sich auf und finden dort auch ihre Lieblingsnahrung: kleine Insekten und Spinnentiere.

SPINNE
Von den Insekten unterscheiden sich Spinnen durch ihre acht statt sechs Beine. In Mitteleuropa sind über 1000 Arten heimisch. Einige davon lauern in der Mauer auf Beute.

RINGELNATTER
Die Schlangen verkriechen sich gerne zwischen Steinen, finden aber ihre Lieblingsnahrung, nämlich Amphibien, meist im Wasser – auch in Gartenteichen.

RAUPE DES APOLLOFALTERS
Die Larve bevorzugt als Futter den Weißen Mauerpfeffer, der gut auf Trockenmauern gedeiht; der Falter besucht gern purpurfarbene Röhrenblüten (z. B. von Flockenblume oder Distel).

ASSEL
Diese Krabbeltiere gehören zu den Höheren Krebsen und stammen ursprünglich aus dem Wasser. Sie halten sich gerne in dunklen, feuchteren Bereichen auf, z. B. am Mauerfuß.

WESPE
Solitär lebende Wespenarten, z. B. Lehm- oder Töpferwespen, bauen ihre kleinen Brutkammern in Ritzen und Lücken nicht vermörtelter Natursteinmauern.

Die Abgrenzungsfunktion des eher durchlässigen Rollzauns wird hier auf das Schönste durch die entlangrankende Rose verstärkt.

Zäune, Begrenzungen und Sichtschutz

Für eine Begrenzung als Sichtschutz zum Nachbarn gibt es fast unendlich viele Möglichkeiten aus den verschiedensten Materialien. Ich möchte hier nicht auf Gabionen, Aluverbundstoffe oder Kunststoffzäune eingehen, sondern etwas über den ganz traditionellen Holzzaun sagen:
Als nachwachsender Rohstoff mit der ihm eigenen Ästhetik und Schönheit bietet Holz dank seiner leichten Bearbeitbarkeit eine Vielfalt an Gestaltungs- und Konstruktionsmöglichkeiten. Einen Holzzaun kann jeder, auch ein wenig handwerklich Begabter, reparieren. Selbst nach Ende seiner Rolle als Zaun ist das Holz noch nützlich: als Totholz für holzbewohnende Insekten oder einfach als Brennholz. Wichtig ist allerdings die Wahl der geeigneten Holzart, eine gute Holzqualität und konstruktiver Holzschutz.

Die Wahl der Holzart

Aus ökologischen Gründen sollten Sie auf Tropenhölzer und auf Hölzer wie Sibirische Lärche verzichten, die einen weiten Transportweg hinter sich haben. Hölzer aus Mitteleuropa verursachen einen kleineren „ökologischen Fußabdruck“. Die verschiedenen heimischen Holzarten haben unter Witterungseinfluss sehr unterschiedliche Eigenschaften. Schnellwüchsige Weichhölzer wie Fichte oder Weide sind nicht so langlebig wie langsam wachsende, etwa Eiche oder Lärche. Viele, die sich für den Innenbereich gut eignen, wie Esche, Ahorn, oder Buche, haben im Freien eine zu geringe Haltbarkeit. Die wichtigsten heimischen Hölzer für draußen sind Eiche, Gebirgslärche und Tanne, im trockenen Flachland auch Robinie. Die beste Haltbarkeit gegen die Einwirkung von Pilzen, Insekten und Wasser zeigt die Eiche, gefolgt von Robinie, Edelkastanie, Lärche, Tanne und Kiefer. Fichtenholz ist zwar kostengünstig, wird jedoch nur als wenig dauerhaft eingestuft. Für Elemente, die keinen direkten Bodenkontakt haben und für Übergangslösungen, die nur bis zu zehn Jahre halten sollen, ist sie aber aus Kostengründen eventuell zu berücksichtigen. Greifen Sie auch hier lieber auf regionales Holz zurück.

Dieser geflochtene Zaun aus dünnen naturbelassenen Weidenruten dient kurzfristig als Sichtschutz und Rankhilfe, hier für eine Winde *(Convulvulus* spp.)

Holzbehandlung

Chemisch behandelte Hölzer sind im Naturgarten keine Wahl. Dazu zählen auch schwache Fichtenbretter, die durch Einlagerung von Kupfersalzen, die Kesseldruckimprägnierung, haltbarer gemacht werden sollen. Alle chemischen Holzschutzmittel sind nicht nur für die Holzschädlinge giftig, sondern auch für andere Tiere, Pflanzen und den Menschen. Kesseldruckimprägniertes Holz muss als Sondermüll entsorgt werden. Auch Thermoholz ist nicht mit der ökologischen Freiraumgestaltung zu vereinbaren. Thermoholz wird über mehrere Tage mit 200 °C behandelt, was einen hohen Energieverbrauch bedeutet.

Der Weidenzaun

Weidenzäune haben eine Renaissance erlebt. Zu Recht, denn sie sind kostengünstig, schnell herzustellen und ökologisch verträglich. Grundsätzlich wird zwischen toten und lebenden Weidenzäunen unterschieden. Für „tote" Zäune werden geschnittene, aber noch grüne Weiden so miteinander verflochten, dass sie keinen Bodenkontakt haben. Für einen lebenden Zaun werden die frisch geschnittenen Triebe sofort in die Erde gesteckt, können dort anwurzeln und entwickeln sich zu einer Hecke. Die Zaunfunktion erhalten sie durch Verflechten und Rückschnitt.

Konstruktiver Holzschutz

Statt das Holz chemisch zu behandeln, versuchen Sie das Holz von vornherein vor zu viel Boden- und Wasserkontakt zu bewahren. Durch geschickte Konstruktion kann man verhindern, dass sich Feuchtigkeit an den Querschnittsflächen des Holzes (Hirnholz) und in den Verbindungspunkten sammelt und von dort ins Holz eindringen kann. Falsch verstandener Holzschutz ist es, auf allen oberen Bauteilen Bleche anzubringen. Meist hält sich darunter erst recht Feuchtigkeit, die den Verrottungsprozess beschleunigt. Am besten studiert man Bilder von alten Zäunen. Unsere Vorfahren wussten noch, wie man mit einfachen Mitteln aus wenig Ressourcen Dauerhaftes gestalten kann.

Die Bepflanzung von Zäunen

Während eine Hecke einen Zaun verdeckt, kann man ihn mit einer Bepflanzung mit Stauden und Kletterpflanzen als Gerüst nutzen und sogar noch hervorheben. Schlanke hochwüchsige Stauden, die schon mal 1,5 m groß werden können, lassen sich beispielsweise vor den Zaun setzen. Dafür eignen sich viele heimische Arten gut, wie Blutweiderich *(Lythrum salicaria)*, Echter Eibisch *(Althea officinalis)*, Königskerzen *(Verbascum* spp.), Wasserdost *(Eupatorium cannabinum)* oder die Wald-Engelwurz *(Angelica sylvestris)*. Auch ein paar Klassiker des Bauerngartens, wie die in der Tabelle unten aufgezählten, geben eine wunderbare Zaunbegrünung ab. Kombiniert man verschiedene Sorten mit unterschiedlichen Blühzeiten, schafft man ein durchgehendes Blütenmeer. Passend wären auch Sonnenblumen *(Helianthus annuus)*, Riesen-Alant *(Inula helenium* 'Goliath') oder hohe Sorten des Roten Scheinsonnenhutes *(Echinacea* spp.). Sehr schön dazu passen auch Fingerhüte *(Digitalis* spp.), mit dem kleinen Nachteil, dass sie hochgiftig sind.

Kletterpflanzen

In der Liste unten stehen auch drei einjährige Kletterpflanzen. Diese sollten Sie wählen, wenn Sie jedes Jahr neu entscheiden wollen, ob und wie der Zaun berankt werden soll. Einen Doppelnutzen bringen für diesen Standort Stangenbohnen *(Phaseolus vulgaris)*, sie haben attraktive Schmetterlingsblüten und bringen eine reiche Ernte. Grundsätzlich können auch fast alle der im Kapitel Kletterpflanzen genannten Arten verwendet werden (siehe Seite 82). Sie müssen allerdings ihre jeweiligen Wuchseigenschaften berücksichtigen. Eine bis zu 30 m hoch werdende Glyzinie *(Wisteria sinensis)* ist für einen 1,5 m hohen Staketenzaun sicher nicht das Wahre. Von der Waldrebe *(Clematis* spec.) gibt es aber viele geeignete Arten und Sorten, die nicht so wüchsig sind und auch nicht so schwer werden.

Pflanzen für die Zaunbegrünung

Nr	Botanischer Name	Deutscher Name	Besonderheiten
1	*Alcea rosea*	Stockrose	100–250 cm, blüht von Juni bis Oktober, braucht den Zaun zum Anlehnen
2	*Campanula medium*	Marien-Glockenblume	60–100 cm, zweijährige Pflanze, bei Hummeln sehr beliebt, auch in Weiß und Rosa
3	*Clematis* spp.	Waldrebe	200–300 cm, Blüte je nach Art im Frühjahr, Sommer oder Herbst, zartes Gehölz
4	*Delphinium × cultorum*	Garten-Rittersporn	80–180 cm, blüht je nach Sorte zwischen Juni und Oktober
5	*Ipomea* spp.	Prunkwinde	Bis 300 cm, prächtige einjährige Kletterpflanze, frostempfindlich
6	*Jasminum nudiflorum*	Winter-Jasmin	200–300 cm, blüht zwischen Oktober und März, immergrüner Kletterer
7	*Lathyrus odoratus*	Duftwicke	100–300 cm, stark duftende einjährige Kletterpflanze, blüht von Juni bis August
8	*Thunbergia alata*	Schwarzäugige Susanne	150–200 cm, blüht von Juli bis Oktober, braucht einen nährstoffreichen Boden

1
2
3
4
5
6
7
8

Ein naturnah gestalteter Schwimmteich ohne Wasserumwälzung braucht mindestens genausoviel Fläche an bepflanzter Regenerationszone wie freies Badewasser.

Wasserelemente

Wasser hat eine große Anziehungskraft auf Menschen. Wasser ist Leben, das wird uns in Zeiten der Klimakrise immer mehr bewusst. Es dient der Abkühlung, ob wir die Füße in einen Wildbach halten oder in einen Schwimmteich springen. Im Garten bewirkt ein Teich ein angenehmes, leicht feuchtes und kühleres Kleinklima. Mit einem Wasserelement schaffen Sie zusätzlichen Lebensraum für Pflanzen und Tiere und bieten eine Bade- und Trinkmöglichkeit für Tiere wie Igel und Singvögel. Natürlich nur, wenn das Wasserelement naturnah ausgeführt ist, ein gechlorter Pool zählt nicht dazu. Die Größe ist dabei gar nicht so entscheidend, sondern eher die Gestaltung mit flacheren und tieferen Zonen.

Fließende Gewässer

Bei fließenden Gewässern wie Bachläufen entsteht die Wasserbewegung durch eine Pumpe, die man nachhaltig mit einem Solar-Panel betreiben kann. Den Bau eines Bachlaufs sollte man allerdings eher Fachleuten überlassen, denn das flache Gefälle von 2–5 Prozent und das richtige Querprofil über die ganze Strecke auszuführen ist nicht ganz einfach. Damit die Pumpe nicht ständig laufen muss, werden sogenannte Kolke eingebaut, das sind kleine Mulden, in denen die Pflanzen auch bei abgeschalteter Pumpe mit dem Fuß im Wasser stehen. Auch Naturpools, unbepflanzte Teiche zum Baden, die durch Filter gereinigt werden, zählen zu den Fließgewässern.

Der Biofilm des Filters muss ständig vom Teichwasser durchströmt werden, deshalb muss die Pumpe durchgehend arbeiten. Eine Lebensgemeinschaft wie im stehenden Wasser ist hier nicht möglich.

Stehende Gewässer

Garten- und Schwimmteiche dagegen sind ein Hort des Lebens. Die Wasserreinigung funktioniert dadurch, dass totes organisches Material wie Laub von Mikroorganismen in pflanzenverfügbare Nährstoffe zerlegt wird. Die Pflanzen nehmen diese auf, was verhindert, dass die Nährstoffe im Wasser Algenwachstum hervorrufen. Natürlich nicht ganz, ein Teil lässt Algen wachsen, die von Zooplankton wie Wasserflöhen gefressen werden, die wiederum von größeren Wassertierchen gefressen werden etc. Alle Pflanzen und Tiere sterben irgendwann, werden zersetzt und dienen der neuen Generation als Nahrung - der Kreislauf des Lebens. In Gewässern in der Landschaft steht der Mensch an der Spitze der Nahrungspyramide, er isst die Fische. Im Schwimmteich aber haben Fische, seien sie noch so klein, nichts verloren. Fische fressen zu viel Zooplankton, das auch als Kläranlage des Teiches bezeichnet wird. Sie vermehren sich stark, ihre Ausscheidungen dienen Algen als Futter und trüben das Wasser. Ein Goldfisch- oder Koi-Teich sollte nicht zum Baden genutzt werden.

Platzbedarf für einen Schwimmteich

Nicht jeder Garten ist groß genug für einen Schwimmteich, denn für jeden Quadratmeter Badezone bedarf es noch mindestens eines weiteren an bepflanzter Regenerationszone. Bei einer Badezone von 4 × 8 m heißt das zusätzliche 40 m² Regenerationszone. Mit dem Weg um den Teich herum muss man also für dieses Beispiel eine Fläche von 90 m² einplanen. Der Schwimmteich kann auch kleiner sein, wie klein hängt u. a. von der Nutzungsintensität ab. Springen drei Kinder samt ihren Freunden in den Teich, darf die Regenerationszone auch doppelt so groß wie die Badezone sein. Schwimmteiche kann man

Ein kleiner, tiefer Tümpel mit verschiedenen Uferzonen ist besser als ein großer, sehr flacher Teich, in dem sich das Wasser rasch erwärmt und leicht kippen kann.

In meinem Garten mündet ein kleiner Bachlauf mit Sumpfzonen, in denen auch Sumpf-Dotterblumen *(Caltha palustris)* wachsen, in einen Schwimmteich.

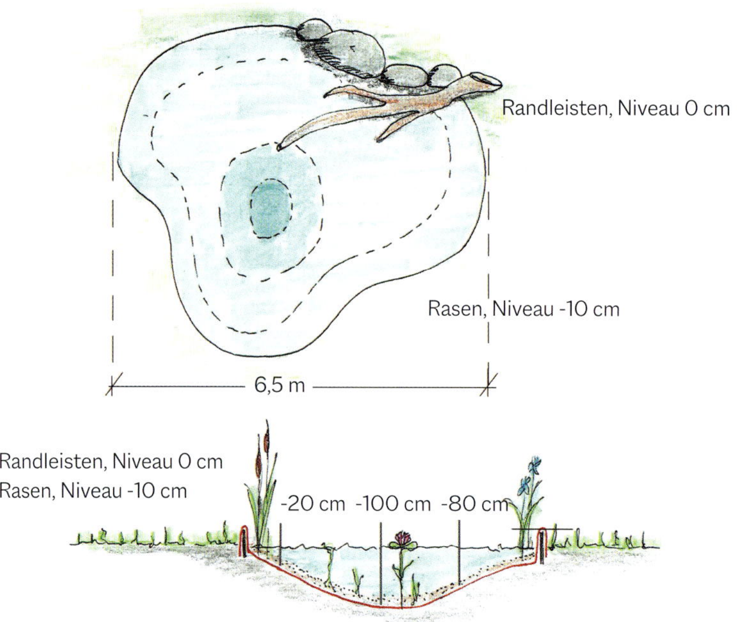

Ein Folienteich im Garten erfordert nicht viel Material. Versuchen Sie bei der Anlage möglichst verschiedene Tiefenzonen einzurichten.

mit Fachanleitung zwar selber bauen, meist ist aber die Vergabe an eine Fachfirma ratsam. Holen Sie dabei Referenzen ein und sehen Sie sich von der Firma gebaute Teiche an, denn ein Schwimmteich ist nicht ganz billig!

Einen Gartenteich bauen

Gartenteiche ohne Schwimmbereich sind auch für Ungeübte leicht zu bauen. Grundsätzlich ist ein Gewässer umso stabiler, je größer es ist. Das hängt u. a. mit der Wassertemperatur zusammen: in warmem Wasser geht die Stoffumsetzung schneller vonstatten, Algen profitieren davon und es kommt zu Sauerstoffmangel. Ein Gartenteich sollte mindestens 10 m^2, besser 20 m^2 messen. Die Schräge vom Rand zum tiefsten Punkt darf nicht steiler sein als das Verhältnis 1:3. Will man mittig eine Tiefe von 1 m erreichen, muss der Rand in alle Richtungen 3 m entfernt sein.

Rand und Abdichtung

Die Abgrenzung nach außen ist wesentlich, sie verhindert, dass bei Regen Wasser von gedüngten Bereichen in den Teich gelangt. Der Rand schafft eine klare Trennung und muss genau eingemessen werden, denn Wasser ist stets in der Waage. Ungenauigkeiten merkt man sofort. Nur an der Stelle, an der der Teich bei Starkregen überlaufen darf, wird der Rand leicht abgesenkt. Wählen Sie dafür eine Seite, bei der nicht der Nachbargarten überschwemmt wird, sondern das Wasser auf Ihrem Grund versickern kann. Einen stabilen Rand kann man aus Beton- oder Naturrandsteinen, Holz oder Kautschukleisten bauen. Damit das Wasser nicht versickert, wird zur Abdichtung zum Untergrund hin meist Teichfolie verwendet. Ich empfehle dazu EPDM-Butylkautschukfolie, sie ist deutlich weniger umweltschädlich als PVC, temperaturunabhängig weich und lässt sich deswegen gut in Falten legen und in die Grube einpassen. Als Schutz für die Folie legen Sie darunter Bau-Vlies aus. Je steiniger der Untergrund ist, desto dicker sollte das Vlies sein, meist reicht eine Stärke von 300 g/m^2.

Der Teichboden

Auf die Folie bringt man eine 10 cm starke Schicht aus sandig-lehmigem Teichsubstrat auf. Reiner Sand oder Kies enthält zu wenig Nährstoffe für die Pflanzen, Gartenerde wiederum zu viel. Torfhaltige Mischungen sind im Sinne der Moore abzulehnen, außerdem schwimmt der Torf auf. Verteilen Sie das Substrat gleichmäßig und rechen Sie es vorsichtig glatt, ohne die Folie zu beschädigen. Die Pflanzen setzen Sie so ins Substrat, dass der Wurzelballen eben bedeckt ist.

Elemente ohne offenes Wasser

Nicht jeder Gartenbesitzer möchte ein offenes Gewässer im Garten. Manchmal aus Angst, Kinder oder Haustiere könnten darin ertrinken, manchmal aus Furcht vor einer Stechmückeninvasion. Letzteres ist unbegründet, in einem richtig gebauten Teich entsteht eine Lebensgemeinschaft voller Fressfeinde, wie Libellen- und Gelbrandkäferlarven, die den Mückenlarven den Garaus machen. Kind und Katze kann man durch eine solide Einzäunung schützen. Es gibt aber Alternativen zum Teich:

Das Sumpfbeet

Für ein Sumpfbeet wird der Bereich unter den Pflanzen so abgedichtet, dass Regenwasser nicht ganz versickern kann. Bei stark lehmigen Böden reicht es, diese noch zu verdichten. Oder man zieht ca. 20 cm unter der Erde ein Stück Folie ein, dessen Rand aber nicht bis an die Erdoberfläche reicht. So bleibt der Pflanzenfuß zwar feucht, aber nicht nass. Damit kann man eine Pflanzengesellschaft etablieren, die im normalen Gartenboden nicht überleben könnte, z.B. mit Sumpf-Dotterblume *(Caltha palustris)*, Sibirischer Schwertlilie *(Iris sibirica)* und Bachbunge *(Veronica beccabunga)*.

Die Sickermulde

Eine Sickermulde dagegen ist zum Untergrund hin nicht abgedichtet, ihr Zweck ist es, Wasser versickern zu lassen. Das vom Dach kommende Regenwasser wird in die Mulde eingeleitet, bleibt dort kurz stehen und versickert dann langsam ins Grundwasser. Die Passage durchs Erdreich sorgt für die Reinigung des oft nicht sauberen, vom Dach kommenden Regenwassers. Dies ist ein Beitrag zur Trinkwasserversorgung und gegen Überschwemmungen. Große Dachflächen zusammen mit versiegelten Bodenflächen tragen dazu bei, dass es im Zuge des Klimawandels bei Starkregen immer öfter zu Überschwemmungen kommt. Die benötigte Größe der Mulde hängt von der Dachfläche ab und von der Durchlässigkeit des Bodens.

Sumpfbeete und Miniteiche lassen sich gut in Behältern wie Zinkwannen und Holzfässern anlegen. Auch hier finden sich in kürzester Zeit neue Lebewesen ein.

Die Sickermulde lässt sich im bepflanzten Zustand nicht erkennen, das gedeihende Mädesüß *(Filipendula ulmaria)* zeigt aber an, dass der Boden hier frisch ist.

Pflanzen für den Teich

Das Reich der Teichpflanzen teilt man danach ein, wie tief sie im Wasser stehen:

→ Sumpfpflanzen stehen in lediglich durchfeuchtetem Substrat, aber nicht unter Wasser.
→ Röhrichtpflanzen vertragen Wassertiefen bis zu 40 cm.
→ Unterwasserpflanzen wurzeln auch in mehreren Metern Tiefe, sie nehmen Nährstoffe über die Blätter direkt aus dem Wasser auf und geben Sauerstoff ins Wasser ab.
→ Schwimmblattpflanzen wie die allseits beliebte Seerose *(Nymphaea* spp.) wurzeln in Wassertiefen von bis zu 2,5 m, ihre Blätter schwimmen aber auf der Wasseroberfläche und halten so das Wasser darunter kühl und algenfrei. Zu den Schwimmblattpflanzen zählen auch Froschbiss *(Hydrocharis morus-ranae)* und Europäische Seekanne *(Nymphoides peltata)*, die sich direkt aus dem Wasser mit Nährstoffen versorgen.

Gräser für die Sumpf- und Röhrichtzone reinigen das Wasser. Dazu gehören die verschiedenen Rohrkolben *(Typha latifolia, T. angustifolia, T. minima, T. laxmannii)*, Teichbinsen *(Scirpus*-Arten) und Seggen *(Carex* spp.). Allerdings vermehren sich Gräser stark, sowohl über Samen als auch durch Ausläufer und übernehmen damit gern den Teich, weshalb ich maximal 20 Prozent Gräser und 80 Prozent Blütenpflanzen einplane.

Diese Pflanzen sind nicht ratsam

Teichpflanzen mit invasiven Tendenzen sollten Sie meiden. Bei den Unterwasserpflanzen ist dies die Kanadische Wasserpest *(Elodea candensis)*, sie erstickt alles, was im gleichen Bereich wachsen würde. Invasiv und deshalb nichts für den Teichrand ist auch das Drüsige Springkraut *(Impatiens glandulifera)*. Und ein Gras geht auch gar nicht: Schilf *(Phragmites communis)*. Es hat so spitze Rhizome, dass es die Teichfolie durchlöchern kann.

Pflanzen für den Teich

Nr	Botanischer Name	Deutscher Name	Besonderheiten
1	*Butomus umbellatus*	Schwanenblume	Erträgt bis 40 cm Wassertiefe, beliebt bei Schwebfliegen, Wasserreinigungspflanze
2	*Caltha palustris*	Sumpf-Dotterblume	Blüht schon ab März, für den Teichrand und bis in 10 cm Wassertiefe
3	*Iris pseudacorus*	Sumpf-Schwertlilie	Blüht im Mai und Juni, bis in 20 cm Wassertiefe, nimmt viele Nährstoffe auf
4	*Iris sibirica*	Sibirische Schwertlilie	Bildet mit den Jahren einen breiten Horst am Teichrand, blüht im Frühsommer
5	*Myriophyllum verticillatum*	Quirliges Tausendblatt	Wichtige Unterwasserpflanze, im Sommer mit weißen Blüten
6	*Nymphaea* spp.	Seerosen-Arten und -Sorten	Neben der heimischen Weißen Seerose gibt es farbige Sorten und Zwergsorten
7	*Typha angustifolia*	Schmalblättriger Rohrkolben	Rohrkolben stechen wegen ihrer auffälligen Samenstände (Kolben) ins Auge
8	*Valeriana officinalis*	Echter Baldrian	Im Sommer blühende und duftende Pflanze für den Teichrand

1
2
3
4
5
6
7
8

Tiere in und am Teich

FROSCH
Frösche legen ihre Eier im Wasser ab. Dort entwickeln sich die kiemenatmenden Kaulquappen und schließlich die lungenatmenden Jungfrösche, die dann den Teich verlassen.

MODERLIESCHEN
Will man im Teich nicht schwimmen, kann man heimische Kleinfische wie Moderlieschen einsetzen, sie fressen allerdings auch Zooplankton, das für die Wasserreinigung wichtig ist.

MOLCH
Molche verbringen viel mehr Zeit im Wasser als Frösche, sie überwintern oft auch dort.

WASSERSCHNECKE
Im Garten sind Schnecken eher unerwünscht, im Teich helfen sie, Algen in Schach zu halten, indem sie Jungalgen von Steinen abfressen.

GELBRANDKÄFER
Erwachsene Wasserkäfer wie der Gelbrandkäfer leben ebenso wie ihre Larven vor allem räuberisch.

LIBELLE
Libellen legen ihre Eier ins Wasser. Die Larve frisst von kleinen Kaulquappen bis zu Stechmückenlarven alles. Sie klettert schließlich auf einen Halm und die fertige Libelle „fährt aus der Haut".

Lebensraum Teich

Denkt man „Teich“ und „Tiere“, springt einem der Frosch buchstäblich als Erstes ins Auge. Frösche sind, wie alle anderen Amphibien auch, für ihre Fortpflanzung auf Wasser angewiesen. Erwachsene Frösche verbringen den Großteil des Lebens aber nicht im Wasser, sondern im Umland des Teiches, in feuchten Bereichen unter Laub, in der Hecke und in Totholzhaufen. Nur ein geringer Prozentsatz überwintert im Teich. Molche verbringen deutlich mehr Zeit im Wasser, sie verbringen oft auch den Winter dort. Die wunderschön schillernden Libellen, auch „Edelsteine der Lüfte“ genannt, sind in ihrer Entwicklung ebenfalls an Wasser gebunden. Ist die flugfähige Libelle geschlüpft, bleibt ihre Haut, Exuvie genannt, am Halm zurück. Frisch geschlüpfte Libellen sollten Sie bitte nicht berühren, sie sind noch ganz weich und können leicht Schaden nehmen.

Gefahren minimieren

Jeder Mensch, der etwas „in Verkehr bringt“, haftet für etwaige Folgen. Dies kann ein Spielgerät sein, ein schadhafter Baum, der bei Sturm aufs Nachbarhaus stürzt, oder ein schlecht gesicherter Schwimmteich, in dem jemand ertrinken kann. Deshalb dürfen Teiche, besonders die meist 2 m tiefen Schwimmteiche, nicht leicht für Nachbarskinder usw. zugänglich sein. Ein Zaun, der nicht gut überklettert werden kann, und ein kindersicherer Verschluss dessen sollten schon vorhanden sein. Die meisten Tiere können zwar schwimmen, aber nicht endlos lange. Darum sollten in jedem Teich Bretter, Äste und Ähnliches als Ausstiegshilfen ins Flachwasser ragen.

Elektrizität

Strom und Wasser ist ein eigenes Thema. Entweder steht die Pumpe für den Bach oder den Quellstein in 2 m Entfernung vom Wasser geschützt in einem Pumpenkasten oder man verwendet eine auf 12 Volt transformierte Schwimmteichpumpe. Die Pumpe sollte auch separat abgesichert sein. Ein Wasserelement bereichert jeden Garten, aber es muss sicher sein.

Teichpflege

Nichts im Leben ist pflegefrei, wenn man einen gewissen Zustand erhalten möchte. Ein Teich würde ohne menschliche Eingriffe oder natürliche Überschwemmungen im Laufe der Zeit durch hineinfallendes Laub usw. zwangsläufig verlanden. Diesen Verlandungsprozess können Sie verlangsamen, indem Sie Laub und Algenmatten regelmäßig abfischen.

Im Herbst schneiden Sie den Großteil der Pflanzen bodennah ab. Kompostieren Sie das Schnittgut. Lassen Sie die abgeschnittenen Halme etc. aber noch ein Weilchen neben dem Teich liegen, damit sich Libellenlarven und andere Tierchen, die sich zwischen den Pflanzen verfangen oder versteckt hatten, noch retten können.

Befinden sich in der Nähe des Teichs viele Laubbäume, spannen Sie im Herbst ein Netz übers Wasser, damit kein Falllaub in den Teich gelangt. Sind die Bäume kahl, können Sie das Netz wieder entfernen und das so gesammelte Laub kompostieren. Ungünstig für einen Teich ist die Lage unter einem Obstbaum. Wenn kein anderer Platz vorhanden ist, sollten Sie hineingefallenes Obst immer möglichst schnell mit dem Kescher herausfischen.

Lassen Sie ab November über den Winter etwas Schwimmendes im Wasser treiben, etwa einen Ball, damit eine Stelle eisfrei bleibt, an der Sauerstoff ins Wasser gelangen kann.

Enten sollte man übrigens verjagen, so liebenswürdig sie auch sind. Sie wühlen auf der Futtersuche den Bodenschlamm auf, was für die Freisetzung von Faulgasen sorgt, das Wasser trübt und das Algenwachstum begünstigt. Sie scheiden zu viel Dünger in Form von Kot aus und können Krankheitserreger, Fischeier und Parasiten mitbringen, alles unerwünschte Dinge, die man nur schwer wieder loswird.

Steinhaufen, Mäuerchen, offene Bodenstrukturen und liegendes Totholz sorgen in diesem Garten dafür, dass viele Tiere Unterschlupf finden.

Spezielle Lebensräume für Tiere

„Der Mensch lebt nicht vom Brot allein", heißt es, dies trifft auch auf Wildtiere zu. Neben der passenden Nahrung brauchen sie Unterschlupf und Nistmöglichkeiten. Dazu gab es schon einige Informationen in den Kapiteln zur Trockenmauer, zum Teich und zum Beet. Hier folgen nun ein paar spezielle „Wohnungen" und ihre Nutznießer.

Der Steinhaufen

Nicht immer gibt es im Garten ausreichend Platz oder eine passende Situation für eine Trockenmauer. Bewohner von Trockenmauerritzen mögen aber auch Steinhaufen und für einen solchen findet sich leichter ein sonniges oder schattiges Eck. Beide Lichtsituationen schätzen die Tiere.

Möchte man einen Steinhaufen im Garten platzieren, sollte man zuerst an die Sicherheitsaspekte denken. Spielen kleine Kinder im Garten, muss man darauf achten, dass der Haufen nicht zu hoch ist, keine allzu spitzen Steine enthält und auch nicht ins Rutschen gerät, wenn er „mit Füßen getreten" wird. Fragen Sie sich auch, wo ein Kind hinfallen würde, wenn es vom Haufen abrutscht. Idealerweise schlichtet man einen Steinhaufen auf einem ca. 40 cm tiefen, sandig-lehmigen Untergrund auf und erweitert den Untergrund mindestens einen Meter in alle möglichen Fallrichtungen. Zusätzlich können darin bodenbrütende Wildbienen ihre Nester bauen. Oft passt die Kombination Steinhaufen und „Wildes

Eck", also ein Bereich, in dem Brombeeren, Brennnesseln u. Ä. wachsen und der Komposthaufen seinen Platz findet.

Der Laubhaufen

Sonnige, aber windgeschützte Bereiche eignen sich gut für Laubhaufen, windexponierte Plätze weniger. Halbschattige bis schattige Flächen sind ebenfalls passend, z. B. am Rande einer Hecke. Ein Laubhaufen wirkt einerseits wärmedämmend für Tiere, die dort im Winter Unterschlupf suchen. Das sind Schlangen, Blindschleichen, Kröten und der Sympathieträger unter den Gartenbewohnern, der Igel. Der Igel wird von Laubhaufen quasi magnetisch angezogen, findet er darunter doch Leckerbissen wie Regenwürmer. Verbrennen Sie deshalb keinen Laubhaufen, den Sie einige Tage zuvor zusammengerecht haben. Es könnte schon ein Igel eingezogen sein. Übrigens ist das Verbrennen von Laub in den meisten Fällen ohnehin verboten. Was man wo darf, wird in Deutschland in den Landesgesetzen geregelt, in Bayern beispielsweise in der Bayerischen Pflanzenabfall-Verordnung (PflAbfV). In Österreich nennt das Bundesluftreinhaltegesetz (www.ris.bka.gv.at) Ausnahmen vom generellen Verbot.

Igelquartier

Will man bewusst ein Igelquartier schaffen, darf der Laubhaufen nicht in einer Senke liegen, dort sammelt sich Regenwasser. Im Haufen dürfen sich die Blätter ruhig auch mit Schichten aus Ästen und Gras abwechseln. Wer es ordentlicher mag, kann auch ein Igelhaus kaufen oder bauen. Falls Sie den Igel im Herbst noch füttern wollen, geben Sie ihm keine Milch, davon bekommt er Durchfall. Igel sind Fleischfresser, für die es spezielles Igelfutter gibt, Mehlwürmer oder Hunde- bzw. Katzennassfutter oder ungesalzenes Rührei tun es zur Not auch. Neben Unterschlupf bietet der Laubhaufen auch Futter für laubfressende Käfer, Asseln, Würmer und ähnliches Krabbelgetier, das wiederum dem Igel und Singvögeln mundet. Der Naturgarten funktioniert im Kreislauf, nichts wird verschwendet, alles ist nützlich.

So ein überwachsener und bemooster Steinhaufen bietet stille Ritzen und feucht-kühle Verstecke für allerlei Tierchen im Sommer.

Ein schlichter Haufen aus trockenem Laub, beschwert mit ein paar Ästen, kann für einige Tiere schon zur Winterwohnung werden.

Eine recht ordentliche Form des Totholzhaufens ist die Benjeshecke. Ein Zaun aus Ästen, der mit der Zeit von Pflanzen und Tieren besiedelt wird.

Totholzhaufen

Totholz ist äußerst wertvoll. Allein mehr als 1400 Käferarten und ihre Larven besiedeln abgestorbenes Holz. Dies kann ein stehen gelassener toter Baum sein, in den ein Specht seine Höhle zimmert, die dann von Nachmietern wie Kleibern, Staren oder Sperlingen besiedelt wird. In kleinere Bohrgänge legen Wildbienen ihre Eier. Liegendes Totholz wird von Moosen besiedelt, von Pilzen und Bakterien, Ameisen, Schlupfwespen und Glühwürmchen.

Einen Totholzhaufen anlegen

Ein solcher Haufen kann aus diversen dünnen und dickeren Ästen bestehen, aus Baumstrünken, morschen Zaunpfählen, Wurzelstücken und vielem mehr. Verwenden Sie nur unbehandeltes Holz ohne herausstehende Nägel. Locker kreuz und quer aufgeschichtet entstehen Hohlräume, in denen sich Blindschleiche und Co. sicher fühlen können. Zusätzlich kann man natürlichen Stacheldraht, also Brombeeren oder Rosen, dazupflanzen oder deren abgeschnittene Triebe um den Haufen legen. Das wirkt Wunder gegen die Katze, den Hauptfeind von Mäusen und Zaunkönig. Das Holz im unteren Bereich des Haufens verrottet mit der Zeit. Es entsteht daraus wasserspeichernder Holzmulm, der ideale Lebensraum für viele Insektenlarven. Durch den Prozess sackt der Haufen ein, man kann also laufend Material nachschichten. Wiederum lautet das Zauberwort Vielfalt: Dickes und dünnes Holz, Weich- und Hartholz, frisch und schon etwas vermodert, so bieten Sie verschiedenen Tieren das Passende.

Sonderform Benjeshecke

Eine besondere Art des Totholzhaufens ist die Benjeshecke. Dort, wo eine Hecke wachsen soll, schlägt man alle 1–2 m gegenüberliegende Pfosten mit mindestens 0,5 m Abstand in den Boden. Die Pfosten dienen als Halt für Äste, die man horizontal dazwischen aufschichtet. Diese Äste sollen wieder möglichst gemischt sein, es dürfen auch ganz frisch geschnittene dabei sein. Manche wurzeln bei Bodenkontakt ein und bilden eine lebende neue Hecke. Den Rest besorgen Vögel, die zwischen den geschichteten Ästen nach Nahrung suchen und dabei Samen diverser Fruchtgehölze wie Weißdorn, Eibe, Berberitze usw. ausscheiden. Aus diesen keimen neue Sträucher.

Ein Zuhause für Insekten

Etwa ein Drittel der Wildbienen nistet in hohlen Stängeln und Käferbohrgängen. Um diesen Arten ein Zuhause zu bieten, ist es am praktischsten, einen abgestorbenen Baum einfach sich selbst zu

überlassen. Immer vorausgesetzt, es befindet sich gerade ein sterbender Baum im Garten und er bedroht kein Gebäude oder Haustier, sollte er einmal umstürzen. Gegen einen Sturz kann man so einen Baum für alle Fälle mit Verankerungseisen sichern. Allzu dicke, morsche Äste sägen Sie lieber ab. Sie wandern am besten auf den Totholzhaufen. Zusätzlich kann ein toter Baum auch von einer Ramblerrose berankt werden. Da diese mit der Zeit allerdings ein ganz schönes Gewicht entwickeln kann, sollte der Baum dann abgestützt werden.
Gibt es keinen geeigneten Baum im Garten, können Sie als Insektenwohnungen Rund- oder Kantholzsteher vertikal verankern oder die Stützen einer bestehenden Pergola anbohren. Die Voraussetzungen dafür:

→ Es darf nur Laubholz verwendet werden. Nadelholz ist zu harzreich, die zarten Insektenflügel blieben daran kleben.
→ Das Holz muss unbehandelt sein.
→ Die Löcher sollten einen Durchmesser von 2–9 mm haben und mit einem scharfen Bohrer gebohrt werden. Eventuell sollte man die Ränder mit einer Lochfeile nachbearbeiten, damit die Insektenflügel nicht an Holzsplittern hängen bleiben können. Legen Sie die Bohrlöcher zur windabgewandten Seite an.

Fertige Insektenhotels

Weniger zeitaufwendig ist der Erwerb eines sogenannten Insektenhotels. Leider gibt es im breiten Angebot des Handels auch sehr viel Ungeeignetes: quer geschnittene, splitterreiche Baumscheiben, Föhrenzapfen, Steine und vieles mehr. Welches Insekt nistet zwischen Rundkornsteinen? Sinnvoll sind dagegen mit scharfem Messer geschnittene und gebündelte Schilf- oder Bambushalme. Auch ungebrannter Lehm, in den manche Insekten selbst ihre Röhren graben können, ist wertvoll. Bei Naturschutzverbänden kann man sich dazu auch online gut und umfassend informieren, zum Beispiel zu Hummelnistkästen. Die Verbände geben auch Tipps zu Überwinterungskästen für Schmetterlinge, die als

In die selbst getöpferte Ohrwurmglocke im Staudenbeet wird Stroh oder Holzwolle gesteckt, damit sich Ohrwürmer darin wohlfühlen.

Falter überwintern, wie Zitronenfalter und Tagpfauenauge, oder für Florfliegen. Manchmal gibt es die Bauanleitung gleich kostenlos dazu.

Verstecke für Ohrwürmer

Nett und einfach zu bauen sind Verstecke für Ohrwürmer. Dazu stopft man einfach Holzwolle in Tontöpfe, befestigt ein Gitter oder Maschendraht über der Öffnung und hängt den Topf kopfüber in einen Obstbaum. Über die Aufhängung sollte eine Verbindung zu einem Ast geschaffen sein, über den die „Ohrenschlürfer“ (österreichischer Ausdruck für die Ohrwürmer) ins Versteck gelangen können. Sie sind zwar Allesfresser, aber auch Blattläuse stehen auf ihrem Speiseplan, also kann man sie getrost als Nützlinge bezeichnen. In Ermangelung eines Baums können Sie die Tontopf-Verstecke auch auf Haselruten stülpen und diese ins Staudenbeet stecken. Seien Sie bei der Gestaltung ruhig kreativ!

Spezielle Bedürfnisse von Tieren

Was für viele Menschen nach Unordnung oder Unwirtlichkeit aussieht, z. B. eine modrige feuchte Umgebung, dunkle Ritzen oder heiße Steine, zeichnet die verschiedenen Haufen geradezu als Premiumlebensraum für viele Tiere aus.

Käfer

Das Leben zahlreicher Käferarten ist zwingend an Totholz geknüpft, darunter der schon erwähnte Hirschkäfer, einige Prachtkäfer und Bockkäfer. Auch die Borkenkäfer zählen dazu, aber die ignorieren wir hier einmal. Bockkäfer erkennt man gut an den besonders langen, gegliederten, nach hinten gebogenen Fühlern, die an die Hörner eines Steinbocks erinnern. Während ihre Larven Totholz fressen, bedienen sich erwachsene Käfer an Pollen, Blütenteilen oder Baumsäften. Sie finden also ideale Bedingungen in einem blüten- und artenreichen Naturgarten. Auch Glühwürmchen sind Käfer. Ihre Larven leben in Laub- und Totholzhaufen, sie fressen dort vor allem Schnecken, auch die unbeliebte Spanische Wegschnecke. Bei fliegenden Glühwürmchen handelt es sich immer um die Männchen des Kleinen Leuchtkäfers, der so Weibchen anlocken möchte. Sitzend können zum gleichen Zweck auch Weibchen leuchten.

Ein Ameisenhaufen besteht aus Abermilliarden Teilchen, u. a. Holzstückchen, Zweige, Stängel und Nadeln. Lassen Sie in Ihrem Garten also genug Baumaterial herumliegen.

Ameisen

30 heimische Ameisenarten bauen ihr Nest in oder mit Totholz. Manche Ameisen sind so klein, dass sie sogar in einem dünnen Zweig nisten können. Dagegen bilden große Exemplare, wie die bis zu 7 mm große Glänzendschwarze Holzameise, eine Art von Karton aus zerkautem Holz, das sie mit Honigtau, das ist die zuckerreiche Ausscheidung der Blattläuse, verbinden. Dieser süße Karton bietet Pilzen einen optimalen Lebensraum, die mit ihrem Geflecht wiederum das Ameisennest stabilisieren. Dies ist nur ein kleines Beispiel für die unendlich vielen Verknüpfungen in der Natur. Eines hängt vom anderen ab. Entfernen wir zu viele dieser Bausteine, gerät unsere ganze Welt ins Wanken.

Ungelittene Mitbewohner

Auch wenn einige Menschen sich vor manchen Tieren ekeln, haben doch alle ihren Platz in der natürlichen Ordnung. Deshalb leiden als bodenbewohnende Insektenfresser beispielsweise auch Spitzmäuse, die gar keine Mäuse im eigentlichen Sinn sind, unter dem Rückgang der Insektenzahlen, den Umweltgiften und zu viel Ordnung in den Gärten und in der Landschaft.

Die Blindschleiche sieht zwar aus wie eine Schlange, ist aber eine Echsenart aus der Familie der Schleichen. Sie ist nicht wirklich blind, nur sehschwach und orientiert sich daher stark über ihren Geruchs- und Tastsinn. Außer an der Sonne hält sie sich auch gern auf dunklem Humus, auf Moospolstern oder in Hohlräumen unter Baumwurzeln oder im geschichteten Brennholz auf. Sie ernährt sich von Schnecken, Regenwürmern, Asseln, Käfern, Larven und Ähnlichem.

Spinnen gehören gewiss nicht zu den Lieblingshaustieren der allermeisten Menschen. Umso besser, wenn der artenreiche Naturgarten ihnen genug Lebensraum draußen bietet. Sie lauern im Totholz, unter Borkenstücken und Ähnlichem und finden dort kleine Insekten als Beute.

Versuchen Sie, Ihren naturnahen Garten einmal mit anderen Augen als die eines Menschen zu sehen. Was fehlt? Natürlich sollen Sie sich selbst auch in Ihrem Garten wohlfühlen, deshalb: Oft reichen schon kleine Veränderungen in der Gestaltung oder in der Pflege, um vielen Tierarten einen Gefallen zu tun. Berücksichtigen Sie das bei der Planung Ihres Gartens.

Tiere, die im Laub- und Holzhaufen leben

BOCKKÄFER
Totholz ist der Lebensraum von Bockkäferlarven, sie fressen auch davon.

SPINNE
Spinnen leben nicht nur in Haufen, aber hier finden sie Verstecke und können auf Beute lauern: kleine Insekten.

GLÜHWÜRMCHEN
Rund um den Johannistag sieht man das Leuchten der Glühwürmchen, die eigentlich Leuchtkäfer sind, in den nächtlichen Gärten.

BLINDSCHLEICHE
Als wechselwarmes Tier nutzt die Blindschleiche gerne Sonnenplätze wie Laub- oder Totholzhaufen

SPITZMAUS
Die Spitzmaus gehört nicht zu den Nagetieren, sondern zu den Insektenfressern. Sie holt sich ihre Beute gerne in Laub- und Holzhaufen.

AMEISE
Von den rund 100 heimischen Ameisenarten benötigen ca. 30 Arten Totholz, um dort oder daraus ihre Nistanlagen zu bauen. Sie zerkleinern das Holz und konstruieren damit Nistgänge.

Die Planung

»Ja, mach nur einen Plan, sei nur ein großes Licht, und mach noch einen zweiten Plan. Geh´n tun sie beide nicht«, so schrieb Bertolt Brecht, und oft stimmt das auch. So manches fertige, gelungene Projekt weist wenig Ähnlichkeit mit dem zugehörigen Plan auf. Macht man aber gar keinen Plan, hat man nichts, von dem man dann abweichen kann.

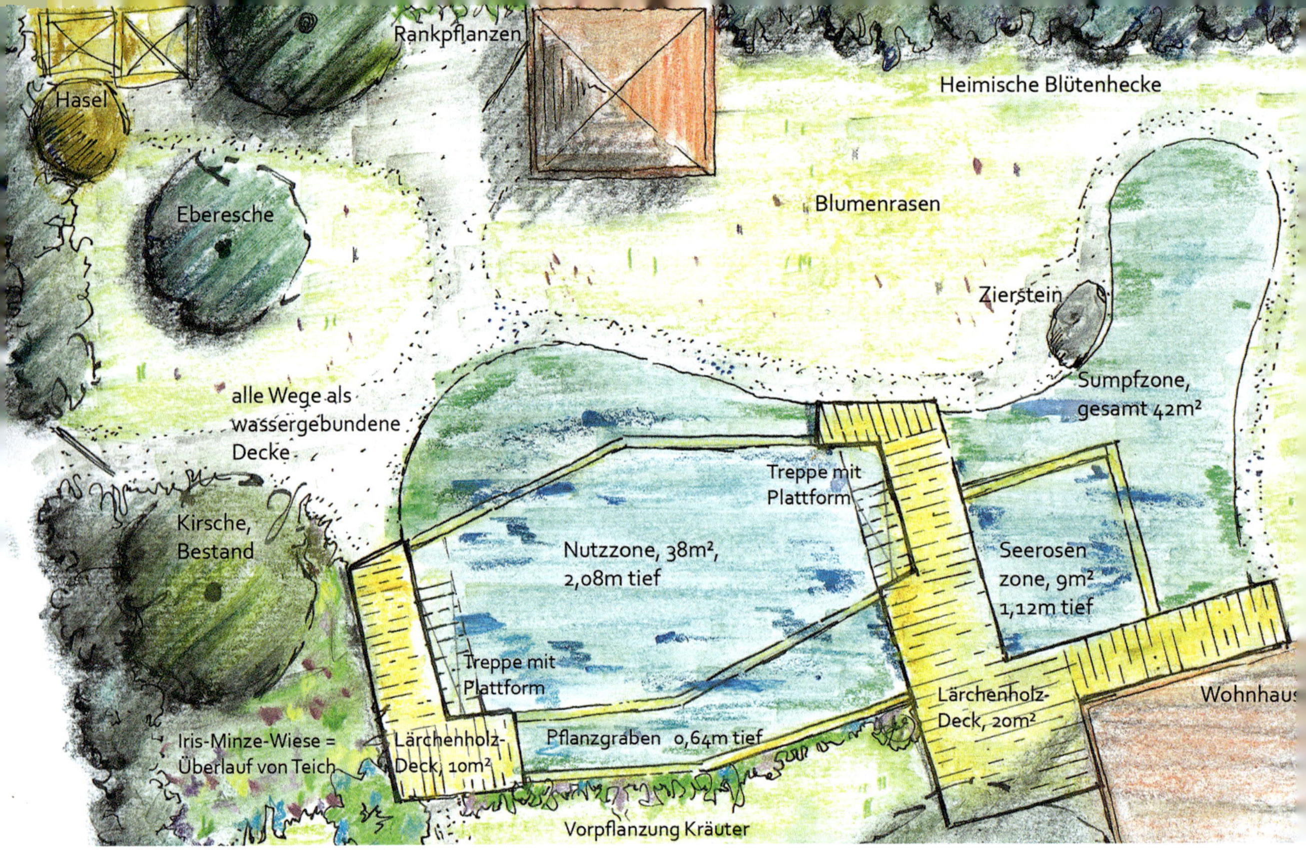

Ein Plan hilft, ein schönes Gesamtbild entstehen zu lassen. Im Detail darf man dann durchaus einmal vom Plan abweichen, nur nicht bei Bauwerken, wie einem so großen Schwimmteich.

Plan und Wirklichkeit

Ich bin zwar Landschaftsplanerin, mein Herz schlägt aber auch für spontane Kreativität. Für mich ist ein Plan eher eine Richtschnur, ein Weg, nicht das Ziel. Nicht Gegenstand dieser Spontaneität sind allerdings relevante technische Eckpunkte wie Höhen, Schrägen und Fundamente von Trockenmauern oder gesetzliche Vorgaben. Für viele bauliche Elemente braucht man unbedingt einen genauen Plan, etwa um Höhen und Flächen einzumessen und Materialien zu berechnen. Ohne Plan würde man z.B. für einen Hang einen fünf Meter breiten Schwimmteich vorsehen, ohne zu merken, dass es dafür einer zwei Meter hohen Stützmauer bedarf, für die ein konzessionierter Statiker einen Plan machen muss. Man braucht den Plan, um eine Materialliste und ein Leistungsverzeichnis für einen Kostenvoranschlag zu erstellen, anhand dessen man dann merkt, dass die 30 000 € für die Stützmauer das Budget sprengen.

Wenn alles anders kommt

Im Rahmen der Umsetzung kann man sich aber Spielräume zugestehen. Der räumliche Eindruck kann sich ändern, wenn die ersten Arbeitsschritte erledigt sind. Vielleicht stellt man nach einer Rodung fest, dass der Ausblick jetzt doch nicht so schön ist, wie man gedacht hat, und man die gerodete Thujenhecke durch eine Wildstraucherhecke ersetzen sollte. Oder umgekehrt: der Blick ist so schön, dass man auf eine geplante Hecke verzichten kann. Bei baubewilligten Vorhaben, wie z.B. eben bei einer Stützmauer oder einem Schwimmteich, darf man allerdings keinesfalls vom Plan abweichen. Der Sinn einer Planung steht also außer Zweifel, aber noch vor der eigentlichen Planung müssen grundsätzliche Fragen geklärt werden:

Warum soll etwas geändert werden?

Man sollte die Bedürfnisse abklären, die hinter einem Änderungswunsch stehen. „Es wird immer heißer, uns fehlt ein schattiger Rückzugsort im Garten" oder es gibt individuelle Wünsche in der Familie: „Wir schwimmen alle wahnsinnig gerne, aber Reisen werden schwieriger, Mila hat eine Chlorallergie und wir Eltern hassen den Lärm in öffentlichen Bädern."

Wer will etwas ändern?

Da meist keine Einzelperson in einem Haus mit Garten wohnt, treffen ganz unterschiedliche, oft gegensätzliche Bedürfnisse mehrerer Menschen oder sogar mehrerer Generationen aufeinander. Kleine Kinder bevorzugen eine andere Gartengestaltung als Teenager, aktive Rentner wollen einen anderen Garten als Berufstätige usw. Es ist wichtig, sich die Zeit zu nehmen, alle zu hören, alle ernst zu nehmen und die verfügbaren Ressourcen möglichst gerecht aufzuteilen. Die Vorschläge jedes Einzelnen sollten aufgenommen, adaptiert und diskutiert werden. So lange, bis schließlich ein schönes, rundes Projekt entsteht. Fühlt sich jemand zurückgesetzt, führt das auf Dauer zu Konflikten. Es kann durchaus Spaß machen, sich mal wieder richtig mit den anderen Familienmitgliedern zu beschäftigen. Ich habe schon von einigen Auftraggebern gehört, dass sich die Familienmitglieder im Zuge des Planungsprozesses nähergekommen sind, Haltungen und Wünsche der anderen erfahren haben, von denen sie bisher keine Ahnung hatten. Je nachdem, wie die Dynamik in Ihrer Familie abläuft, lässt sich vielleicht alles einfach ausdiskutieren oder Sie arbeiten mit Zeichnungen, Modellen, Bildcollagen aus Zeitschriften. Jedenfalls sollten Sie sich für die Entscheidung einen ausreichenden Zeitraum gönnen, damit sparen Sie sich später Zeit, Geld und vielleicht auch viel Ärger.

Wann soll etwas geändert werden?

Für die Antwort auf diese Frage spielt auch das Budget eine Rolle. Vielleicht macht es Sinn, noch ein paar Jahre zu warten, weil dann ein Bausparvertrag fällig wird. Manchmal wäre ein Kredit sinnvoller, damit die Kinder den Schwimmteich noch nutzen können, bevor sie flügge werden. Vielleicht wartet man aber mit dem Schwimmteich lieber, bis die kleinen Kinder schwimmen können, oder der Garten muss sofort barrierefrei gestaltet werden, damit ihn die Großeltern wirklich nutzen können. Für alles gibt es eine Zeit ...

Wie soll es geändert werden?

Ob Sie selbst planen und bauen können, hängt von Ihren eigenen Fähigkeiten, aber auch vom Ausmaß des Projekts ab. Ein Garten mit Schotterrasenwegen in der Ebene ist leicht selbst zu

Manche bauliche Elemente wie Trockenmauern erfordern eine sehr genaue und maßstäbliche Detailplanung, sonst gibt es über kurz oder lang Probleme.

Ein Schwimmteich kann in Eigenregie kaum erstellt werden. Engagieren Sie Profis für die Planung und den Bau.

Die Ausführung einer Wassergebundenen Decke können Sie selbst übernehmen oder ein GaLaBau-Betrieb.

verwirklichen, ein mit Trockenmauern gestützter Schwimmteich bedarf eines Experten. Hier sind Fachwissen und Erfahrung Gold wert, denn oft steckt der Teufel im Detail: Erddruck muss berechnet, die quer durch den Garten verlaufenden Kanalrohre müssen berücksichtigt werden usw. Auch rechtlich gesehen bietet ein Profi Vorteile: für Einreichungen bei Behörden braucht man ihn und sollte es zu Planungsfehlern kommen, ist er dafür haftbar und versichert. Auch hat ein Profi ein anderes gestalterisches Auge als ein Laie, ein frischer Blick eröffnet oft unerwartete Ideen. Man kann beides auch kombinieren, also zum Beispiel die Grundplanung selbst machen und sich für ein paar Beratungsstunden einen Experten nehmen. Oder Sie erklären zuerst einmal einem Profi Ihre Vorstellungen. Der Planer weist Sie dann auf mögliche Probleme hin und bringt Ideen ein. Danach zeichnen Sie selbst den Plan. Die Haftung übernimmt dann allerdings nicht der Planer.

Landschaftsplaner oder Garten- und Landschaftsbaubetrieb?

Man unterscheidet zwischen Firmen, die ausschließlich planen, wie Ingenieurbüros für Landschaftsplanung, und Garten- und Landschaftsbaubetrieben (GaLaBau-Betrieben), die auch die Ausführung übernehmen. Beides hat Vor- und Nachteile. Der Landschaftsplaner oder Landschaftsarchitekt hat oft an einer Universität studiert und so vielleicht mehr Ahnung von Neuerungen und Statik etc. Er ist ausschließlich dem Kunden verpflichtet, seine Bezahlung richtet sich nur nach dem Planungsaufwand. Er hat keinerlei finanziellen Vorteil, wenn er größere Pflanzen oder teurere Materialien einplant. Für größere Projekte erstellt er Leistungsverzeichnisse, in denen Leistungen beschrieben und quantifiziert sind, z.B. Menge, Größe und Art der Mauersteine. Diese können Sie an mehrere GaLaBau-Betriebe schicken, welche wiederum nach den Leistungsverzeichnissen ein Angebot für die Ausführung erstellen. Der Planer kann diese Angebote vergleichen, Preisverhandlungen führen und Empfehlungen abgeben. Eine Firma, die deutlich billiger anbietet als die anderen, ist selten die beste Wahl. Entweder hat sich jemand verkalkuliert oder es wird an der Qualität gespart. Wenn Sie es wünschen, kümmert sich der Planer auch um die Bauüberwachung, die Kontrolle am Schluss (Bauabnahme) und prüft, ob die Rechnung korrekt ist. Ein GaLaBau-Betrieb dagegen bietet Planung und Bau aus einer Hand. Das ist angenehm, weil man nur einen einzigen Ansprechpartner hat. Allerdings muss man Vertrauen haben, da es ja keine Fachkontrolle gibt. Hier sollte man auf Empfehlungen von Freunden hören, die schon Erfahrungen mit dieser Firma gemacht haben. Für einen GaLaBau-Betrieb spricht, dass diese Leute oft einfach und praxisorientiert planen und weitere Handwerker wie Elektriker empfehlen können, mit denen sie dann selbst Termine direkt absprechen.

Die Stilfrage

Ob Planer oder GaLaBau-Betrieb, die Chemie sollte passen und die Planung Ihren Vorstellungen entsprechen. Ich selbst wäre beispielsweise für die Planung japanischer oder minimalistischer Gärten völlig ungeeignet. Informieren Sie sich auf den Websites der Firmen und Planer über bereits abgeschlossene Projekte und betrachten Sie Fotos, mithilfe derer Sie sich ein Bild von der Arbeit und dem Stil machen können.

Worauf Sie achten sollten

Kontaktieren Sie den Betrieb Ihrer Wahl möglichst früh, am besten schon im Sommer/Herbst für das folgende Frühjahr. Mit den ersten warmen Sonnenstrahlen im Frühling, wenn frühe Bienen fliegen, fällt vielen Leuten ein, dass sie etwas im Garten verändern wollen. Die meisten Firmen gehen dann fairerweise nach dem „First come, first serve"-Prinzip vor und da sind dann eben Sie als Erstes dran. Von einem seriösen Betrieb erhalten Sie ein Angebot, in dessen Positionen die Art der Leistung, z. B. Liefern und Einbauen von Mauersteinen, die Spezifikation des Materials, z .B. Hartgneis in den Größen/der Sortierung, und die Menge, z.B. 10 m^2 Ansichtsfläche, definiert sind. Dazu ein Preis pro Einheit, z. B. 900 € pro m^2 Ansichtsfläche. Von pauschalen Angeboten wie „Wir bauen 10 m^2 Steinmauer, das kostet insgesamt 9.000 €" sollten Sie lieber die Finger lassen.

Bezahlung und Reklamation

Die meisten ausführenden Betriebe verlangen vor Baubeginn Anzahlungen. Das ist durchaus legitim, die Firmen müssen Materialien vorfinanzieren und reservieren Zeit für Ihr Projekt. Üblich sind ein Drittel der Auftragssumme bei Auftragserteilung, eventuell noch ein Drittel zu Baubeginn, wenn Materialien geliefert werden. Den Rest sollten Sie erst dann bezahlen, wenn alles fertig ist, Sie es überprüft haben und die Qualität Ihren Erwartungen entspricht. Verdeckte Mängel können auch später noch reklamiert werden, selbst wenn Sie die Leistung vorerst akzeptiert haben. Offensichtliches kann jedoch nicht reklamiert werden, etwa wenn Sie zugeschaut haben, wie die Mauer aus braunen Steinen errichtet wurde, und Sie danach feststellen, dass Sie doch lieber graue Steine gehabt hätten..

Fotodokumentation

Bei später nicht mehr sichtbaren Einbauten wie Leitungen und Fundamenten macht es Sinn, während des Baus Fotos zu machen. Am besten positionieren Sie einen Meterstab daneben und fotografieren so, dass ein Bezug zu einem fixen Element hergestellt ist. So finden Sie die Leitungen später leicht wieder und die Fotos gelten als Beweis bei einem eventuellen Rechtsstreit. Aber keine Angst, unsere Konsumentenschutzgesetze sind sehr gut.

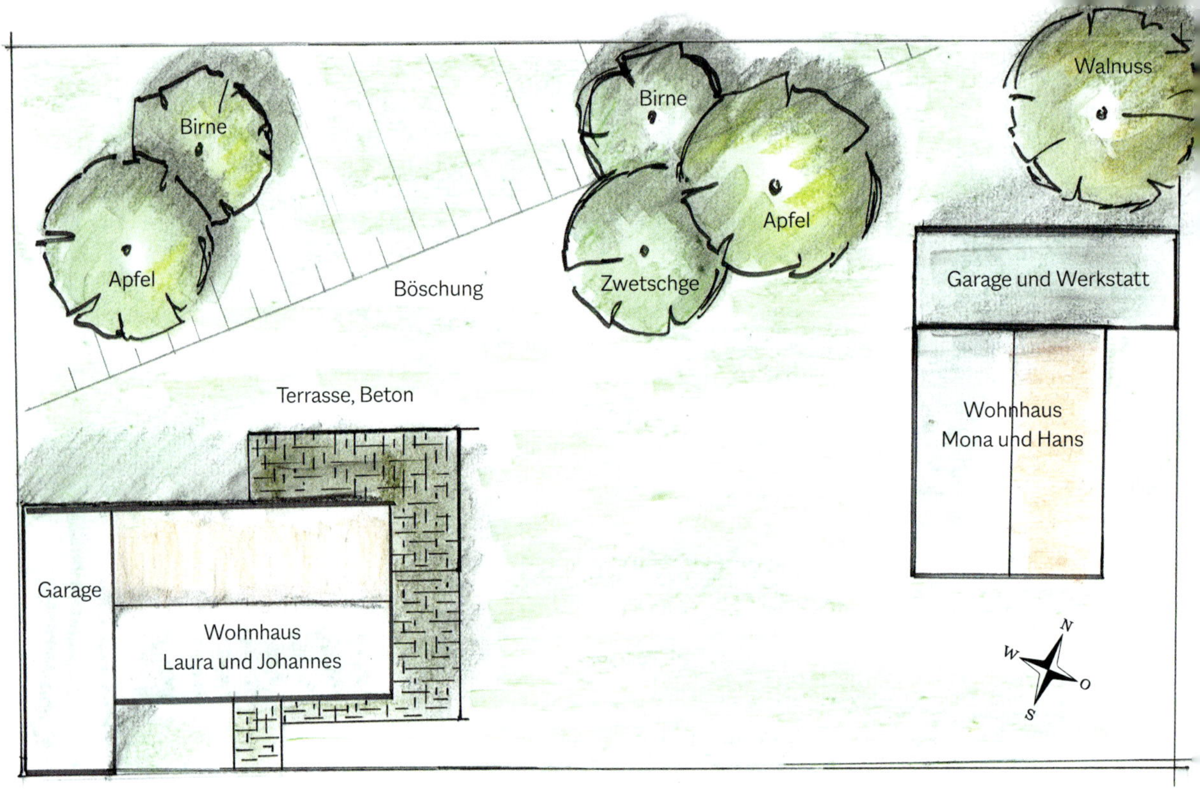

Der Lageplan: So sieht der Garten unserer Musterfamilie derzeit aus. Solche einen Plan haben Sie in den Unterlagen zum Hausbau oder Sie erhalten ihn beim Katasteramt.

Bestands- und Bedarfsermittlung

Für eine ordentliche Planung benötigen Sie oder der Planer einen Lageplan und einige Informationen. Damit Sie nichts Relevantes vergessen, können Sie die Checklisten in diesem Kapitel kopieren und „abarbeiten". Die Angaben der ausgefüllten Bestandsliste von Seite 129 sollten Sie schließlich auf dem Lageplan einzeichnen, die der „Bedarfsliste" von Seite 132/133 benötigen Sie für die Entscheidungsfindung.

Die Musterfamilie

Um das Vorgehen zu veranschaulichen, planen wir im Folgenden einen Garten für eine fiktive Familie: Ein junges Paar, Laura und Johannes, zieht in das renovierte, mehrstöckige Haus von Johannes' Eltern Mona und Hans. Auf dem gleichen Grundstück, das groß genug ist, wird ein neues, barrierefreies Haus für die Eltern errichtet. Johannes' 12-jähriger Sohn Jan aus einer früheren Beziehung wird oft die Wochenenden und Ferien mit ihnen verbringen. Der Garten muss also die Bedürfnisse der Eltern abdecken, die vielleicht in einigen Jahren nicht mehr so mobil sein werden, jene von Laura und Johannes, die noch gemeinsame Kinder planen, und er soll Raum für einen Teenager bieten. Aus der ausgefüllten Bedarfs- oder auch Wunschliste auf Seite 130/131 ersehen Sie, dass die Mitglieder der Musterfamilie manche Gemeinsamkeiten, aber auch gegensätzliche Wünsche haben oder Dinge, die ihnen egal sind. Für Ihre Planung sollten Sie genau so eine Liste anlegen, mit den Elementen, die der Garten enthalten sollte, und den Wünschen Ihrer Familienmitglieder. Hier wird noch nicht zwischen machbar und unrealistisch entschieden, es geht einfach nur um Wünsche.

Maße ermitteln

Die Basis für jede Planung ist der Lageplan. In diesem sind nicht nur die Häuser, sondern auch andere relevante Strukturen wie erhaltenswerte Bäume eingezeichnet. Der Lageplan muss auf jeden Fall maßstabsgetreu sein. Für die Gartenplanung eignet sich ein Maßstab von 1:100 am besten, d.h., 1 cm auf dem Plan entspricht 100 cm, also 1 m, in der Realität. Die meisten Gartenpläne passen damit auf ein DIN-A4- (21 cm × 29,7 cm) oder ein DIN-A3-Blatt (29,7 cm × 42 cm). In eine Kopie des vorhandenen Lageplans (Bauplanung vom Haus oder Katasterauszug) zeichnen Sie alle vorhandenen Elemente wie Wege oder Bäume ein. Arbeiten Sie nie auf dem Original, kopieren Sie dieses mehrmals, damit Sie herumprobieren können. Wenn der vorhandene Plan schon sehr alt und/oder nicht ganz korrekt ist, sollten Sie ein paar Längen nachmessen, z. B. den Abstand zwischen dem Haus und einem vorhandenen Zaun. Fixe Punkte wie Bäume, Teiche, Sandkasten u. Ä. sind in den vorhandenen Plänen meist nicht oder nicht maßstabsgetreu eingezeichnet. Sie müssen sie also selbst einmessen. Wenn Sie Glück haben, sind im Boden verlegte Wasser- und Stromleitungen aus den vorhandenen Plänen ersichtlich. Wenn nicht, zeichnen Sie die vermutete Lage ein, z. B. eine gerade Linie von dort, wo die Wasserleitung ins Haus führt, bis hin zum Kanaldeckel.

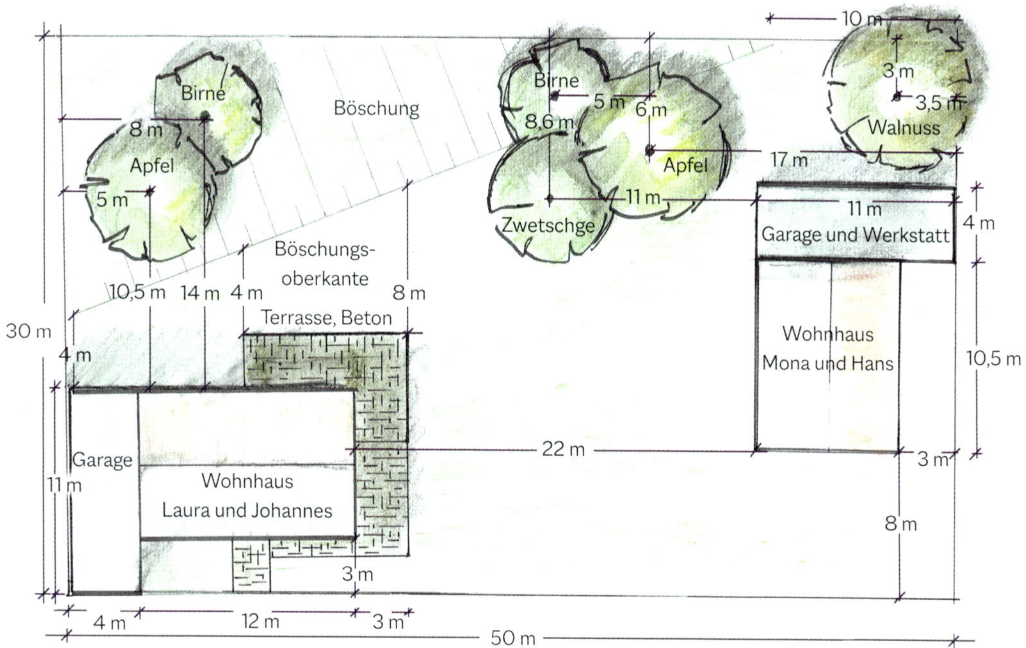

Zeichen Sie in den Lageplan Abstände, Längen, die Größe vorhandener Elemente und räumliche Gebenheiten ein.

Soll in diesem Bereich für einen Teich oder Ähnliches gegraben werden, muss sehr vorsichtig gearbeitet werden. In unserem Musterbeispiel sind die Hauptstrukturen die beiden Häuser. Das für die Jungfamilie renovierte Haus stammt aus den 1960er-Jahren und wird zum Teil von einer massiven Betonterrasse umgeben. Wo am neuen Haus Terrassen gebraucht werden, wird sich erst im Zuge der Planung ergeben. Es gibt einige gesunde, große Obstbaum-Hochstämme, die dem Garten schon jetzt Struktur geben und schattige Bereiche schaffen. Schräg durch das Grundstück zieht sich eine Böschung.

Höhen einmessen und einzeichnen

Bei einer Hanglage, die eventuell terrassiert werden soll, ist ein Nivellement der Höhen notwendig. Wenn ein Wasserelement, z. B. ein Schwimmteich, geplant ist, muss bereits eine kaum wahrnehmbare Hanglage penibel ausgeglichen werden. Wasser ist immer in der Waage, schon bei einem Höhenunterschied von wenigen Dezimetern ist eine Böschung oder Mauer nötig. Wie ein Gefälle am Plan eingezeichnet wird, hängt davon ab, wofür der Plan benötigt wird. Wenn es nur darum geht, zu zeigen, dass es sich um eine Böschung handelt, genügt es, eine einfache Signatur einzuzeichnen. Dazu macht man kurze und längere Striche, beginnend an der Böschungsoberkante. So eine Böschung quert auch unseren Mustergarten (siehe Seite 127). Wenn es aber auch um das Maß des Höhenunterschieds geht, zeichnet man einen Höhenpunkt auf der Böschungsoberkante ein und einen am Böschungsfuß. Die Höhenpunkte in einem Plan müssen einen fixen Bezugspunkt - den sogenannten Nullpunkt - haben, z. B. eine Terrasse oder Maueroberkante, also irgendein bleibendes Objekt. In unserem Beispiel wäre das die Terrasse des alten Hauses, die uns als Nullniveau dient. Will man sehr genau arbeiten, sollten Höhenunterschiede mit dem Nivelliergerät gemessen werden, für einfache Projekte reicht eine lange Wasserwaage oder eine Schnurwasserwaage.

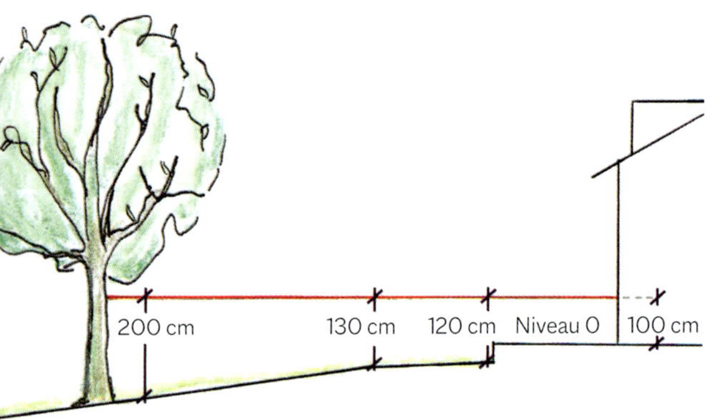

Für eine Höhenmessung benötigen Sie einen Bezugspunkt (Nullniveau) und evtl. eine Schnurwasserwaage.

Ein Beispiel

In der Skizze links hat die Terrasse das Niveau 0. Man spannt eine Schnur von einer Stange aus 100 cm über dem Nullniveau zu einer zweiten Stange am Ort des Messpunktes. Die gespannte Schnur bewegt man an der zweiten Stange so lang auf und ab, bis die Libelle der Wasserwaage in der Mitte liegt. Nun misst man an der zweiten Stange den Abstand hinab zum Boden, in unserem Fall ergibt das 200 cm. Da die Schnur 100 cm über dem Nullniveau gespannt ist, muss man diesen Meter abziehen. Somit liegt der Fußpunkt des Baums 1 m unter dem Terrassenniveau. Die Böschung beginnt 30 cm unter Terrassenniveau. Höhenmessungen sind sehr wichtig, wenn eine Fläche terrassiert werden soll, besonders wenn Mauern errichtet werden sollen.

Ergänzende Informationen

Übertragen Sie alle Maße und Daten sowie wichtige Informationen (siehe Checkliste rechts) in den Lageplan. Es macht die Entscheidungsfindung zur Wunscherfüllung und auch die Ausführung der geplanten Elemente sehr viel einfacher.

Checkliste Bestandsermittlung

Teil 1

Technisches (Angaben in den Plan eintragen):

- ❑ Ausrichtung des Gartens: Himmelsrichtungen einzeichnen (Nordpfeil)
- ❑ Beschattung durch Bäume, Gebäude
- ❑ Hauptwindrichtung
- ❑ Stromleitungen
- ❑ Wasserzuleitung
- ❑ Wasserableitung
- ❑ Dachrinnenfallrohr
- ❑ Gasleitungen oder -tank
- ❑ Zisterne
- ❑ Unterirdische Fundamente
- ❑ Bebauungsgrenze
- ❑ Grundstücksbegrenzung, falls vorhanden (Zaun, Hecke, Mauer)
- ❑ Wege, falls vorhanden
- ❑ Zufahrtsbreite und -höhe
- ❑ Weglänge der Zufahrt
- ❑ Tragfähigkeit der Zufahrt (Bagger!)
- ❑ Stufen zum Grundstück?
- ❑ Alle vorhandenen Elemente (Brunnen, Gartenhütte, Kompost?)
- ❑ Dachfläche (für Regenwasser-Versickerung)

Vorwiegende Bodenart:

- ❑ Ton
- ❑ Lehm
- ❑ Sand

pH-Wert des Bodens: ....

Teil 2

Wie viele Personen nutzen den Garten: .... Erwachsene, ... Kinder

Haustiere: ....

Barrierefreiheit:

- ❑ Ja
- ❑ Nein

Rechtliche Vorgaben (Kommune) für Höhe Hecke, Maße Carport etc.: ....

....

Die Fakten von Teil 1 sollten Sie ermitteln und im Plan unterbringen. Die Informationen aus Teil 2 werden vor allem benötigt, wenn Sie die Gestaltung an einen professionellen Planer vergeben.

Checkliste Bedarfsermittlung

Beispiel der Musterfamilie

Element	Mona	Hans	Laura	Johannes	Jan
Hecke Immergrün Laub gemischt	*Egal*	*Pflegeleicht*	*Laub*	*Pflegeleicht*	*Egal*
Bäume Laub Nadel Obst	*Obst*	*Egal*	*Obst*	*Egal*	*Ja*
Beerensträucher	*Ja*	*Ja*	*Ja*	*Ja*	*Ja*
Rasen Rasen Blumenrasen Wiese	*Wiese*	*Wenig Rasenmähen*	*Egal*	*Rasen, Wiese*	*Rasen, Wiese*
Staudenbeete Lieblingspflanzen Stil	*Viele Blumen organische Formen*	*Egal*	*Viele Blumen Bauerngarten Duft- und Teepflanzen*	*Pflegeleicht*	*Egal*
Gemüsegarten Hochbeete Frühbeet Gewächshaus	*Ja Hochbeete*	*Ja*	*Ja Duft- und Teepflanzen Gewächshaus*	*Nein*	*Nein*
Kompostplatz	*Ja*	*Ja*	*Ja*	*Ja*	*Ja*
Sitzplatz Sonne Schatten Bodenbelag Bedachung	*Zum Ratschen, Pergola?*	*Zum Kartenspielen*	*Ja, zusammen und getrennt*	*Ja*	*Egal*
Wege Kies Wassergeb. Decke Pflaster Trittsteine Rasenwege Mulch	*Ja, Rasenwege*	*Egal*	*Ja, Rasenwege*	*Egal*	*Egal*
Zaun Material Bepflanzung Sichtschutz	*Mit Bepflanzung*	*Egal*	*Sichtschutz*	*Sichtschutz*	*Egal*

Element	Mona	Hans	Laura	Johannes	Jan
Kinderbereich Sandkasten Schaukel Trampolin Spielhaus			*Ja* *Von Küche einsehbar*		
Hang, Terrassierung Trockenmauer Gabionen Holzpalisaden Böschung	*Böschung*	*Böschung*	*Böschung*	*Böschung*	*Böschung*
Mauer Höhe Art	*Nein*	*Nein*	*Nein*	*Nein*	*Nein*
Garten-/Arbeitshütte	*Egal*	*Ja, mit Werkstatt*	*Egal*	*Ja, mit Werkstatt*	*Egal*
Haustiere (welche?)	*Hühner*	*Hühner*	*Hühner*	*Keine Hühner*	*Hühner*
Tierversteck Steinhaufen Insektenhotel Totholz	*Ja*	*Ja*	*Ja*	*Ja*	*Ja*
Wasserelement Teich Schwimmteich Brunnen Bach	*Nein, kein Schwimmteich*	*Egal*	*Nein, kein Schwimmteich*	*Schwimm-teich*	*Schwimm-teich*
Wassernutzung Regentonne Sickermulde Zisterne	*Ja*	*Ja*	*Ja*	*Ja*	*Ja*
Sportbereich (Sportart?)	*Tischtennis*	*Tischtennis*	*Egal*	*Tischtennis, Klettern, Basketball, Fußball*	*Tischtennis, Klettern, Basketball, Fußball*
Essen/Kochen Outdoorküche Pizzaofen Feuerstelle	*Egal*	*Grill*	*Egal*	*Grill*	*Feuerstelle*
Individuelle Wünsche	*Tratschbe-reich zu den Nachbarn*	*Hängematte*	*Birkenwäld-chen* *Getrennte und gemeinsame Bereiche*	*Abgetrennter Bereich für Jungfamilie, Rasenroboter*	*Baumhaus*

Checkliste Bedarfsermittlung

Kopiervorlage zum Ausfüllen

Element
Hecke Immergrün Laub gemischt
Bäume Laub Nadel Obst
Beerensträucher
Rasen Rasen Blumenrasen Wiese
Staudenbeete Lieblingspflanzen Stil
Gemüsegarten Hochbeete Frühbeet Gewächshaus
Kompostplatz
Sitzplatz Sonne Schatten Bodenbelag Bedachung
Wege Kies Wassergeb. Decke Pflaster Trittsteine Rasenwege Mulch
Zaun Material Bepflanzung Sichtschutz

Element
Kinderbereich Sandkasten Schaukel Trampolin Spielhaus
Hang, Terrassierung Trockenmauer Gabionen Holzpalisaden Böschung
Mauer Höhe Art
Garten-/Arbeitshütte
Haustiere (welche?)
Tierversteck Steinhaufen Insektenhotel Totholz
Wasserelement Teich Schwimmteich Brunnen Bach
Wassernutzung Regentonne Sickermulde Zisterne
Sportbereich (Sportart?)
Essen/Kochen Outdoorküche Pizzaofen Feuerstelle
Individuelle Wünsche

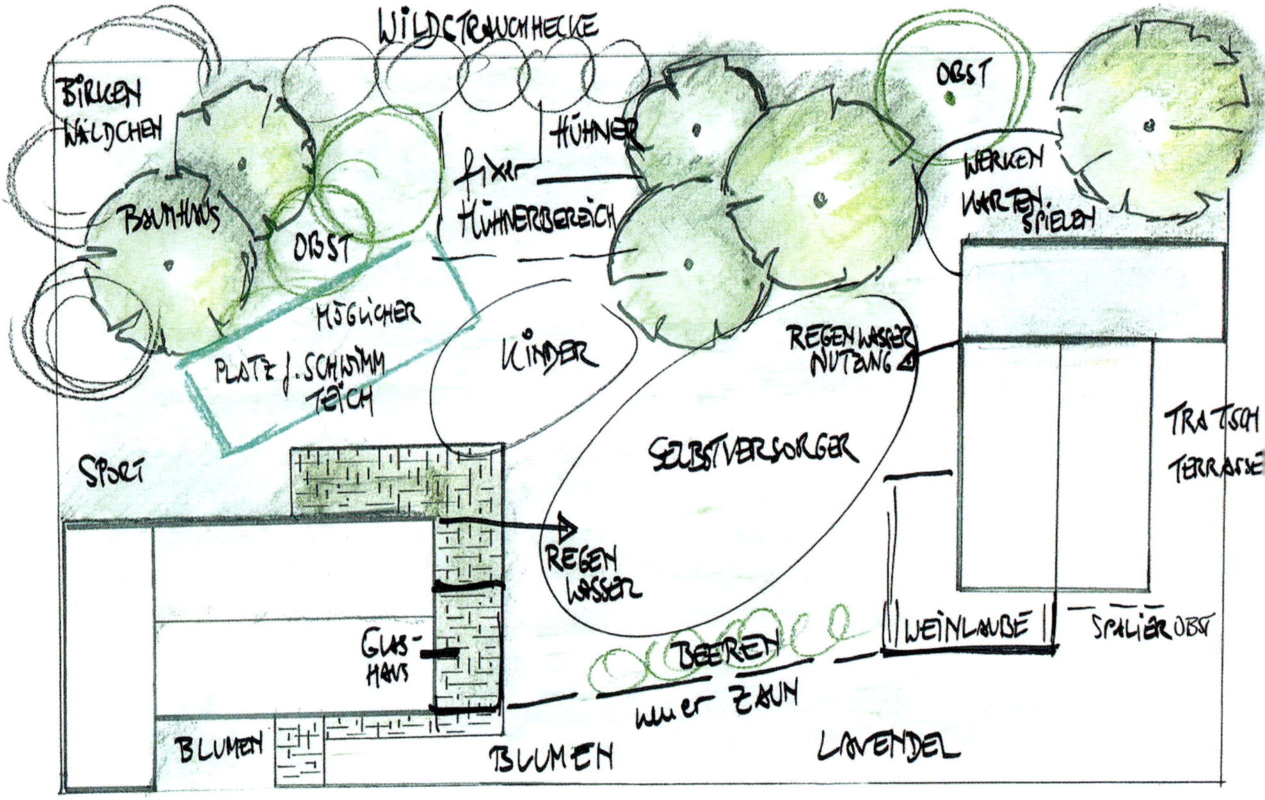

Erstellen Sie als nächsten Schritt einen Funktionsplan, indem Sie auf dem Lageplan einzeichnen, wo Ihnen welches gewünschte Element am sinnvollsten erscheint.

Die Entscheidungsfindung

Es gibt nun schon einen Lageplan und eine Wunschliste. In unserer Musterfamilie folgen spannende Diskussionen, jeder argumentiert für seine Wünsche. Glücklicherweise gibt es vieles, bei dem Einigkeit herrscht: Selbstversorgergarten und Hühner würden von denjenigen betreut werden, die sich dies wünschen. Bei der Errichtung der Beete und Zäune würde auch Johannes mithelfen, obwohl er sich nicht um das Gemüse und die Tiere kümmern möchte. Da er trotzdem gerne die Früchte der Arbeit (Gemüse, Obst und Eier) genießen würde, einigt man sich darauf, dass er dafür das Rasenmähen und Heckenschneiden übernehmen wird. Johannes wird von den anderen überzeugt, dass ein Rasenroboter für Katzen und Igel gefährlich sein könnte. Alle hatten den Wunsch nach einem tierfreundlichen Naturgarten, also soll so viel Fläche wie möglich zur Blumenwiese werden, die nur zweimal jährlich gemäht wird. Dazu würde man vorerst den Balkenmäher des Nachbarn ausborgen wollen. Die verbliebenen Rasenflächen würde Johannes mit einem Akkumäher mähen, denn Strom ist dank der Fotovoltaikanlagen auf den Dächern genug vorhanden. Obwohl sich Johannes und sein Sohn Jan leidenschaftlich dafür einsetzen, entscheidet sich die Familie unter anderem aus Kostengründen gegen einen Schwimmteich. Allerdings wird eine Vorbehaltsfläche reserviert, ein Bereich, auf dem jetzt nur eine Blumenwiese geplant ist, keine Bauwerke oder Bäume. So kann später, wenn sich Meinungen und Finanzen geändert haben sollten, immer noch ein Schwimmteich gebaut werden. Die anderen sportlichen Wünsche sollen erfüllt werden, bis auf den Fußballplatz. Dazu müsste eine große Fläche regelmäßig gemäht werden, die Arbeit will niemand tun. Dank der großen Fläche und der Lage der Häuser können die verschiedenen Wünsche nach Privatbereichen alle erfüllt werden.

Der Funktionsplan: Was kommt wohin?

Um einen Funktionsplan (siehe links) zu bekommen, zeichnen Sie in den Lageplan die besten Plätze für die verschiedenen gewünschten Elemente ein. Eine grobe, handschriftliche Ausführung reicht dabei vollkommen aus. Hier geht es nur darum, zu entscheiden, wo der strategisch beste Ort des Grundstücks für eine Wunscherfüllung ist, die Details folgen später.

Befestigte Bereiche

In unserem Beispiel wird ein Teil der Betonterrasse am renovierten Haus der Eltern, die erhalten werden soll, als Fundamentplatte für Lauras Gewächshaus dienen. Die geraden Kanten der alten Terrasse werden später durch eine Randbepflanzung mit Wildstauden aufgelockert. Um das neue Haus gibt es bisher noch keine Terrassen oder befestigten Flächen. Monas Wunsch nach einer „Tratschterrasse", auf die sie gerne Nachbarn einladen möchte, wird an der Ostseite zur Nebenstraße hin erfüllt. Dort sitzt man geschützt und leicht schattig im Winkel zwischen Haus und Garage und ist vom restlichen Garten abgeschottet. Eine zweite, mittels einer Weinlaube abgegrenzte Privatterrasse bleibt der Familie und geladenen Gästen vorbehalten. Für Hans ist an der Nordseite ein Bereich für Werken und Kartenspielen reserviert worden.

Trennendes und Gemeinsames

Um die vielen rechten Winkel etwas zu entschärfen, ist angedacht, den neuen Zaun um das Grundstück zur südlichen Straße hin schräg zwischen Glashaus und Weinlaube verlaufen zu lassen, dafür würde deutlich weniger Zaunmaterial benötigt als entlang der beiden Straßen. Der Vorgarten bliebe damit nach außen hin offen. Der Selbstversorgergarten wird künftig von allen genutzt werden, er ist also mittig zwischen den beiden Häusern verortet worden. Auch der Hühnerhaltungsbereich ist von beiden Häusern aus gut zu erreichen. Die von allen befürworteten Beerensträucher hätten entlang des neuen Zauns am Randbereich des Selbstversorgergartens Platz. Der Spielplatz für künftige Kinder liegt so, dass er vom Wohnzimmer und von der Küche des renovierten Elternhauses aus gut einsehbar ist. Daneben bleibt eine freie Fläche bestehen, für einen vielleicht später zu bauenden Schwimmteich. Der Sportbereich soll direkt am renovierten Haus an der Grenze zum Nachbarn entstehen. Die Bäume in der nordwestlichen Ecke werden mit Birken und Obstbäumen zu einem Wäldchen, in dem sich Platz für ein Baumhaus für Jan finden wird. Der offene Vorgarten ist als Staudenbeet und Lavendelfeld geplant.

Vielleicht hätte im Selbstversorgergarten noch ein Sitzplatz mit Feuerkorb Platz? Jans Wunsch nach einer Feuerstelle ist im Funktionsplan nicht berücksichtigt.

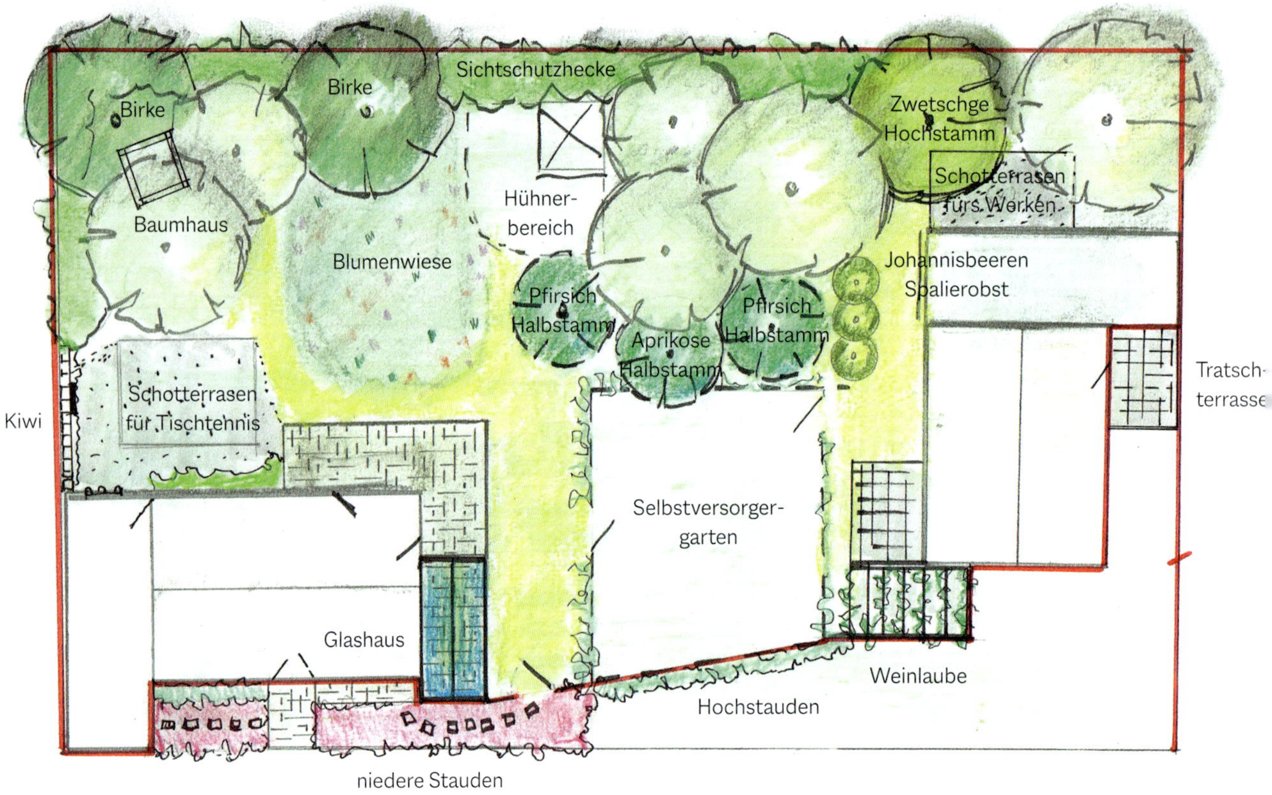

Sichtschutzhecke
Birke
Birke
Baumhaus
Blumenwiese
Hühnerbereich
Zwetschge Hochstamm
Schotterrasen fürs Werken
Johannisbeeren Spalierobst
Pfirsich Halbstamm
Aprikose Halbstamm
Pfirsich Halbstamm
Tratschterrasse
Kiwi
Schotterrasen für Tischtennis
Selbstversorgergarten
Glashaus
Weinlaube
Hochstauden
niedere Stauden

Im Vorentwurf nimmt der geplante Garten Gestalt an. Die Maßstäblichkeit zeigt Machbares, Unmachbares und Verhältnismäßigkeiten auf.

Der Vorentwurf

Wenn die grundsätzlichen Funktionen festgelegt sind, werden im Vorentwurf die entsprechenden Strukturen (Beete, Bäume etc.) eingezeichnet. Der Vorentwurf dient der Illustration von Ideen und Visionen, weshalb meist mehrere Varianten entstehen, anhand derer man sich dann entscheiden kann. Die Positionen müssen im Vorentwurf nicht hundertprozentig stimmen, aber die Objekte sollten jetzt schon etwa in ihrer richtigen Größe abgebildet werden, sonst packt man mehr auf eine Fläche, als tatsächlich Platz hat.

Abstände wahren

Obstbäume, die als **Hochstämme** gesetzt werden, zeichnen Sie mit ihrer ausgewachsenen Größe ein, also mit einem Kronendurchmesser von 8 m und mit einem Abstand zum nächsten Baum von ebenfalls 8 m. Man glaubt es zwar nicht, wenn man so ein 2 m hohes Bäumchen setzt, dessen Stamm man leicht mit einer Hand umfassen kann, aber 20 Jahre vergehen schnell. Zu dicht gesetzte Bäume behindern einander, sie nehmen sich gegenseitig Licht und Nährstoffe sowie Wasser weg, wachsen dadurch langsamer und liefern weniger Ertrag. In einem Plan im Maßstab 1:100 zeichnet man einen Hochstamm also mit 8 cm Durchmesser ein, im Maßstab 1:200 mit 4 cm Durchmesser. Bei **Halbstamm**-Obstbäumen setzt die Krone bei einer Stammhöhe von 120 cm an, als Durchmesser und Mindestabstand zum nächsten Baum kann man in etwa 5 m annehmen. **Buschbäume** erfordern einen Pflanzabstand von 3-4 m. Auch **Beerensträucher** wie Johannisbeeren können im Alter durchaus einen Durchmesser von 2 m bekommen, sie sind deshalb ebenfalls in einem entsprechenden Abstand einzuplanen.

Zwischenlösung

Bis die Gehölze ausgewachsen sind, vergehen allerdings ein paar Jahre. In der Zwischenzeit können Sie Gemüse wie Buschbohnen oder Kartoffeln dazwischen anpflanzen oder Erdbeeren als Bodendecker. Grundsätzlich ist es besser, zu große als zu kleine Abstände zu lassen: Nachpflanzen ist immer möglich, zu dicht gesetzte Gehölze zu roden, tut weh.

Platzbedarf, Material und Prioritäten

Im ersten Vorentwurf versuchen Sie - wie im Funktionsplan - möglichst viele Wünsche zu erfüllen. Bei unserer Musterfamilie bedeutet das: Hinter dem Haus von Laura und Johannes soll ein Schotterrasen von ca. 50 m² Fläche angelegt werden, dieser böte Platz für die Tischtennisplatte. Zum westlichen Nachbarn möchte man eine Mauer errichten, an der eine Kiwi hochranken kann. Daran wäre Platz für eine Dartsscheibe. An der Garagenwand könnten Klettergriffe zum Bouldern montiert werden. In der nordwestlichen Ecke wäre Platz für zwei Birken, die sich Laura gewünscht hat. In diesem Bereich könnte man auch eine Art Baumhaus oder Hütte für Jan einrichten. Die Blumenwiese nähme mit rund 80 m² die Fläche ein, die für einen möglichen späteren Schwimmteich reserviert werden soll. Die Bereiche in der Nähe der Häuser werden künftig gemäht, unter den Bäumen soll die Blumenwiese so lange stehen bleiben, bis das jeweilige Obst erntereif ist. Nur notwendige Verbindungswege sollen öfter gemäht werden. Der Selbstversorgergarten liegt mit 110 m² eingezäunt in der Mitte zwischen den beiden Häusern. An den Zaun sollen außen Hochstauden wie Stockrosen, Königskerzen etc. gepflanzt werden, innen Nutzpflanzen wie Bohnen. Der Zaun soll die Hühner vom Salat fernhalten. Die Hühner erhalten zwar einen fixen, eingezäunten Bereich an der Nordseite, sollen aber immer wieder auch den Restgarten nutzen dürfen - bis auf den Gemüsegarten. Die nach Westen orientierte Terrasse von Mona und Hans ist in Richtung Straße durch eine Weinlaube optisch und praktisch geschützt. Die rote Linie im Plan symbolisiert die Abgrenzung nach außen. Der Zaun nach außen wird ein klassischer Staketenzaun, im gleichen Stil wie der west- und nordseitig noch bestehende alte Zaun. Die Latten werden so dicht gesetzt, dass die Hühner nicht entwischen können. Der innere Zaun um den Bauerngarten wird ein Edelkastanien-Rollzaun werden, das ist kostengünstiger. Innerhalb will die Familie möglichst viele Obstbäume und Beerensträucher unterbringen. Das Areal von Hans` Werkstatt- und Kartenspielbereich soll ebenfalls als Schotterrasen angelegt werden, die „Tratschterrasse" im östlichen Teil ist mit Plattenbelag geplant. Die Staudenbeete im Vorgarten von Lauras Haus sollen sofort be-

Ein Edelkastanien-Rollzaun ist günstig und naturnah. Unsere Musterfamilie sperrt damit die Hühner aus und begrünt ihn innen unter anderem mit Himbeeren.

Spannen Sie Schnüre, wo Beete und Mauern sein werden oder bringen Sie die Umrisse mit Gartenkalk auf.

Neue Planversionen entstehen auch durch den Rat eines Planers oder durch Inspiration aus Büchern.

pflanzt werden, der restliche Vorgarten - immerhin umfasst er rund 130 m^2- bietet noch diskussionsfähigen Platz. Diese Fläche zu bepflanzen und zu pflegen wäre für das erste Jahr wohl zu viel. Alles andere soll Priorität haben.

Überprüfung in der Realität

Ein Plan ist wichtig, er macht Ideen und ihren Platzbedarf sichtbar. Die Realität ist allerdings noch ein ganz anderes Paar Schuhe. Stellen Sie deshalb die geplanten Elemente auch im Garten provisorisch dar. Um Größen und Formen zu markieren, können Sie Gartenschläuche, lange Maßbänder oder Gartenkalk verwenden. So wird vielleicht klar, dass der ein oder andere Baum doch zu nah am Haus sein wird oder dass das geplante Staudenbeet tatsächlich riesig wäre.

Die Dimensionen werden augenfällig

Mit diesem Schritt wird unserer Musterfamilie klar, dass einiges im Vorentwurf noch nicht optimal ist: Die Böschung war nicht in die Überlegungen einbezogen worden, der Hühnerstall und der künftige Schwimmteich würden nach der aktuellen Planung quasi am Hang hängen. Die vielen Obstbäume ließen den Garten zu eng wirken und würden zu viel Schatten und Falllaub im Hobbybereich von Hans verursachen. Mona findet den Selbstversorgergarten wie geplant zu eckig und langweilig, der Zaun wäre ihr zu nah an ihrer Terrasse. Die Nutzung des Dachwassers war bisher vergessen worden. Laura findet die Aussicht auf 50 m^2 Schotterrasen vor dem Wohnzimmer irgendwie nicht so gut und Jan reklamiert, dass sein Lagerfeuer keinen Platz bekommen hat. Bezüglich des Vorgartens herrscht Ratlosigkeit.

Von den Fragezeichen zum Entwurf

Durch den Rat von Freunden, Ideen aus Büchern und Zeitschriften sowie den Input eines Gartenplaners entstehen neue Planversionen. Jedes Familienmitglied gibt etwas von seinen Wünschen auf und bekommt anderes dazu. Aus der Summe der Versionen entsteht schließlich ein maßstabsgetreuer Entwurf.

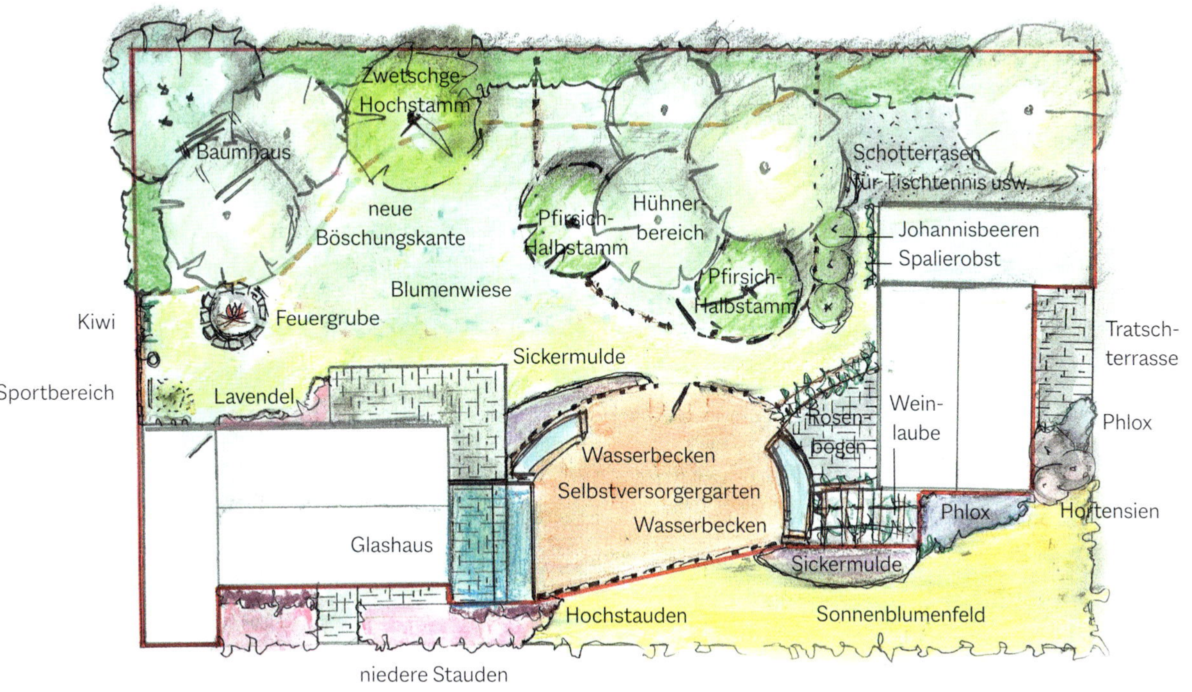

Der Entwurf des Mustergartens ist das Ergebnis vieler Abwägungen. Er zeigt die Elemente, für die sich die Familie entschieden hat, in maßstabsgetreuer Abbildung an der richtigen Stelle.

Der Entwurf

Selbst der maßstäbliche Entwurf lässt noch einige Fragen offen, das darf durchaus sein, denn jeder Garten ist „work in progress". Manchmal neigt man z.B. dazu, die eigenen Fähigkeiten zu überschätzen, und muss vielleicht im Zuge der Arbeiten die Gartengestaltung vereinfachen.

Der fertige Entwurf des Beispielgartens

Zu West- und Nordseite war allen der Sicht- und Lärmschutz wichtig, also hat man die unverputzte Klinkermauer vom renovierten Haus im Plan auf 6 m Länge bis zur Böschungskante verlängert. Die örtlichen Bauvorschriften gestatten eine maximale Mauerhöhe von 2 m, diese wird voll ausgenutzt. An die Mauer kommen eine Dartscheibe, ein Basketballkorb und eine Zielscheibe fürs Bogenschießen, auch für mehrere Kiwipflanzen ist Platz. An der Garage werden Klettergriffe montiert, darunter ist eine Sandgrube als Fallschutz vorgesehen. Nicht ganz am Haus, aber doch so nah, dass Grillen praktikabel ist, wird eine Feuerstelle angelegt. Der Boden wird als Schotterrasen ausgeführt, in die Mitte kommt ein Feuerkorb. Entlang des bestehenden Zaunes wird ab der Mauer eine gemischte Blütenhecke gepflanzt. Laura verzichtete zugunsten eines Zwetschgen-Hochstammes auf die zweite Birke, dafür wird im Eck eine dreistämmige Birke gesetzt. Unter den Bäumen werden Johannes und Jan eine Art Stelzenhaus bauen. Die Böschungskante wird in Richtung Zaun verlegt, so entsteht eine mehr als 100 m^2 große, fast ebene Fläche, die nur ein kleines Gefälle vom Haus weg aufweist. Hier wird eine regionale Blumenwiesenmischung angesät, aus der nach Bedarf Wege und Spielflächen ausgemäht werden können. Der Hühnerstall steht jetzt eben unter Bäumen, der Freilaufbereich wird größer, aber mit einem Staketenzaun eingegrenzt. Hier ist noch Platz für zwei Pfirsich-Halbstämme. Auch Lauras Glashaus wird vergrößert, daran schließt nun direkt der Zaun des Selbstversorgergartens an. Die Zäune werden entlang eines Kreissegmentes geführt, das freut Mona, der vorher alles zu eckig war. Hinter dem Haus der Eltern wird ein 60 m^2 großer Bereich als Schotterrasen gestaltet. Hier ist Platz für das Handwerken, das Kartenspielen und für die Tischtennisplatte, denn auch Mona und Hans mögen diesen Sport. Die Tratschterrasse im Osten wurde vergrößert, sie bietet jetzt auch Platz für ein paar Kübelpflanzen. Abgegrenzt wird sie mit Hortensien *(Hydrangea)* und Hoher Flammenblume *(Phlox paniculata)* den Lieblingspflanzen von Mona.

Die Regenwassernutzung

Innerhalb des Selbstversorgergartens werden zwei Wasserbecken aus Klinker errichtet und mit Seerosen und Unterwasserpflanzen bepflanzt. Hier münden die Dachwässer ein. Von Johannes' Haus werden sie über das Glashausdach eingeleitet, vom Haus der Eltern über den Rosenbogen über der Terrasse. Aus den Becken wird das Gießwasser für den Selbstversorgergarten genommen. Seerosen und Co. vertragen es, wenn der Wasserspiegel schwankt. Sollten die Becken überlaufen, läuft das Wasser in bepflanzte Sickermulden (siehe Seite 142).

Die Bepflanzung

Die Detailplanung des Nutzgartens wird aufgeschoben, erst einmal sollen nur Kartoffeln und Kürbisse wachsen. Der Vorgarten wird vorerst nur zum Teil mit Stauden bepflanzt. Auf dem Großteil der Fläche werden niedrige Sonnenblumensorten *(Helianthus)* ausgesät, die nur etwa 50 cm hoch werden, am Zaun auch höhere Sorten. So ist das Areal insektenfreundlich begrünt und nach und nach kann man Stauden einsetzen.

Mit Kürbispflanzen lassen sich schnell große Flächen begrünen und gleichzeitig abmagern..

Insektenfreundliches Provisorium: Kosmeen *(Cosmos bipinnatus)* und Sonnenblumen *(Helianthus annuus)*.

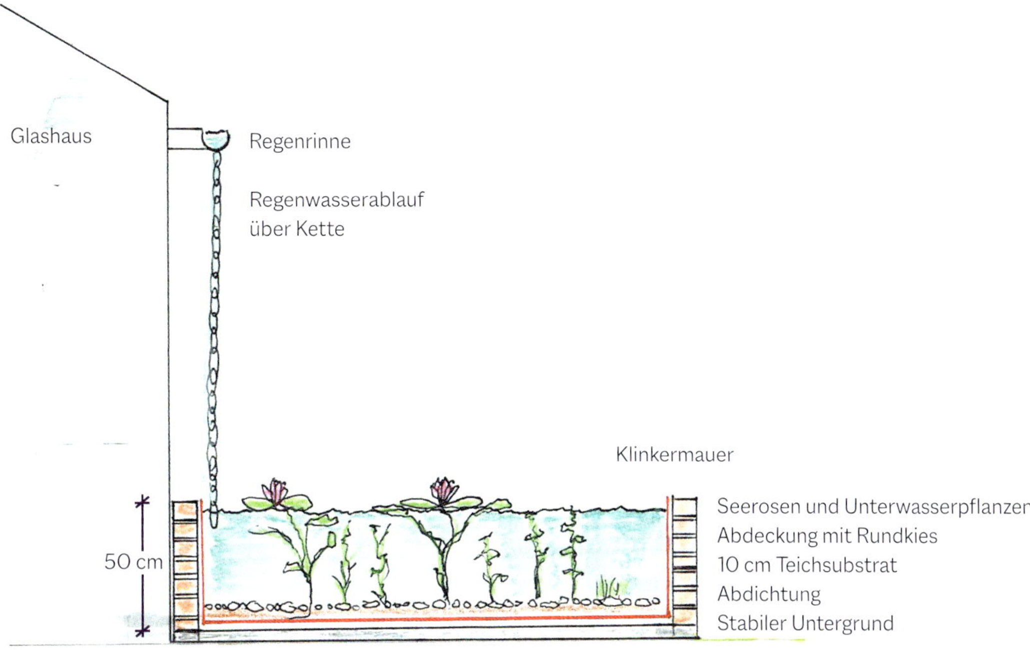

Für einzelne Elemente im Garten ist eine Detailplanung sinnvoll, z.B. für Gemauertes wie dieses Gießwasserbecken aus Klinker.

Detailplanung

Oft fragen sich die Leute, ob eine Detailplanung wirklich nötig ist. Für vieles reicht tatsächlich die Genauigkeit des Entwurfs, besonders, wenn man alles selbst macht, ein gutes Bild des Projekts im Kopf und geschickte Hände hat. Bei komplizierteren Elementen wie Mauern und Teichen kann allerdings nicht auf eine Detailplanung verzichtet werden. Alles muss fachgerecht gebaut werden, statischen Belastungen standhalten und technischen Normen entsprechen. Für Wasserelemente sind Details besonders wichtig, denn Wasser bleibt immer in der Waage, ohne Detailplanung kommt es häufig zu Fehlern bei der Höhenvermessung. Fehler, die einem vom Wasser unbarmherzig vor Augen geführt werden, wenn es plötzlich an der falschen Stelle überläuft.Detailpläne werden meist im Maßstab 1:50 angelegt, technische Detailpläne im Maßstab 1:10. Oben sehen Sie das Beispiel eines Detailplans für das Gießwasserbecken. Der Pflanzplan auf Seite 142 passt zu der Sickermulde, die am Überlauf des Beckens geplant ist. Aber auch für gemischte Pflanzungen, insbesondere Staudenrabatten, ist ein Detailplan, in diesem Fall ein Pflanzplan, wichtig.

Die Pflanzplanung

Meist sind Pflanzungen im Entwurfsplan nur grob definiert, z. B. steht dort „gemischte Blütenhecke aus heimischen Sträuchern“ oder „Staudenbeet“ im Plan. Im Schritt der Pflanzplanung werden dann die für den jeweiligen Standort passenden Sträucher und Stauden ausgewählt. Der Pflanzplan bezeichnet Gewäche mit ihrem botanischen Namen, z. B. *Rosa canina* für Hunds-Rose. Dies ist wichtig, damit man auch wirklich die vorgesehene und geeignete Pflanzenart bekommt und nicht etwas, was auf Deutsch so ähnlich heißt. So kann man auch vermeiden, Sorten einer Art zu erhalten, die zwar ähnlich sind, aber eben nicht wirklich die Wildart. Im Naturgarten sollte man beispielsweise den heimischen Steppen-Salbei *Salvia nemorosa* pflanzen und nicht etwa *Salvia nemorosa* 'Blauhügel'.

Die richtigen Pflanzabstände

Der Pflanzplan zeigt auch – maßstäblich ausgeführt – den richtigen Abstand zwischen den Pflanzen an bzw. ihren Platzbedarf. Das ist deshalb wichtig, weil zu eng gesetzte Pflanzen einander erdrücken und später kein schönes Bild ergeben. Außerdem ergibt sich daraus die Anzahl der benötigten Pflanzen. Zu den Abständen zwischen Gehölzen finden Sie Näheres auf den Seiten 48 und 136. Für Gehölze gibt es meist keinen eigenen Pflanzplan, sie können im Entwurfsplan schon mit ihrem botanischen Namen eingezeichnet werden.

Die Planung von Staudenbeeten

Hierfür gibt es grob gesehen zwei Möglichkeiten: entweder man gestaltet sie als Mischpflanzung (siehe Seite 66) oder nach einem Pflanzplan. Der Plan auf Seite 143 und die vorbereitende Pflanzenliste unten beziehen sich auf die Sickermulde in unserem Musterbeispiel, in die immer wieder Wasser aus dem Überlauf des Gießbeckens gelangt. Das Beet ist als leichte Mulde angelegt, mit einem tiefsten Punkt von nur 10 cm unter den Außenkanten. Die eingeplanten Pflanzen stehen auf nährstoffreichem Boden und vertragen gelegentliche Überschwemmung, sind aber auch mit normaler Bodenfeuchte zufrieden.

Botanischer Name	**Deutscher Name**	**Wuchshöhe (cm)**	**Blüte**							**Stück/m²**
			IV	**V**	**VI**	**VII**	**VIII**	**IX**	**X**	
Epilobium angustifolium	Schmalblättriges Weidenröschen	bis 150								5
Eupatorium cannabinum	Echter Wasserdost	bis 150								2
Hesperis matronalis	Nachtviole	bis 70								7
Lythrum salicaria	Blutweiderich	bis 120								4
Mentha longifolia	Ross-Minze	bis 70								6
Oenothera biennis	Nachtkerze	bis 120								3
Saponaria officinalis	Echtes Seifenkraut	bis 80								6
Silene dioica	Rote Lichtnelke	bis 70								9
Valeriana officinalis	Echter Baldrian	bis 120								8

Die Pflanzenliste zeigt Ihnen auf einen Blick, welche Pflanzen in Ihrem geplanten Beet zu welcher Jahreszeit miteinander blühen werden.

Einen Pflanzplan erstellen

Erstellen Sie selbst einen Pflanzplan, so sollten Sie zuerst Pflanzen und Blütenfarben aufschreiben, die Ihnen grundsätzlich gefallen. Von diesen Pflanzen streichen Sie jene weg, die für den vorhandenen Standort nicht geeignet sind. Dann legen Sie eine Liste an, in der Sie relevante Informationen zusammentragen: botanischer und deutscher Pflanzenname, Wuchshöhe, Blühfarbe und Blühzeitpunkt sowie ihren Platzbedarf. So sehen Sie schnell, ob Ihr Beet die ganze Saison über Farbe zeigt oder ob Blühlücken gefüllt werden sollten. Der Platzbedarf zeigt Ihnen, wie viele Exemplare Sie von der jeweiligen Art benötigen werden und in welcher Größe Sie sie in den Plan einzeichnen müssen. Diese Information kann man in Staudengärtnereien oder Baumschulen erfragen, oft auch online. Selbst erfahrene Gärtner neigen dazu, die jungen Pflanzen zu dicht zu setzen. Sie bedrängen sich dann aber gegenseitig und es ergibt sich kein schönes Bild. Sehen Sie bereits in der Tabelle, dass Ihre gewünschten neun Königskerzen *(Verbascum* spec.) schon die Hälfte der Fläche des 10 m^2 großen Beetes einnehmen würden, beschränken Sie sich auf drei nStück, dann bleibt noch Platz für andere Pflanzen. Zusätzlich können und sollten Sie immer frühblühende Zwiebelpflanzen in Lücken setzen. Sie füllen den Raum zwischen den Stauden, bis diese voll ausgetrieben haben und ziehen sich dann zurück. Außerdem bieten Sie Insekten in den Frühjahrsmonaten wichtige Nahrung.

Einen Pflanzplan zeichnen

Zeichnen Sie einen Pflanzplan im Maßstab 1:25, d.h., 4 cm im Plan stellen 1 m in Wirklichkeit dar. So kann man die einzelnen Pflanzen anhand ihres Platzbedarfs gut mit Kreisen mit Mittelpunkt im Plan darstellen. Die Anordnung der Stauden hängt davon ab, ob das Beet von mehreren Seiten zugänglich ist, dann platzieren Sie die höherwüchsigen Arten in der Mitte, oder ob sich das Beet vor einer Mauer oder Hecke befindet, dann setzen Sie die höherwüchsigen in den Hintergrund. Grundsätzlich wirkt es harmonischer, ungerade Zahlen zu setzen, also z. B. eine Dreiergruppe statt vier Stück. Wem dies zu aufwendig ist: Fachbücher bieten passende Beetvorschläge und manche Staudengärtnereien verkaufen fertige Pflanzpakete für verschiedene Standorte.

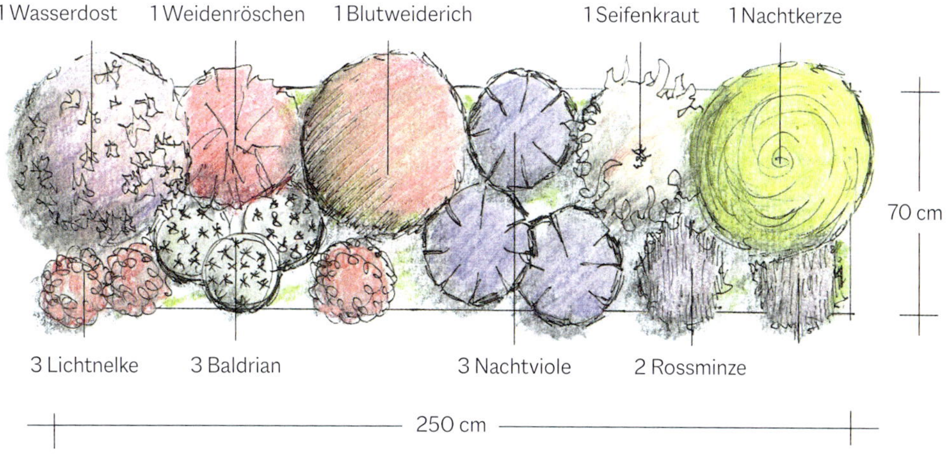

Im Pflanzplan legen Sie den Platz für die verschiedenen Pflanzenarten fest, Sie können ihn später als Pflanzanleitung verwenden.

Ein schönes und außergewöhnliches Gartenelement muss nicht teuer sein, wenn man wie bei diesem Sitzplatz gebrauchtes oder natürliches Material verwendet und vieles selber macht.

Die Kosten

Wer sich zum Thema Kosten jetzt ganz konkrete Preisangaben zu verschiedenen Projekten erwartet, den muss ich leider enttäuschen. Erstens gibt es unendlich viele Möglichkeiten, was man im Garten wie pflanzen und bauen kann, und zweitens differieren Preise sehr stark zwischen verschiedenen Ländern und Regionen. Drittens ändern sich die Preise laufend, sind abhängig von Angebot und Nachfrage, aber auch von der Verfügbarkeit, besonders, wenn es sich um globale Lieferketten handelt. Ein Preisfaktor ist auch die Qualität: Man kann nicht Äpfel mit Birnen vergleichen oder kesseldruckimprägnierte Fichtenbretter mit Lärchendielen oder 0,5 mm starke Teichfolie mit 1,14 mm dicker Folie.

Preise vergleichen und sparen

Natürlich sollte man mehrere Vergleichsangebote einholen und auch die Aktionswochen von Baumärkten etc. im Auge behalten, aber immer mit Blick auf die Qualität. Eile ist teuer! So manches Stück findet sich günstig im Abverkauf oder auf Ebay, wenn man Zeit hat und suchen kann. Vielleicht warten irgendwo genau Ihre Pflastersteine auf ein zweites Leben. Sehen Sie in irgendeinem Garten interessante Dinge, könnten Sie auch läuten und die Besitzer höflich danach fragen, wo sie diese herhaben. Die meisten Leute nehmen so etwas als Kompliment. Manche Pflanzen können selbst gezogen oder als Ableger vom Nachbarn ergattert werden, wenn man sich die Zeit dafür nimmt. Ebenso können Sie bares Geld sparen, wenn Sie Freunde haben, die Ihnen ein wenig ihrer Zeit schenken und beim Bau mithelfen.

Die Kalkulation

Bei der Kalkulation sollten Sie mindestens 10 Prozent für Unvorhergesehenes einrechnen. Es kann durchaus vorkommen, dass die Stromleitung nicht dort liegt, wo der Plan es glauben machen mag. Dann wird vielleicht der geplante Weg etwas länger oder Ähnliches. Teilen Sie die Bauabschnitte außerdem nach Prioritäten ein. Wenn nach dem zweiten Bauabschnitt irgendwie das Geld ausgeht, hat man doch die zwei wichtigsten Abschnitte erledigt und kann den Rest später fertigstellen, wenn wieder Geld da ist. Hat man Angebote eingeholt, sollte man aber schnell bestellen, sonst ist das Material vielleicht ausverkauft oder die Preise ändern sich, das heißt in der Regel, dass sie steigen. Das Gegenteil habe ich noch nie erlebt.

Eigenbau oder Vergabe?

Die Entscheidung, ob man selbst baut oder eine Fachfirma beauftragt, hängt von der Komplexität des Werkes ab. Alles, was gefährlich werden könnte, wie der Bau höherer Mauern, eines Schwimmteiches in Hanglage u. Ä. würde ich lieber Fachleuten überlassen. Bodenvorbereitungen, zu denen Maschinen nötig sind, ebenfalls. Wenn Sie eine Woche Urlaub nehmen müssten, um eine Grabung händisch durchzuführen, die ein Bagger in zwei Stunden erledigt hat, dann ist das einfach nicht effizient. Beim Sparen hilft auch die Überlegung, ob etwas überhaupt oder tatsächlich in diesem Ausmaß nötig ist. Muss der Pflasterweg zum Gartenhäuschen wirklich 1 m breit sein oder reichen 60 cm aus? Wird er tatsächlich so häufig genutzt, dass eine Befestigung nötig ist, oder ist es ausreichend, die Wiese dort öfter zu mähen? So kann vielleicht auf manches ganz verzichtet werden, das schont die Geldbörse und die Umwelt.

Kosten (grobe Schätzpreise) für verschiedene Elemente

Element und Material		Einheit	Materialkosten	Arbeitskosten
Kleinsteinpflaster: Pflastersteine mit Verlegung im Splittbett, z.B. Granit	10	m^2	300 €	400 €
Schotterrasen: Material, auskoffern, Material aufbringen, ansäen	10	m^2	150 €	150 €
Blumenwiese: Wiesensaatgut und Ansaat, aber ohne Bodenvorbereitung, da sehr individuell	10	m^2	10 €	5 €
Staudenbeet: Stauden, Bodenvorbereitung, einsetzen	10	m^2	350 €	500 €
Gemischte Hecke: Sträucher 80/100 cm, Pflanzgruben ausheben und Einsetzen der Gehölze	10	Lfm	150 €	250 €
Baum: Junger Obstbaum, Hochstamm im Container, Pflanzgrube ausheben und einsetzen	1	Stück	70 €	40 €
Schwimmteich, technikfreie Version, fertig errichtet durch GaLaBau-Betrieb	70	m^2	50.000 €	inkl.
Gartenteich, technikfreie Version: Folie, Teichsubstrat inkl. Aushub, Abdichtung, Bepflanzung	15	m^2	2000 €	4 000 €

Ein Granitpflaster kann man auch selbst verlegen, fehlendes Werkzeug wie eine Rüttelplatte kann man gegen Gebühr im Baumarkt ausleihen.

Die Ausführung Marke Eigenbau

Unsere Musterfamilie hat ihren Garten nun hinlänglich geplant, alle können gut mit dem Ergebnis leben. Nun geht es an die Ausführung, die im Beispiel in Eigenregie erfolgen soll. Die folgenden Überlegungen sollten auch Sie anstellen, wenn Sie Ihr Gartenprojekt - zumindest zum Teil - selbst ausführen wollen.

Werkzeug und Material

Welches Werkzeug wird benötigt? Besitzen Sie es selbst? Wenn nicht, können Sie es sich vielleicht von Nachbarn oder von einer Firma ausleihen, anstatt es gleich zu kaufen. Ansonsten rate ich Ihnen, keine Billigprodukte zu kaufen. Eine genaue Berechnung des benötigten Materials kann ebenfalls Geld sparen helfen. Kaufen Sie nur wenig mehr, als Sie berechnet haben. Fünf Säcke Zement wegzuschmeißen kostet bares Geld. Kauft man regional, so kann man schnell etwas nachholen, z. B. Bodenplatten, wenn doch zu knapp kalkuliert wurde.

Transport und Entsorgung

Wie werden Sie übrig gebliebenes Bau-, Erd- und Pflanzenmaterial entsorgen? Haben Sie ein Auto, ist diese Frage recht einfach zu beantworten: Grünschnitt und kleinere Erd-, Stein- oder Holzmengen können Sie auf dem nächsten Wertstoffhof gratis entsorgen. Größere Erdmengen sollten Sie - wenn möglich - ohnehin direkt wieder in den Garten einplanen, z. B. in Form von Aufschüttungen, eines Hügelbeets oder Ähnlichem. Ist dies nicht möglich, können Sie einen Container bestellen. Befüllen Sie diesen, wenn möglich, nur mit einer Art von Material, z. B. mit Erde. Dann ist die Entsorgung billiger und das Material kann anderswo wiederverwertet werden. Ohne Auto kann der Abtransport von überflüssigem Altmaterial schon schwieriger werden. Überlegen Sie sich vorher, ob Sie sich eines ausleihen können oder das Altmaterial irgendwo zwischenlagern und nach und nach wegbringen können.

Zeit ist Geld

Planen Sie beim Bau unbedingt genügend Zeit ein. Gerade das Wetter kann einem einen ordentlichen Strich durch die Rechnung machen, auch der Untergrund kann überraschend schwer zu bearbeiten sein oder ein Lieferant hält einen Termin nicht ein. Wenn Sie also Urlaub nehmen müssen, um Ihr Gartenprojekt umzusetzen, planen Sie lieber drei Tage extra ein. Im besten Fall können Sie Ihren fertigen Garten drei Tage lang einfach genießen - ansonsten haben Sie genug Zeit, um die Baustelle stressfrei abzuschließen.

Zusammen geht es besser

Selbst ist der Mann bzw. die Frau, heißt es oft, aber zu zweit geht vieles leichter, selbst wenn es nur darum geht, dass die zweite Person den Zaunpfosten mit der Wasserwaage gerade hält, während Sie ihn einschlagen. An allem, was nach Bauwerk aussieht, sollten mindestens zwei Personen arbeiten, allein wegen des Gewichts des Materials. Ein Beispiel: Ein Quadratmeter Teichfolie wiegt ca. 1 kg, d.h., bei einem 50 m^2 Teich, dessen Folie in Falten gelegt wird, kann schon ein Gewicht von knapp 100 kg zusammenkommen. Unsere Musterfamilie besteht aus vier kräftigen Erwachsenen und einem Teenager. Die einzige Arbeit, für die ein Minibagger benötigt wird, ist daher die Versetzung der Böschung. Die Steine und Ziegel für die Feuergrube und die Wasserbecken kann dann auch gleich der Bagger an Ort und Stelle bringen.

Im Garten gibt es immer eine Unbekannte: das Wetter. Planen Sie ausreichend Zeit ein, falls es anhaltend regnet und Sie warten müssen, bis alles abgetrocknet ist.

Einen Minibagger auszuleihen kann Ihnen viele Tage mühsames Schaufeln ersparen, wenn Sie größere Aushubarbeiten vorhaben.

Gartenarbeit macht Spaß, aber nur, solange sie nicht überhandnimmt. Ein Naturgarten kommt mit vergleichsweise wenig Pflege aus.

Die Pflegeplanung

Wie pflegeintensiv ist der geplante Garten? Diese Frage wird zu Recht immer wieder gestellt und Sie sollten Sie sich auch selbst stellen. Grundsätzlich ist ein Naturgarten nicht so pflegeintensiv wie ein konventioneller Garten. Ein gewisses Maß an Beikräutern darf wachsen, Laub und Äste dürfen teilweise liegen und tote Bäume stehen bleiben, es wird weniger gemäht und geschnitten. Ganz pflegefrei ist allerdings kein Garten. Tut man gar nichts, entsteht unweigerlich irgendwann Buschland und schließlich ein Wald.

Der Pflegeaufwand

Die meiste Arbeit verursachen wöchentliches Rasenmähen und das Jäten von Staudenbeeten in den ersten zwei bis drei Jahren, später dann auch das Stützen und der Rückschnitt der Stauden. Auch Teiche machen Arbeit, wenn auch nicht wöchentlich, so doch vermehrt im Herbst, wenn Laub herausgefischt und Röhricht geschnitten werden soll. Obst und Gemüse bedeuten ebenfalls Zeitaufwand, wobei die Ernte der kleinste Teil, der Anbau und auch das Verarbeiten der größere Teil ist.

Pflegeplanung im Beispiel

Der geplante Garten unserer fiktiven Familie beinhaltet einige eher pflegeintensive Bereiche. Der Selbstversorgergarten wird nach den Prinzipien der Vierfelderwirtschaft betrieben, es gibt je einen Bereich für Starkzehrer, Mittelzehrer, Schwachzehrer und Brache/Gründüngung. Diese Bereiche rotieren jährlich. Gleichzeitig werden Prinzipien der Permakultur angewandt. Selbstaussaat und Mischkultur, auch mit Blumen, ist erwünscht. Gemulcht wird mit Rasenschnitt. Trotzdem muss selektiv gejätet werden. Mona wird als Hauptverantwortliche diesen Bereich ein bis zwei halbe Tage in der Woche pflegen müssen. Der Aufwand lässt sich durch die Wahl der Gemüse beeinflussen, denn Kürbis, Zucchini, Bohnen und Kartoffeln sind z. B. weniger pflegeintensiv als Salat, Tomaten oder Möhren. Zeitintensiv ist auch der geplante Staudengarten. Hier muss in den ersten zwei bis drei Jahren zuverlässig gejätet werden, damit sich die gesetzten Arten etablieren und den Boden schließen können. Weniger arbeitsintensiv und trotzdem blütenreich wäre eine Blumenwiese mit einem Gräseranteil von nur 20 Prozent.

Wer übernimmt die Urlaubsvertretung?

Generell ist es sinnvoll, bereits bei der Planung die Versorgung des Gartens während der Urlaubszeit zu berücksichtigen. Bei unserer Musterfamilie spielt das keine große Rolle, da die verschiedenen Generationen nicht gemeinsam in den Urlaub fahren und die jeweils Daheimgebliebenen sich vertretungsweise um den Garten kümmern können und wollen.

Autarker Garten

Die Bereitschaft von Freunden und Verwandten, Topfpflanzen und Gemüsebeete zu gießen oder sich um Haustiere wie Hühner zu kümmern, während man selbst im Urlaub weilt, kann jedoch nicht als selbstverständlich vorausgesetzt werden. Fehlen Freiwillige, sollte der Garten eher einfach und mit trockenheitsresistenten Pflanzen angelegt werden. Verzichten Sie auf Kübelpflanzen und planen Sie eine Bewässerungsanlage mit Computersteuerung für das Gemüse ein. Konzipieren Sie Staudenbeete für trockene Standorte, wenn es bei Ihnen im Sommer nicht viel regnet, und entscheiden Sie sich für einen Blumenrasen statt für Rasen. Er ergrünt wieder, auch wenn er zwischendurch vertrocknet aussieht. Ein gut eingewachsener Garten überlebt auch ohne Gießen.

Eine Blumenwiese muss nur zweimal im Jahr gemäht werden. Sie brauchen aber eine Lösung für das Mähgut.

Eine automatische Tröpfchenbewässerung übernimmt das Gießen, wenn Sie im Urlaub sind.

Gestaltungs-beispiele

Eine unbepflanzte Fläche ist wie eine leere Leinwand: Darauf können verschiedenste Kunstwerke entstehen, von Warhol bis Monet. Hier zeigen wir, was verschiedene Gartenbesitzer auf größeren oder kleineren Flächen umgesetzt haben.

Vielfalt auf kleinem Raum

Steckbrief Garten

→ Größe in m²:
ca. 150 m² in einem Stück, kleiner Garten eines Reiheneckhauses

→ Lage und Ausrichtung des Gartens:
am bayerischen Alpenrand im Chiemgau, auf 693 m über dem Meeresspiegel; Südostlage, aber beschattet

→ Bestand:
Neuanlage in den 1990er-Jahren, kein Bestand bei der Planung, sukzessive Weiterentwicklung und Einrichtung möglichst vieler Naturgartenelemente und Habitate

Wie immer im Leben kommt es weniger darauf an, wie die Ausgangssituation ist, sondern was man daraus macht. Der kleine Garten im Chiemgau, zu dem der Plan und die Fotos auf den nächsten Seiten gehören, ist ein wunderbares Beispiel dafür, wie viel Artenvielfalt möglich ist, wenn der Wille dazu da ist.

Ein Herz für Tiere, von Anfang an

Schon als das Haus in den 1990er-Jahren gebaut wurde, hatte die naturwissenschaftlich ausgebildete und ökologisch handelnde Besitzerin ganz bewusst möglichst viele Lebensräume in den neuen Garten eingeplant. Inzwischen ist der Garten sehr schön eingewachsen, die Gehölze haben ihre endgültige Größe erreicht. Am wichtigsten war den Bauherren das Vogel-Eck mit heimischen, Früchte tragenden Gehölzen wie Weißdorn *(Crataegus monogyna)*, Heckenkirschen *(Lonicera* spp.), einer Kornelkirsche *(Cornus mas)*, Schneebällen *(Viburnum lantana* und *V. opulus)* und Wildrosen *(Rosa canina, R. majalis, R. glauca)*. Die Vögel brüten und verstecken sich darin und ernähren sich davon. Um möglichst viel Leben und heimische Pflanzen unterzubringen, wurde ein kleiner, aber 1,80 m tiefer Teich gebaut. Anfangs sprangen im Sommer die Kinder der Familie hinein, jetzt ist er ein von Schwertlilien gesäumtes Paradies für Grasfrösche, Libellen und andere Teichbewohner. Rückzugsorte für weitere Wildtiere sind: kleine Steinhaufen hinter Sträuchern, Totholz, der ehemalige Sandkastenbereich, den nun Blindschleichen bewohnen, und jede Menge Nistkästen für Vögel am Haus. Der Schuppen wurde zur wetterabgewandten Seite nicht ganz abgedichtet, als Einladung für Siebenschläfer und vielleicht einmal für Fledermäuse.

Der über Jahre eingewachsene Teich lockt Amphibien und Reptilien in den Garten.

LEGENDE:

1 Nachtfalterbeet
2 Obstgarten (Zwetschge und Beerensträucher)
3 Blumenrasen und Stauden
4 Vogelnährgehölze
5 Stehendes Totholz
6 Teich
7 Holzterrasse mit Rosenbögen
8 Gemüsegarten mit Hochbeeten
9 Kletterpflanzen am Holzzaun
10 Apfelbaum
11 Ramblerrosen
12 Schotterpflaster
13 Steinmäuerchen mit Bibernell-Rosen

Am Hanichl-Zaun blüht immer eine der Kletterpflanzen, welche die Privatsphäre im Garten schützen.

Das tote Holz des gekappten Kirschbaums wurde binnen kurzer Zeit von Flechten und Pilzen besiedelt.

Insektennahrung rund ums Jahr

Der Gartenbesitzerin ist die oft prekäre Nahrungssituation früh im Jahr ausfliegender Insekten bewusst und sie mag Hummeln besonders gerne. Deshalb darf sich die Gewöhnliche Goldnessel *(Lamium galeobdolon)*, ein Lippenblütler, der bereits ab April in frischem Gelb blüht, im Garten ausbreiten. Überall verstreut im Garten wachsen dazu auch klassische Stauden wie der Punktierte Gilbweiderich *(Lysimachia punctata)*, die Sonnenbraut *(Helenium* spp.), Pfingstrosen *(Paeonium* spp.), der Rote Scheinsonnenhut *(Echinacea purpurea)*, Herbst-Anemonen *(Anemone hupehensis)* oder Astern.

Für Nachtfalter

Im Halbschatten des Zwetschgenbaums ist ein Beet mit Mondviole *(Lunaria rediviva* und *L. annua)*, Seifenkraut *(Saponaria officinalis)*, Fingerhut *(Digitalis purpurea)* und Nachtkerze *(Oenothera biennis)* bepflanzt. Das Beet befindet sich nahe beim sich zum Garten öffnenden Wintergarten, sodass auch die Gartenbesitzer abends von den Aromen der Nachtdufter profitieren. In der Dämmerung kommen Fledermäuse vorbei, um sich die Nektar tankenden Nachtfalter zu schnappen. Ein Nachtfaltergarten ist immer auch ein Fledermausgarten, besonders, wenn wie hier ein Teich zum Trinken zur Verfügung steht.

Totholz im Garten

Den Bauherren war die Bedeutung von Totholz bereits bei der Erstanlage des Gartens bewusst, als das noch nicht wirklich thematisiert wurde. Auch heute pflegen sie den Garten mit Rücksicht auf dieses Kriterium. Der krank gewordene Kirschbaum wurde deshalb nicht komplett gerodet, sondern nur gekappt. Der Rest darf als Totholz noch Moosen, Flechten und Pilzen eine Lebensgrundlage bieten und Vögeln ein Ausguck sein. Die Gartenbesitzerin hofft außerdem darauf, dass künftig noch ein Specht einzieht. Umgefallene Stämme und Äste dürfen im Garten liegen bleiben, einige sind von Moos, Farnen und Stauden vielerorts schon komplett überwachsen.

Jede Menge Rambler- und Wildrosen umgeben das Haus, teils an Rosenbögen und Klettergerüsten.

Bühne frei für Kletterpflanzen

Wenn Fläche fehlt, muss man eben in die Höhe streben. Die ungefüllten Ramblerrosen an unzähligen Bögen und Klettergerüsten am und rings um das Haus, wie zum Beispiel die Sorten 'Bobby James', 'Maria Lisa' und 'Paul's Himalayan Musk', sind unkompliziert, wüchsig und im Juni über und über mit Blüten bedeckt. Es summt und brummt hier dann wochenlang.

Am Zaun

Jedes Fleckchen im Garten wird für Grünes genutzt, auch der Hanichl-Zaun an der Ostseite der Grundstücksgrenze wurde komplett bepflanzt. Ein Hanichl-Zaun besteht aus ungleich starken Fichten- oder Tannenästen mit gefaster oder angespitzter Oberseite. Die Hanichl werden senkrecht auf runde oder halbrunde waagrechte Verbinder aus Holz und geschälte Pfähle montiert, die in den Boden geschlagen oder mit Eisen im Boden verankert werden. Es wachsen daran in diesem Garten unter anderem Efeu *(Hedera helix)*, Geißblatt *(Lonicera spp.)*, Wildrosen, Beerensträucher und Wilder Wein *(Parthenocissus tricuspidata)*. Sie bilden eine sommergrüne, teils sogar wintergrüne Sichtschutzwand zum Nachbarn. Hier wird nur geschnitten, wenn eine Art überhandnimmt. Genauso hält es die Gartenbesitzerin auch mit dem Beikraut. Sie jätet und schneidet nur, was überhandnimmt. Das Schnitt- und Jätegut kommt dann auf den Komposthaufen im schattigen Eck hinter dem Zwetschgenbaum, an dem es für die meisten Pflanzen sowieso zu dunkel wäre.

Blumen statt Rasen

Da der Garten wirklich nicht groß ist, haben sich die Besitzer entschieden, komplett auf eine Rasenfläche zu verzichten. Sie wäre zum Federball oder Fußball spielen ohnehin viel zu klein gewesen. Ein kleines Stück grünen Teppich von etwa vier Quadratmetern haben die Gartenbesitzer als Blumenrasen angelegt. Hier schneiden sie den Bewuchs in losen Abständen zurück, um dort

Die umlaufende Holzterrasse, das Steinpflaster vor dem Schuppen und die Mäuerchen sind aus heimischem Material gebaut.

auch mal einen Stuhl aufstellen zu können oder eine Decke auszubreiten. Der Garten lässt sich aber aufgrund der überschaubaren Größe von der umlaufenden schmalen Holzterrasse, dem Wintergarten des Hauses und vom Sitzplatz vor dem Schuppen ebenfalls ganz gut überblicken.

Befestigte Flächen

Weil sich die Besitzer das bunte Treiben in ihrem Garten ganz gern in Ruhe anschauen, gibt es rund um das Haus eine umlaufende Holzterrasse. Um wenig Fläche zu verbrauchen, ist diese aber sehr schmal gehalten. In der Breite bietet sie nur Platz für einen Stuhl.
Ein weiterer befestigter Platz ist vor dem Schuppen eingerichtet. Er dient als Arbeitsplatz für den Hausherrn zum Handwerkern oder als Sitzplatz für bis zu zehn Personen. Der Boden besteht aus einem wasserdurchlässigen Belag aus unregelmäßigen Natursteinen, die breiten Fugen sind mit grobem Splitt und Steinen verfüllt. An den Rändern, an denen die Fläche wenig genutzt und begangen wird, wachsen Kräuter und Stauden, die wenig Wasser und Nährstoffe brauchen wie die Bartblume *(Caryopteris × clandonensis)* und der Echte Dost *(Origanum vulgare)*. Zum Garten hin wird der Platz von einem niedrigen Mäuerchen aus Steinen eingerahmt.

Steinhaufen

Überall im Garten begegnen dem Besucher niedrige Mäuerchen und Haufen aus Steinen, zwischen und auf denen sich viele Gewächse und Tiere angesiedelt haben. Die Steine dienen als Einfassungen und Abgrenzungen, als Blickpunkte und Sonnen- oder Schattenhabitate. Während sie im Schatten mit Moos und Grün verwunschen überwachsen sind, bieten die Steine in der Sonne Eidechsen und anderen wechselwarmen Tieren einen Platz zum Aufwärmen. Im Durchgangsbereich zwischen Hauseingang und Schuppen wachsen auf den niedrigen Steinmauern sogar Bibernell-Rosen *(Rosa pimpinellifolia)*

Gemüse und Obst

Auf der Sonnenseite zwischen begrüntem Zaun und berankter Fassade hatten noch vier Hochbeete, kleine Kräuterbeete zu Fuße der Ramblerrosen sowie ein Apfelbaum Platz. Im Anschluss an das Vogel-Eck wachsen Beerensträucher wie Johannisbeeren, deren Früchte auch den Besitzern schmecken. Nachdem in diesem Garten nach ökologischen Gesichtspunkten gegärtnert wird, verbietet sich der Einsatz von Schneckenkorn. Damit vom Gemüse dennoch etwas zum Ernten übrig bleibt, haben sich die Besitzer für die Errichtung von vier Hochbeeten aus Holz entschieden. Die Höhe erleichtert das Absammeln der unliebsamen Besucher im Beet und es konnte leicht eine Schneckenschutzkante angebracht werden, über die es nicht so viele Exemplare ins Beet schaffen. Die Beete werden in Mischkultur mit den verschiedensten Gemüse-Arten und in mehreren Sätzen nacheinander bepflanzt und gemulcht. Manche Pflanzen, etwa den Fenchel, setzt die Besitzerin nicht für sich bzw. die Verwertung in der Küche, sondern in diesem Fall für die Raupen des Schwalbenschwanzes. Mit schöner Regelmäßigkeit findet der traumhaft schöne Schmetterling deshalb den Weg in ihren Garten.

Artenvielfalt als höchstes Ziel

Durch die vielen verschiedenen Rückzugsräume, die sie geschaffen haben, konnten die Besitzer jede Menge Leben in ihren kleinen Garten holen. Vögel, Insekten, kleine Nager, Frösche und Eidechsen fühlen sich darin genauso wohl wie Igel und nicht zuletzt die Gartenbesitzer selbst. Das Betrachten der verschiedenen Gewächse und Tiere war ihnen mehr wert als viel freier Platz und strikte Ordnung. Zu viel Wachstum wird allerdings auch in diesem sehr naturnahen Garten im Zaum gehalten. Allzu übergriffige Wildpflanzen werden zum Beispiel regelmäßig aus den Staudenbeeten und von den Rankgerüsten entfernt, genau wie Wurzelausläufer von Sträuchern. Alle im Garten verwendeten Materialien stammen aus der Region. Hanichlhölzer und teilweise auch die Steine sind sogar selbst in mühevoller Kleinarbeit gesammelt worden. Mein Wunsch ans Universum: Mögen viele, viele Besitzer kleiner Gärten diesem Beispiel folgen!

In den Hochbeeten wachsen Brokkoli, Salate, Zucchini. Borretsch, Kohlrabi, Dill und weitere Arten in schönster Mischkultur.

Paulas Garten

Steckbrief Garten

→ Größe in m²:
575 m² aufgeteilt auf zwei große, aber zusammenhängende Bereiche

→ Lage und Ausrichtung des Gartens:
westlich von Wien, auf 280 m über dem Meeresspiegel, an einem Nordhang

→ Bestand:
eine große Fichte an der Südostseite; ein alter Apfelbaum mit ausgezeichneten Früchten, eine große Korkenzieher-Weide sowie eine Fliederhecke hinter dem Haus; im vorderen Garten alte Betonflächen

Zuerst hielt sich meine Begeisterung für die Eigenschaften des Gartens in Grenzen. Nordseitige Hanglage, lehmiger Boden und ein Haus in der Mitte des Grundstücks sind nicht wirklich optimale Voraussetzungen. Bei näherer Betrachtung ergaben sich aber auch viele Vorteile.

Der hintere Garten am Hang

Aufgrund der Hanglage konnten mehrere Ebenen geschaffen werden, die teilweise durch Trockenmauern als wertvolle Rückzugsorte für Reptilien und Käfer abgegrenzt wurden. Durch das in der Mitte gelegene Haus ergaben sich verschiedene Gartenräume, die zu unterschiedlichen Tages- und Jahreszeiten genutzt werden können. Der schattige Bereich hinter dem Haus bewährt sich im Sommer in Zeiten der Klimaerwärmung. Vom Haus tritt man dort auf eine Lärchenholzterrasse, die den Hang ausgleicht. Der Platz reicht für Tisch und Bänke für ein geselliges Essen für acht Personen. Konkurrenz machen mir und meinen Gästen hier nur die Gartenvögel, denn dort hängen diverse Behälter mit Vogelfutter, mit dem ich die Vögel das ganze Jahr über unterstütze. Das bunte Treiben ist von der Küche aus wunderbar zu beobachten.

Die Teichebene

Klein, aber kühl, könnte man sagen, denn der Badebereich ist nur 12,5 m² groß. Das reicht allerdings völlig zum Planschen und Abkühlen. Rundherum befindet sich die Pflanzenzone, die mit einem von einer Luftpumpe betriebenen Bachlauf bis in den vorderen Gartenbereich reicht. Tritt der Teich nach Starkregen über seine Ufer, versickert das Wasser über die bepflanzte Sickermulde ins Grundwasser.

Eine Erfrischung an heißen Tagen verspricht der schattig gelegene Schwimmteich mit Pflanzenzone im hinteren Bereich meines Gartens.

LEGENDE:

1 Sonnenhecke
2 Trockenmauer, davor Weg als Schotterrasen
3 Pflanzenzone (30 m^2)
4 Badezone (12,52 m^2)
5 Holzdeck
6 Sitzstein
7 Fichte
8 Komposthaufen
9 Asthaufen
10 Schattenhecke
11 Korkenzieher-Hängeweide

Integrierter Gehölzbestand

Die große alte Fichte ist Rückzugsort und Ansitz für Eichhörnchen und zahlreiche Vögel, einmal hat sogar ein Turmfalke dort gebrütet. Die darunter liegenden Ast- und Komposthaufen macht sich unter anderem der Zaunkönig zunutze. In der alten Fliederhecke haben sich inzwischen auch Holunder *(Sambucus nigra)* und Trauben-Kirsche *(Prunus padus)* ganz von selbst eingefunden. Das macht nichts - im Gegenteil: es führt zu Artenreichtum und wir profitieren auch davon: in Form von Hollersirup. Der Sträucher-Querriegel verdeckt einen Höhensprung zur oberen Schwimmteichebene.

Der vordere Gartenbereich

Die Vorbesitzer hatten hier einige Flächen betoniert. Teile des alten, fugenreichen Betons blieben als Weg erhalten, der Rest wurde abgeschremmt. In diesem Bereich entstand ein Kalkschotterbeet für Pflanzen wie Kartäuser-Nelke *(Dianthus carthusianorum)*, Wegwarte *(Cichorium intybus)* oder Felsennelke *(Petrorhagia saxifraga)*, die einen mageren, sonnigen und trockenen Platz lieben. Zur Straße hin blieb ein ca. 30 m^2 großes Beet für Hochstauden, die gut auf dem vorhandenen nährstoffreichen Lehmboden wachsen. Hier wetteifern Nachtkerze *(Oenothera biennis)*, Engelwurz *(Angelica archangelica)*, Blutweiderich *(Lythrum salicaria)* und Schmalblättriges Weidenröschen *(Epilobium angustifolium)* miteinander.

An den Bauwerken

Im doch recht kleinen Garten sollte die Vertikale genutzt werden, deshalb habe ich die Garage mit dem Wilden Wein der Sorte 'Veitchii' *(Parthenocissus tricuspidata* 'Veitchii') und einer Edel-Weinrebe der Sorte 'Isabella' begrünt. Würde ich Wein aus diesen Trauben keltern, ergäbe das den in Österreich berühmt-berüchtigten Uhudler. Das eher langweilige Haus aus den 1960er-Jahren erhielt nach vorne hin eine schmale Pergola, die die bereits vorhandene kletternde Rose, wahrscheinlich eine *Rosa multiflora*-Sorte, stützt. Auf der anderen Seite der Pergola rankt ein Wald-Geißblatt *(Lonicera periclymenum)* empor, es duftet in der Dämmerung und ist ein richtiger Nachtfaltermagnet. Dort ist mein Lieblingsplatz, um entspannt der Sonne beim Untergehen zuzusehen.

Alte und neue Pflanzen

Der alte Apfelbaum mit seinen wohlschmeckenden Früchten durfte selbstverständlich bleiben, ansonsten wurde die vorhandene konventionelle Bepflanzung größtenteils durch Wildpflanzen ersetzt und ein Hochbeet für Gemüse errichtet. So habe ich ausnahmslos alle der vielen Taglilien *(Hemerocallis)* entfernt, mir sind sie optisch zu grasartig. An der Stelle beherbergt heute die Sickermulde unter anderem Mädesüß *(Filipendula ulmaria)*, Wasserdost *(Eupatorium cannabium)* und Wald-Ziest *(Stachys sylvatica)*.

Das Hochbeet

Mein Gemüsebeet beinhaltet aufgrund der regelmäßigen Nacktschneckeninvasionen in meinem Garten nur Schnittlauch *(Allium schoenoprasum)*, Schnittknoblauch *(A. tuberosum)*, Knoblauch *(A. sativum)*, Winterheckenzwiebel *(A. fistulosum)* und Rucola *(Eruca sativa)*. Dazwischen wachsen Borretsch *(Borago officinalis)* und Ringelblume *(Calendula officinalis)*.

Der Pflegeaufwand

Der Heckenschnitt im Winter und das Jäten der Staudenbeete kosten mich etwa 30 Stunden pro Jahr, die Teichpflege beläuft sich auf ca. zehn Stunden. Mit dem Mähen von Rasen und Blumenwiese, die ich auf dem öffentlichen Grund zur Straße anlegen durfte, bin ich ebenfalls zehn Stunden pro Jahr beschäftigt. Genaue Zeitangaben zu machen fällt mir allerdings schwer, denn oft ist es nur eine halbe Stunde Zupfen hier und Schneiden da, alles sehr kontemplativ.

Einer meiner Lieblingsplätze in meinem Garten ist die Gartenbank unter dem duftenden Wald-Geißblatt *(Lonicera periclymenum)* vor dem Haus.

LEGENDE:

1 Bauerngarten
2 Apfel-Hochstamm bestehend
3 Kiesgarten mit Kalkschotterbeet
4 Trockenmauern
5 Sickermulde
6 Pergola mit Heckenkirsche und Kletterrose
7 Hochbeet für Gemüse
8 Pumpenbetriebener Bachlauf zum Teich
9 Holzdeck in Sitzhöhe
10 Weg aus Pflasterresten
11 Gemischte Blütenhecke
12 Begrüntes Dach

Die unverwüstlichen Mauerpfeffer-Arten blühen auf meinem Garagendach selbst in südexponierter Lage unverdrossen.

Mein begrüntes Garagendach

Die alte Garage, die zum Haus gehört, hatte ein nicht besonders attraktives, aber nur gering geneigtes Eternitdach und hat sich so als Ort für eine Dachbegrünung richtiggehend angeboten. Abgedichtet habe ich das Dach mit Butylkautschukfolie, wie sie auch für Teiche verwendet wird. Eine Abdichtung zusätzlich zur bestehenden Dachhaut ist immer empfehlenswert, da die Feuchtigkeit im Dachsubstrat und Pflanzenwurzeln in kleine Undichtheiten quasi hineinkriechen können. Von unbegrünten Dächern dagegen läuft Regenwasser schnell ab und deshalb über kleine Löcher meist hinweg.

Extensivbegrünung

Bei der Begrünung handelt es sich um eine Extensivbegrünung, die Substratschicht ist nur 5 cm hoch. Es gibt dafür eigens zusammengestellte Dachsubstrate, teilweise mit wasserspeicherndem Ziegelsplitt. Ein Gründach selbst anzulegen empfiehlt sich nur bei kleinen Bauten wie Garage, Carport, Mülltonnenhäuschen oder Geräteschuppen. Erstens wegen möglicher Dichteprobleme, zweitens wegen der Dachlast. Im Zweifel ist aber auch hier ein Statiker heranzuziehen, es geht ja nicht nur um die Auflast durch nasse Erde, sondern zusätzlich um eine eventuelle Schneelast etc. Ein Wohngebäudedach würde ich nur von einer Fachfirma begrünen lassen. Mein Garagendach ist jedenfalls ein Bonus für die Artenvielfalt. Es trägt Hauswurzen *(Sempervivum* spp.), verschiedene Mauerpfeffer-Arten *(Sedum sexangulare, S. album)*, Zwerg-Schwertlilie *(Iris pumila)* und Berg-Lauch *(Allium lusitanicum)*. Interessant ist, wie unterschiedlich sich die Artenzusammensetzung auf der süd- und der nordexponierten Seite entwickelt hat, obwohl beide Seiten gleich bepflanzt wurden und die Neigung nur je 15 ° beträgt. Trotzdem scheint die Südseite wirklich deutlich trockener zu sein, denn hier haben sich nur Hauswurzen und Mauerpfeffer auf lange Sicht gehalten.

Die „Willkommenskultur“ pflegen

In meinem Garten, eigentlich in allen Naturgärten, herrscht eine Willkommenskultur für Pflanzen, die von selbst in den Garten kommen. Die Tür gewiesen wird nur invasiven Neophyten (siehe Seite 15). Andere Arten, die sich wohlfühlen, dürfen in einem gewissen Rahmen bleiben. So hat sich bei mir unter dem Apfelbaum die Wald-Witwenblume *(Knautia maxima)* ziemlich ausgebreitet, nur die Akelei *(Aquilegia* spp.) schafft es durch fleißige Selbstaussaat immer wieder, Lücken zu finden. Sogar die an sich unverwüstliche Pfefferminze *(Mentha × piperita)* wurde von „der Witwe“ verdrängt. Am Rand konnten sich Wald-Erdbeeren *(Fragaria vesca)* halten und ich habe zwischen die Witwenblumen Zwiebel von großblütigen, hochwüchsigen Zier-lauch-Sorten wie *Allium aflatunense* 'Purple Sensation' und die *Allium*-Hybride 'Globemaster' gesetzt, die über die Blattrosetten ragen. Die Wilde Waldrebe *(Clematis vitalba)* hat sich selbst am Fuß der Garage angesiedelt. Ich muss sie jährlich kräftig zurückschneiden, sonst überwuchert sie das Garagendach. Brennnesseln *(Urtica dioica)* fühlen sich auf meinem schweren, nährstoffreichen Boden auch wohl. An den Rändern des Gartens dürfen sie bleiben, auch am Zaun zur Blumenwiese.

Wildobst

Die wilden Brombeeren, die von selbst kamen, entferne ich allerdings aus den Beeten. Die Beeren sind zwar gut, die stacheligen Ranken werden aber in kürzester Zeit zu einem undurchdringlichen Gestrüpp. Von selbst angesiedelt hat sich auch eine Kriechen-Pflaume *(Prunus domestica)*. Sie hat in zehn Jahren ein Rekordwachstum auf fast 10 m Höhe hingelegt. Grundsätzlich mag ich das Wildobst, die gelben „Kriacherl“ sind auch sehr geschmackvoll. Nur den Platz hätte der Baum besser wählen können, der Großteil seiner Früchte landet nämlich im Schwimmteich und dient dort leider als Nährboden für Algen. Da heißt es für mich im Sommer rechtzeitig „Kriacherl“-Fischen.

Jeden muss man nicht mögen

Trotz meiner großen Liebe zu den Wildpflanzen versuche ich tatsächlich regelmäßig, eine Art loszuwerden, nämlich die Nelkenwurz *(Geum urbanum)*. Ich gebe zu, mir gefallen ihre kleinen gelben Blüten nicht besonders, und sie nützt wirklich jede Ritze. Das wird mir einfach zu viel. Gut geeignet ist sie allerdings für schattige Innenhöfe mit schweren Lehmböden. Sie gehört zu den ganz wenigen Pflanzen, die dort dauerhaft überlebensfähig sind.

Entlang des alten Betonwegs haben sich viele Stauden zu einer Wildblumengesellschaft zusammengefunden, die teils sogar die Ritzen besiedelt.

Vor dem alten Apfelbaum behauptet sich die Wald-Witwenblume *(Knautia maxima)* gegen Akelei *(Aquilegia)*, Zier-Lauch-Arten, Wald-Erdbeere *(Fragaria vesca)* u. a.

Mein Schwimmteich

Aus einer Anfrage, einen Schwimmteichbau für eine Fernsehsendung zu filmen, entstand mein kleiner Schwimmteich. Wir genießen ihn, auch wenn er nur 12,5 m^2 Badefläche bietet, denn zum Abkühlen in heißen Sommern reicht die Größe völlig. Und was täglich in der Welt der Amphibien, Libellen und gelegentlich einer Ringelnatter geschieht, ist besser als Kino. Der Badebereich ist 2 m tief, so bleibt das Wasser auch im Hochsommer schön kühl. Zudem ist der Teich eingerahmt von Hecken und Bäumen. Zur Kriechen-Pflaume kommen noch zwei Birken, die so platziert wurden, dass sie den Blick des Nachbarn auf das Liegedeck verstellen. Außerhalb des Zauns hat sich eine Hainbuche zu einem stattlichen Baum entwickelt. Sie wird demnächst ein wenig eingekürzt und mit einer Ramblerrose versehen, quasi als Wachstumsbremse. Auch eine bleistiftdünne Weide hat sich inzwischen gut entwickelt. Weil die Bäume aber viel Schatten und Laub werfen, hätte ich sie im Nachhinein anders gesetzt.

Ein Bach durchs Grundstück

Vom Schwimmteich weg führt ein kleiner Bachlauf in den vorderen Garten, mit dem Überlauf in die Sickermulde. Diesen Bachlauf mag ich sehr. Der Sumpf- und Flachwasserbereich bietet Raum für Blühpflanzen wie Schwanenblume *(Butomus umbellatus)*, Fieberklee *(Menyanthes trifoliata)* und Sumpf-Blutauge *(Comarum palustre)*. Und das flache, mit vielen Steinen gestaltete Bachbett ist ideal für trinkende und badende Vögel. Durchs Fenster kann ich gut beobachten, wie Meise und Co in der angrenzenden Hecke die Lage sondieren, bevor sie sich ins Badevergnügen stürzen.

Das viele Grün um meinen Schwimmteich ist nun fast schon zu viel. Ein paar Bäume werden bald etwas eingekürzt, um mehr Sonne durchzulassen.

In alten Weinfässern lassen sich sehr gut Miniteiche anlegen. Meines ist mit einer Seerose und Unterwasserpflanzen bepflanzt.

Der Bachlauf ist mit der gleichen Butylkautschukfolie abgedichtet wie der Badeteich, so war eine dichte Verbindung (Vulkanisierung) kein Problem. Der Bach benötigt an sich kein Gefälle, das Wasser wird mit einer schwachen Luftpumpe nach dem Lufthebersystem bewegt. Aus optischen Gründen hat er dennoch ein kleines Gefälle von ca. drei Prozent, das wirkt irgendwie natürlicher. Mein Garten liegt an einem Hang, so musste auch hier ein Höhenunterschied überwunden werden. Dies machte eine Mauer von ca. 60 cm Höhe entlang des Baches notwendig. Sie ist mit Lärchenholzbrettern abgedeckt, so kann man auf ihr laufen oder darauf sitzen. Durch den Schwung im Bachlauf ergab sich eine Nische, gerade groß genug für eine kleine Bank in der Sonne an der Hausmauer.

Die Sickermulde

Die Sickermulde für den Überlauf von Bach und Teich hat ca. 12 m^2 Fläche, das reicht gut, um auch den Regen von der ca. 45 m^2 großen Dachhälfte aufzunehmen und versickern zu lassen. Als Faustformel geht man für die benötigte Sickermuldenfläche von 20 Prozent der Dachfläche aus. An der tiefsten Stelle sollte die Mulde nicht mehr als 30 cm tief sein, sonst steht das Wasser zu lange und verschlämmt die Erdporen.

Eine Sickermulde bietet auch in Gärten ohne Teich einen Standort für Feuchtpflanzen wie Mädesüß *(Filipendula ulmaria)*, Blutweiderich *(Lythrum salicaria)* und Wasserdost *(Eupatorium cannabium)*. An den Rändern fühlen sich wassertolerante Arten wohl, z. B. der Heil-Ziest *(Betonica officinalis)* oder die Bach-Nelkenwurz *(Geum rivale)*.

Miniteich im Weinfass

Weil damit für meinen Geschmack noch nicht genug wasserbezogene Elemente im Garten waren, habe ich zu den Regenrinnen der Garage und einer Hausseite alte Weinfässer platziert. Regen vom Garagendach wird zuerst vom Gründach aufgesaugt, der Rest gelang in das erste Fass. Das Zulaufrohr ist dicht in den Holzdeckel eingepasst, so können Stechmücken keine Eier darin ablegen. An einem Messinghahn im unteren Drittel des Fasses kann ein Schlauch montiert werden, um das gesammelte Regenwasser zum Gießen des Hochbeets zu verwenden. Knapp unter dem Deckel ist ein Überlaufrohr eingebaut, so gelangt Überschusswasser in das nächste, etwas tiefer stehende Fass. Dieses ist oben offen, aber mit einer Seerose und Unterwasserpflanzen bepflanzt, wodurch sich ein Minibiotop mit Fressfeinden der Mückenlarven entwickelt hat.

Haus auf dem Land

Steckbrief Garten

→ Größe in qm:
4400 m^2, ein kleinerer Teil vor und ein großer hinter dem Haus

→ Lage und Ausrichtung des Gartens:
im Burgenland, 150 m langes und nur 30 m breites Grundstück mit Quergefälle; der Länge nach fast direkt nach Süden ausgerichtet

→ Bestand:
kein Bestand, es gibt aber Altlasten im Boden aus der vorherigen landwirtschaftlichen Nutzung des Grundstücks, dem konventionellen Anbau von Mais

Wien ist eine wunderbare Stadt, aber eine Wohnung in einem dicht bebauten Gebiet ist für Kinder nicht das ideale Freizeit-Umfeld. Deshalb kaufte eine junge Familie mit zwei Töchtern im Kindergarten- bzw. Grundschulalter vor ein paar Jahren ein großes Grundstück im Burgenland, ca. eineinhalb Stunden Fahrzeit von Wien entfernt, um darauf ein Wochenend- und Ferienhaus zu errichten. Das Burgenland zeichnet sich durch eine hohe Zahl an Sonnenstunden und eine geringe Menge an Niederschlag aus. Das gewählte Grundstück war mit fast 4500 m^2 sehr groß, aber lang und schmal und noch völlig blank. Die Familie wünschte sich einen Naturgarten mit Schwimmteich, verschiedenen Strukturen, Spielbereichen für die Kinder, Blumenwiesen und einer großen Artenvielfalt. Geplant werden sollte so, dass alles Schritt für Schritt umgesetzt werden konnte. Ein interessantes Projekt mit sehr vielen Möglichkeiten für eine Landschaftsplanerin wie mich.

Hanglage und Wassermanagement

Das ganze Grundstück wies quer eine Hanglage auf, die eingeebnet bzw. aufgelöst werden sollte. Dazu wurde vom oberen Nachbargrundstück ausgehend ein kurzer Steilhang bis zum Wunschniveau modelliert. Am Fuß dieses Steilhanges wurde eine flache Sickerrinne ausgebaggert, über die das Hangwasser Richtung Straße ablaufen kann. Die Restfläche wurde so bis auf ein kleines Gefälle hangabwärts fast eben. Das Gefälle von drei bis fünf Prozent sorgt dafür, dass sich im Garten keine Mulden bilden, in denen Regenwasser stehen bleibt. Um den Schwimmteich wurde das Gefälle vom Teichrand weg angelegt, an einer Seite also gegen den Hang zum Sickergraben hin.

Eine kurze, steile, bepflanzte Böschung sorgt für ein fast ebenes Grundstück.

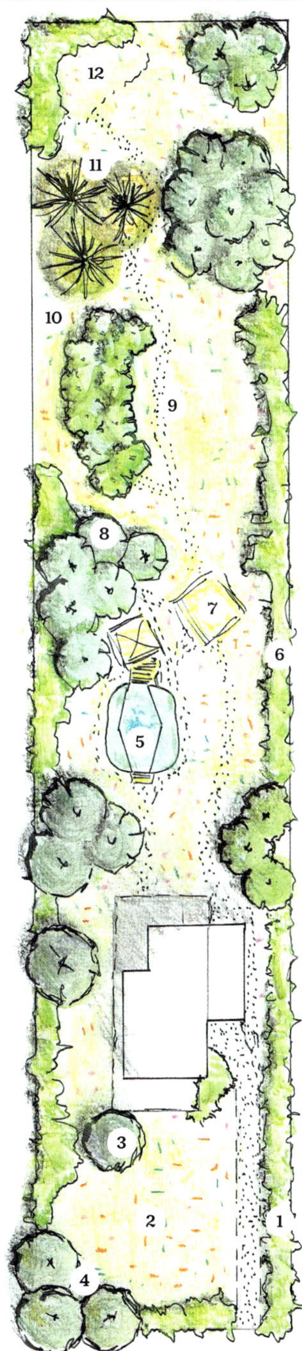

LEGENDE:

1 Rosenhecke
2 Blumenwiese
3 Mehlbeere
4 Ebereschen
5 Schwimmteich
6 Gemischte Blütenhecke
7 Kinderspielplatz
8 Birkenwäldchen
9 Ausgemähter Weg/Schotterweg
10 Hügel mit Spieltunnel
11 Föhren
12 Aussichtshügel

Vom lang gestreckten hinteren Garten überblickt man vom Haus aus nur den Schwimmteich und den Kinderspielplatz, der Rest ist Rückzugsort.

Die Gartenbereiche

Da der Platz für das Haus feststand, ergaben sich ein vorderer und ein hinterer Garten. An den Rändern des **vorderen Gartens** wurden Bäume gesetzt: Eberesche *(Sorbus aucuparia)*, Mehlbeere *(Sorbus aria)*, Trauben-Kirsche *(Prunus padus)* und Maulbeere *(Morus alba)*. Dazu heimische Sträucher, die die burgenländische Trockenheit tolerieren: Hunds-Rose *(Rosa canina)*, Rotblatt-Rose *(Rosa glauca)*, Apfel-Rose *(Rosa villosa)* und Bibernell-Rose *(Rosa pimpinellifolia)*, dazu Schlehe *(Prunus spinosa)* und Weißdorn *(Crataegus monogyna)*. Unter der Hauptfläche verlaufen Rohre für die Wärmepumpe, sodass darüber nur flachwurzelnde Blumen für eine Blumenwiese gesät und keine Sträucher oder Bäume gepflanzt werden konnten.

Hinter dem Haus ergab sich ein angenehmer Sitzbereich im Hausschatten, mit Blick auf die Weiten des 150 m langen Grundstücks. In 20 m Entfernung vom Haus befindet sich der Schwimmteich mit rund 80 m^2 Gesamtfläche, die Hälfte davon kann zum Baden genutzt werden. Um die eigenen Kinder zu schützen - und auch eventuelle neugierige Nachbarkinder oder Rehe -, wurde der Teich extra eingezäunt. Abgesehen von der Katastrophe, wenn ein Mensch ertrinken würde, haften Grundstücksbesitzer auch für die Folgen ungeschützter Gefahrenbereiche. Anschließend an den Schwimmteich habe ich ein Birkenwäldchen verortet, das hatte die Bauherrin angeregt, die finnische Wurzeln hat. Aktuell, sechs Jahre nach der Pflanzung, lässt es sich in dessen lichtem Schatten schon angenehm dösen.

Die große Blumenwiese

Generell ist so ein weitläufiges Grundstück für eine reine Wochenendnutzung natürlich eine Herausforderung. Darum wurde ein Großteil der Fläche als Blumenwiese angelegt, die Stück für Stück mit einem Balkenmäher, einer Sense oder Motorsense gemäht wird. Für die Insekten ist dieses Stückwerk ideal, so bleiben immer blühende Bereiche stehen. Hier fällt viel Schnittgut an, das anfangs kompostiert wurde, inzwischen aber von einem Bauern der Umgebung abgeholt und dann an Vieh verfüttert wird. Mit den Jahren werden die zu mähenden Flächen immer kleiner werden, Sträucher und Bäume breiten sich aus, was sie in diesem Fall auf der großen vorhandenen Fläche auch dürfen. Es wurden also viele Quadratmeter mit verschiedenen Blumenmischungen angesät. Nötige Wege wurden einfach ausgemäht. Nach zwei Jahren war klar, welche Wege am häufigsten begangen wurden. Diese hat man im Nachhinein noch gekiest.

Erschwerte Bedingungen

Allerdings gab es eine erschwerte Ausgangslage: Auf dem Grundstück baute ein Landwirt vorher Mais an. In der konventionellen Produktion werden beim Maisanbau selektive Herbizide gegen zweikeimblättrige Pflanzen, also gegen alle Pflanzen außer Gräsern, eingesetzt. Sie wirken leider noch Jahre nach dem Einsatz nach. Zudem baut der Landwirt auf dem angrenzenden Grundstück weiterhin Mais an, weshalb damit zu rechnen war, dass Herbizide und Düngemittel auf das Grundstück geschwemmt oder geweht werden könnten. Als Barriere ist deshalb eine Hecke an der Grundstücksgrenze gesetzt, die allerdings erst einmal wachsen muss. Die Sickerrinne am Fuß der Böschung leitet die Abschwemmungen ab. Trotz der Maßnahmen keimte die Blumenwiese am Anfang eher zögerlich, konkurrierende Schadgräser wie Hühnerhirse *(Echinochloa crus-galli)* liefen auf und mussten kontinuierlich gejätet werden. Hühnerhirse will eigentlich bis zu 1,5 m hoch werden, passt sich aber auch an die Mahd an, wird flach und flacher und blüht trotzdem. Sie ist einjährig und nicht frosthart, aber da sie munter Samen verbreitet, wird man sie nicht so leicht los. Sie liebt nährstoffreiche Böden und verdichtete Flächen.

Aus Erfahrung wird man klug

Im Nachhinein gesehen, wäre es besser gewesen, erst einmal nur die Bereiche, die betreten werden müssen, mit Blumenrasensaatgut anzusäen, also die Flächen um das Haus, um den Schwimmteich herum und den Zugang zum Schwimmteich. Auf den restlichen 3500 m² hätte man im ersten Jahr Starkzehrer wie Sonnenblumen säen können. Diese wurzeln tief, lockern also den verdichteten Boden auf und entziehen ihm viele Nährstoffe. Ob diese trotz der selektiven Herbizide besser aufgelaufen wären als die Blumenwiese, wage ich allerdings nicht zu beurteilen. Denn es wurden auf kleineren Bereichen im Beispiel auch nicht winterharte Gründünger-Pflanzen (Phacelia, Bohnen, Buchweizen) ausgesät, die ebenfalls nur schwach gewachsen sind. Ich vermute, das lag an den Herbizidrückständen im Boden. Man kann

In der mittlerweile dichten Blumenwiese blühen im Sommer Hornklee, Wilde Möhre, Kartäuser-Nelke, Vogelwicke und vieles mehr.

Weil die Einfahrt mit den Rasengittersteinen nicht oft befahren wird, können sogar hier Nachtkerzen, Kartäuser-Nelken und Wilde Möhre zur Blüte kommen.

Inzwischen ist der Kinderspielplatz von Wiese und Bäumchen umgeben, es zirpt und zwitschert überall.

Zum Schutz vor hungrigen Rehen und Kaninchen erhielten die jungen Obstbäume Stammschutzmanschetten.

aber immer auf Mutter Natur vertrauen. Auch wenn die eigene Blumenwiese wie hier zuerst spärlich scheinen mag, sollte man trotzdem auf eine Nachsaat verzichten. Auch die Spätstarter keimen noch, durch Nachsaat würde alles zu dicht werden. Inzwischen ist im Beispiel alles schön eingewachsen.

Der Schwimmteich

Als Hit erwies sich von Anfang an der Schwimmteich: für die Kinder und als Lebensraum für Tiere, besonders in dieser trockenen Gegend. Libellen schwirren in großer Zahl durch den Garten, viele Vögel kommen zum Trinken. Wegen des örtlichen Klimas habe ich den Schwimmbereich etwas tiefer geplant als die üblichen 2 m, nämlich 2,20 m, damit auch im Hochsommer das Wasser nicht zu warm wird. Der Teich verfügt über keine Technik, nur ein Saugroboter wurde nachträglich angeschafft. Er saugt selbsttätig über die Betonplatten des Schwimmbereichs. Eine gute Lösung für größere Badebereiche, die man mit dem normalen Absauggerät, das im Grunde wie ein Unterwasserstaubsauer funktioniert, nicht flächendeckend erreicht. Der Roboter wird nur eingeschaltet, wenn die Besitzer anwesend sind, der angesaugte Mulm muss von Zeit zu Zeit ausgeleert werden.

Kinderspielbereich und Grundstücksende

Ein Teil des Aushubs vom Hausbau wurde 40 m vom Haus entfernt als flacher, leicht gebogener Hügel aufgeschüttet und mit Sträuchern so bepflanzt, dass sich eine tunnelartige Versteckhecke für die Kinder ergab. In die Nähe kamen noch die Spielgeräte für die Kinder. Das Ende des Gartens habe ich mit Baum- und Strauchgruppen strukturiert. Gepflanzt wurden unter anderem Österreichische Schwarzföhre *(Pinus nigra* subsp. *nigra)*, Edel-Kastanie *(Castanea sativa)* und Faulbaum *(Frangula alnus)*. Dazu kamen noch Obstgehölze: Birnen, Äpfel, Marillen, Quitten, Mispeln und Pflaumen vor allem in alten Sorten aus der Region. Wenn sie verfügbar sind, sollte man regionale Sorten wählen, erstens, weil sie ans örtliche Klima angepasst sind, und zweitens, um sie in ihrer Vielfalt zu erhalten. In Zeiten des Klimawandels lohnt es sich, jene auszuwählen, die mit Trockenheit zurechtkommen.

Achtung, hungrige Nachbarn

Einen weiteren erschwerenden Faktor im vorliegenden Fall stellte der nahe gelegene Wald dar, in dem viele Rehe leben, die sich nachts und in der Dämmerung über junge Bäume und Sträucher hermachen. Die frisch gepflanzten Gehölze mussten daher zu Beginn leiden. Ein Zaun wäre somit in diesem Fall eigentlich dringender gewesen als der Schwimmteich. Den Zaun hätte man anfangs zusätzlich gegen die Abdrift von Herbiziden und Dünger nutzen können, in dem man Schilfmatten darin hätte anbringen können, denn die gegen die Abdrift eingesetzte Hecke war am Anfang noch zu lückenhaft und wurde ebenfalls durch Rehverbiss geschädigt. 400 Laufmeter Zaun kosten allerdings eine ganz schöne Stange Geld. Der Zaun wurde also erst nach drei Jahren errichtet, die einzelnen Gehölze bis dahin mit Schutzmanschetten und Gittern gegen Verbiss gesichert.

Kommt Zeit, kommt Rat

Denken Sie an solche Umstände bei Ihrer Planung, bedenken Sie aber ebenfalls: Auch ein Naturgarten braucht seine Zeit. Auf diversen Webseiten findet man meist nur die schönsten Beispiele für Naturgärten im Optimalstadium, nicht deren Anfänge. Ein frisch angelegter Naturgarten ist wie ein Kleinkind: es kann schon einiges, macht aber auch Blödsinn. Am Ende wird alles gut, und wenn es noch nicht gut ist, ist es noch nicht das Ende.

Der Schwimmteich lädt die Kinder im sonnenverwöhnten Burgenland zum Reinspringen ein, die Tiere profitieren von den Sumpfzonen.

Der Garten im Garten

Steckbrief Garten

→ **Größe in qm:**
600 m², in drei Teilen

→ **Lage und Ausrichtung des Gartens:**
in Nord-Süd-Lage ausgerichtet; von der Straße weg leichtes Gefälle bis zur Quermauer, abgetrennter ebener Innenhof, stärkeres Gefälle hinter dem Haus

→ **Bestand:**
Garten mit separatem Innenhof, trennende Betonmauer mit Glyzinie (*Wisteria sinensis)* begrünt, Flugdach

Die aktuellen Besitzer hatten das Haus komplett mit fertigem Garten vor wenigen Jahren übernommen, wollten den Garten aber umgestalten: alles sollte naturnah und insektenfreundlich werden und für der Innenhof sollte eine Lösung her. Der Innenhof, eine durch zwei Betonmauern und das Haus abgeschottete Fläche von 120 m² in der Mitte des Grundstücks, heizte sich im Sommer fast unerträglich auf. Die aufgrund des Klimawandels zunehmenden Hitze- und Trockenperioden würden die Situation in den nächsten Jahren noch verschärfen.

Die Mauer muss nicht weg

Die Besitzer waren sich nicht sicher, ob der Garten ohne die Mauern nicht viel großzügiger und weitläufiger wirken würde. Ich fand aber den Innenhof eigentlich charmant, an mediterrane Ortschaften erinnernd. Die Mauern empfand ich als schützend. Sie schaffen einen privaten, dem Haus zugeordneten, von der Straße völlig abgeschotteten, ruhigen Bereich. Da auch das Thema „Baden im eigenen Garten" im Raum stand, lag die Lösung auf der Hand: Die Mauern blieben erhalten und der Innenhof wurde durch einen Schwimmteich aufgewertet. Er wurde so zum Zentrum der Freiraumnutzung. Durch die Verdunstung des Wassers von der Oberfläche entsteht jetzt ein angenehmes, kühleres Klima als im zur Straße hin orientierten, südlichen Garten.

Dreierlei vom Garten

Der Gesamtgarten ist jetzt also in drei Bereiche geteilt: den vorderen, südlichen, sonnigen Garten, den abgeschotteten Innenhof mit Badeteich und den Schattengarten hinter dem Haus. Ein wunderbarer Garten, der durch seine Vielfalt wirklich alles bietet: Sonne und Schatten, Wasser- und Trockenflächen, Offenheit und Rückzugsraum.

Kühles Nass sorgt nach der Umgestaltung im Innenhof für ein besseres Kleinklima, für angenehme Sitzplätze und Lebensraum für Tiere und Pflanzen.

LEGENDE:

1 Hochstauden vor Mauer
2 Zufahrt mit Schotterrasen
3 Staudenbeete
4 Blumenwiese
5 Hochbeet
6 Gemischte Hecke
7 Schwimmteich
8 Holzdeck
9 Plattenbelag
10 Begrüntes Dach
11 Schnitthecke
12 Schattenstauden
13 Sauna
14 Kompostplatz

Für die selten genutzte Garageneinfahrt ist Schotterrasen als tragfähiger, aber durchlässiger Untergrund genau richtig. Stauden verdecken später die Betonmauer.

Malven (hier *Malva moschata*) sind pflegeleicht und anspruchslos. Sie stehen bei vielen Insekten sehr hoch im Kurs und blühen ausdauernd..

Der offene Sonnengarten

Der vordere, sehr sonnige Gartenbereich ist von der Straße aus teilweise einsehbar, was die Besitzer nicht stört, da es den Rückzugsbereich im Innenhof gibt. Um eine nachhaltigere und ökologischere Gestaltung dieses Bereichs zu erreichen, wurde die Zufahrt zur Garage entsiegelt und ein Schotterrasen gebaut. Da die Einfahrt selten befahren wird, reichte ein Unterbau aus 15 cm Tragschicht der Körnung 0/45 und darüber 14 cm Kantkorn 0/16. Die Deckschicht besteht aus 1 cm Humus und Quarzsand, die oberflächlich ins Kantkorn eingerecht wurden. An die Mauer am Rand der Zufahrt wurden Hochstauden gepflanzt, die mit dem sonnigen, trockenen Standort gut zurechtkommen: Wegwarte *(Cichorium intybus)*, Natternkopf *(Echium vulgare)*, Malven *(Malva moschata* und *M. alcea)* und Kugeldistel *(Echinops* spp.). Die Zwischenräume wurden mit Kartäuser-Nelke *(Dianthus carthusianorum)*, Lein *(Linum perenne)* und Hornklee *(Lotus corniculatus)* ausgefüllt. Diese Trockenstauden wachsen jetzt auch im dreieckigen Beet gegenüber. So erhält der vordere Garten zusätzliche Pflanzenarten, denn im bereits vorhandenen Beet an der Außenseite der Innenhofmauer wachsen schon Hohe Flammenblume *(Phlox paniculata)*, Hohe Fetthenne *(Hylotelephium telephium)* und Roter Scheinsonnenhut *(Echinacea purpurea)*. Auch diese sind bienenfreundlich.

Blumen statt Rasen

Der vorhandene Rasen im vorderen Garten wurde durch die Bauarbeiten für den Schwimmteich ohnehin sehr beeinträchtigt, also wurde dort massiv Quarzsand eingearbeitet und eine Blumenwiesenmischung angesät. Diese Wiese wird nur zweimal im Jahr gemäht. Wo Wege zum Hochbeet, zur Bank unter dem Baum und in den Schattengarten führen sollen, wird einfach regelmäßiger gemäht. In der Mischung sind genug Arten enthalten, die sich auch für Blumenrasen eignen, wie Kriechender Günsel *(Ajuga reptans)*, Gundermann *(Glechoma hederacea)* und Schafgarbe *(Achillea millefolium)*. Im Sonnengarten hat noch ein Hochbeet für Gemüse Platz gefunden. Da die Gegend sehr ruhig ist und die Straße kaum befahren, schadet die Straßennähe nicht.

Die Dachbegrünung auf Flugdach und Garage

Der Weg zum Haus wird flankiert von der Garage und einer der Innenhofmauern. Das Flugdach in Richtung Innenhof schafft an der Mauer einen regen- und sonnengeschützten Bereich, einen gemütlichen Rückzugsraum mit Blick auf den Teich. Das Dach der Garage und das Flugdach auf der Mauer wurden zu Gründächern umgebaut, mit unterschiedlich hohen Substratschichten und einer kleinen Wassertränke für Vögel, die bei Regen gefüllt ist, aber schon mal austrocknen kann. Durch den unterschiedlich hohen Erdaufbau können sich verschiedene Pflanzenarten etablieren, als weiterer Beitrag zur Artenvielfalt. So findet man neben den üblichen Hauswurzen *(Sempervivum* spp.) und Mauerpfeffern *(Sedum* spp.) auch Gräser wie Zittergras *(Briza media)* und Nickendes Perlgras *(Melica nutans)*. Dazu noch verschiedene Nelkenarten *(Dianthus carthusianorum* und *D. serotinus)*, Steppen-Salbei *(Salvia nemorosa)* und Eisenkraut *(Verbena officinalis)*. Um Regenwasser zu speichern, das dann langsam an die Pflanzen abgegeben wird, wurde hier ein Dachsubstrat mit Ziegelsplitt gewählt. Das Garagendach kann mehr Gewicht tragen, hier gibt es auch Bereiche mit 20 cm Substrataufbau, großflächig sind es aber nur 10 cm. Das schwächere Flugdach hat 6–12 cm Erdauflage. Ein liegender Baumstamm bringt hier das Element Totholz auf das Dach und trägt zum interessanten Anblick vom Obergeschoss des Hauses auf das Dach bei. Die Dachbegrünung ist pfle-

Im kargen Dachsubstrat überleben einige Spezialisten auch Trockenperioden, der tote Baumstamm bietet Abwechslung für Insekten und das Auge.

Für einen gemütlichen Grillabend bietet sich der mit Steinplatten befestigte Platz an, die Holzterrasse am Teich fungiert als Sonnendeck.

geleicht, es muss lediglich einmal im Jahr ein eventueller Gehölz-Aufwuchs entfernt werden. Im Sommer kann der Bewuchs eintrocknen, er sprießt beim nächsten Regen aber wieder. Die kräftige bestehende Glyzinie *(Wisteria sinensis)* rankt über die andere Mauer und streckt ihre Triebe bereits auf das Flugdach. Sie bringt Blüten und Grün in den Hof.

Der Badeteich im Innenhof

Der Schwimmteich im Innenhof wurde nach dem System „Naturgarten" mit Lärchenholzbalken gebaut und gehört zur Kategorie 1, d.h., er kommt ganz ohne Technik aus. Die Klärung des Wassers funktioniert durch Mikroorganismen, die Laub und anderes organisches Material in pflanzenverfügbare Mineralstoffe zersetzen, die dann von den Teichpflanzen wieder aufgenommen werden. Als Bonus in der badefreien Saison bietet der Teich Blüten, Tiere wie Frösche und Libellen und im Winter Schneehäubchen auf den Rohrkolben. Und das alles direkt vor den großen Terrassentüren zum Wohnzimmer. Naturkino pur. Wichtig ist auch das liebevoll eingebaute schmale Rigol, eine Entwässerungsrinne, damit bei Starkregen keine staubigen Wässer von den Wegen und Plätzen in den Teich gelangen. Die Platten haben zum Rigol hin ein minimales Gefälle.

Am Teich sitzen

Zwischen Teich und Haus wurden die vorhandenen Wegeplatten durch ein Holzdeck ersetzt. Holz ist fürs Barfußgehen der angenehmste Werkstoff. Die deshalb überzähligen Platten bekamen im Sinne der Nachhaltigkeit als Bodenbelag im Schwimmbereich des Teichs ein zweites Leben. Auf der Fläche unter dem Flugdach findet ein großer Esstisch für Familienfeste Platz, dort wurden die Platten mit Kleinsteinen aus Porphyr kombiniert. Eine Trauben-Kirsche *(Prunus padus)* wurde vom Innenhof eine Ebene tiefer in den Zugang zum Schattengarten verpflanzt. Sie ist so platziert, dass sie Schatten über den kleinen Sitzplatz am Teich und über Teile des Teichs werfen wird, wenn sie ausgewachsen ist. Ein Sonnensegel am Haus hilft mit, Teich und Hof zu beschatten.

Stauden als Abgrenzung

Quasi als Abstandshalter zur östlichen Mauer, hinter der sich immerhin ein Höhensprung von bis zu 80 cm verbirgt, wurde ein ca. 7 m^2 großes Staudenbeet angelegt. Hier wachsen Arten, denen es am Teichrand zu feucht wäre: Königskerzen *(Verbascum)*, Muskateller-Salbei *(Salvia sclarea)*, Moschus-Malve *(Malva moschata)* und Kronen-Lichtnelke *(Silene coronaria)*.

Der Schattengarten

Am Haus vorbei gelangt man in den dritten Gartenbereich, den Schattengarten. Der Wegebelag besteht aus den Betonplatten des ehemaligen Einfahrtsbelags in Kombination mit den Porphyr-Würfeln, sie wurden im Splittbett verlegt. Der Weg führt zur Sauna und zu einem vom Tischler gebauten Luxusrestaurant für Gartenvögel. Dort finden sich das ganze Jahr über Meisen, Kleiber, Spechte und Finken ein. Ein weiterer Beitrag zur Arterhaltung als Ergänzung zur samen- und fruchtreichen Bepflanzung, denn selbst Singvögel verbreiteter Arten finden in der Landschaft und in den meisten Gärten nicht mehr ausreichend Nahrung. Die bereits vorhandenen Staudenbeete wurden vergrößert und mit heimischen Schattenpflanzen bestückt. Beinwell *(Symphytum officinale)*, Waldgeißbart *(Aruncus dioicus)* und Nesselblättrige Glockenblume *(Campanula trachelium)* wurden gepflanzt, ebenso wie verschiedene Farne, Große Sterndolde *(Astrantia major)*, Mandelblättrige Wolfsmilch *(Euphorbia amygdaloides)*, Mondviole *(Lunaria rediviva)* und Wald-Ziest *(Stachys sylvatica)*. Als Bodendecker dienen Waldmeister *(Galium odoratum)*, Busch-Windröschen *(Anemone nemorosa)* und die weiß blühende Sorte des Braunen Storchschnabels *(Geranium phaeum* 'Album'). Eingefasst wurden die Beete mit der weiß blühenden Form des Immergrüns *(Vinca minor)*. Ich finde weiß blühende Pflanzen im Schattengarten immer sehr erhellend.

Schattenwiese

Zwischen den Staudenbeeten wurde eine Blumenwiese angesät. Eine halbschattige Lage ist dafür nicht optimal, aber hier ging es v. a. um Pflegeleichtigkeit. Eine Samenmischung mit schattenverträglichen Arten, Pfirsichblättriger und Nesselblättriger Glockenblume *(Campanula persicifolia* und *C. trachelium)*, Wald-Witwenblume *(Knautia maxima)* und Wald-Storchschnabel *(Geranium sylvaticum)* sorgt für ein schönes Bild. Der Weg zum Komposthaufen, zum Vogelfutterhaus und ums Haus herum wird regelmäßig gemäht, die Wiese nur zweimal im Jahr.

Um etwas Abwechslung in die grauen Bodenplatten zu bekommen, wurde zwischen den Platten Kleinpflaster aus heimischem Porphyr verlegt.

Vor dem Bepflanzen der Beete im Schattengarten wurden alle Stauden mit dem richtigen Abstand an ihrem vorgesehenen Platz aufgestellt.

Ob begrünte Pergola, recycelter Wegbelag oder die Verwendung insektenfreundlicher Stauden, in jedem Garten gibt es Möglichkeiten, etwas naturnah und nachhaltig zu gestalten.

Gartensplitter

In diesem Abschnitt will ich Blitzlichter auf mögliche Gestaltungselemente oder Pflanzen werfen, die vielleicht noch ein Plätzchen in Ihrem Garten finden könnten. Die Fülle an Ideen von Gartenbesitzern und Gartenbesitzerinnen ist nahezu unendlich, die vorgestellten Splitter sollen eine Anregung sein, selbst kreativ zu werden.

Bienenfreundliche fremde Pflanzen

Unser aktuelles Zeitgeschehen bietet keinen Platz für Dogmen, Anpassungsfähigkeit und Kreativität sind gefragt, gerade im Garten. Die Erderwärmung wird die Bedingungen für Pflanzenarten meist erschweren. Ein Hauptziel für Naturfreunde ist deshalb aus meiner Sicht, den Tisch für Insekten möglichst üppig, abwechslungsreich und lang zu decken. Da dürfen es im Privatgarten durchaus ein paar nicht heimische Arten und Zuchtsorten sein, die ebenfalls einiges zu bieten haben. Im Bild oben sind das zum Beispiel Stockrosen *(Alcea rosea)*. Sie produzieren sehr viel Nektar, der besonders Hummeln und Honigbienen zugutekommt, die Insekten nutzen aber auch den grobkörnigen, weißen Pollen. Der Honigwert beträgt bei Stockrosen bis zu 260 kg/ha. Allerdings bieten dies nur ungefüllte Sorten und es sei nicht ungesagt, dass sich an heimischen Malvenarten wie der Wilden Malve *(Malva sylvestris)* eine größere Vielfalt an Wildbienen (Maskenbienen, Sandbienen, Mauerbienen …) tummelt.

Im linken Bildbereich, vor der Hausbank, sieht man das Russel-Brandkraut *(Phlomis russeliana)*, es stammt aus Nordanatolien und ist auch bei uns eine attraktive Beetpflanze, denn ihre vertrockneten Samenstände zieren den Garten im Winter. Der schwefelgelb blühende Lippenblütler ist eine typische Hummelblume, die auch kurzrüsseligen Hummeln Nahrung bietet. Eine ebenfalls attraktive und heimische Alternative dazu wäre das rosa blühende Knollen-Brandkraut *(Phlomis tuberosa)*, das vom gemäßigten Mittel- und Osteuropa bis Westasien vorkommt.

Hübsche, nützliche Wegbegleiter

Am rechten Rand des Wegs im Bild rechts strecken sich die Blütenstände einer der zahlreichen Gartensorten oder Hybriden des Purpurglöckchens *(Heuchera sanguinea)* in die Höhe. Sie bieten immerhin Nahrung für die Honigbiene. Durch ihr weites Farbenspektrum von Weiß über Lila- und Rosatönen bis hin zu Rot und Wuchshöhen zwischen 25 cm und 70 cm finden Purpurglöckchen in vielen Pflanzenkombinationen ihren Platz. Sie mögen sonnige bis halbschattige Standorte. Auch Freunde besonderer Blattformen und -farben kommen mit ihnen auf ihre Kosten: Man findet glänzende, fast schwarze Blätter ebenso wie bernsteinfarbenes Laub oder bunte Aderungen.

Tankstopp beim Anflug

Im Bild unten rechts blüht eine ungefüllte Kletterrose, schön sind z.B. die violette 'Kiftsgate Violett' oder die duftende, zartrosa blühende, historische Rose 'Meg'. Ihre Blüten locken Wildbienen zum selbst gebauten Insektenhotel. Davor wächst ein frühblühender Storchschnabel, z.B. 'Mayflower', eine Sorte des Wald-Storchschnabels (*Geranium sylvaticum)* oder der Kaukasische Storchschnabel *(G. renardii* 'Terre Franche'), die beide schon ab Mai blühen. Sie können auch spätblühende Sorten wie *G. wallichianum* 'Magical All Summer Blue'® wählen, der von Juni bis Oktober blüht. Zumindest die Honigbiene und Generalisten unter den Wildbienen akzeptieren auch Sorten des Storchschnabels.

Die strenge Kante des geschwungenen Wegs wird durch darüber wachsende Stauden wie Purpurglöckchen *(Heuchera)* und Alant *(Inula helenium)* aufgelockert.

In diesem Insektenhotel haben viele Tierchen Platz. Den Futterspender-Part hat nun die Rose von der schon verblühten Akelei und dem Storchschnabel übernommen.

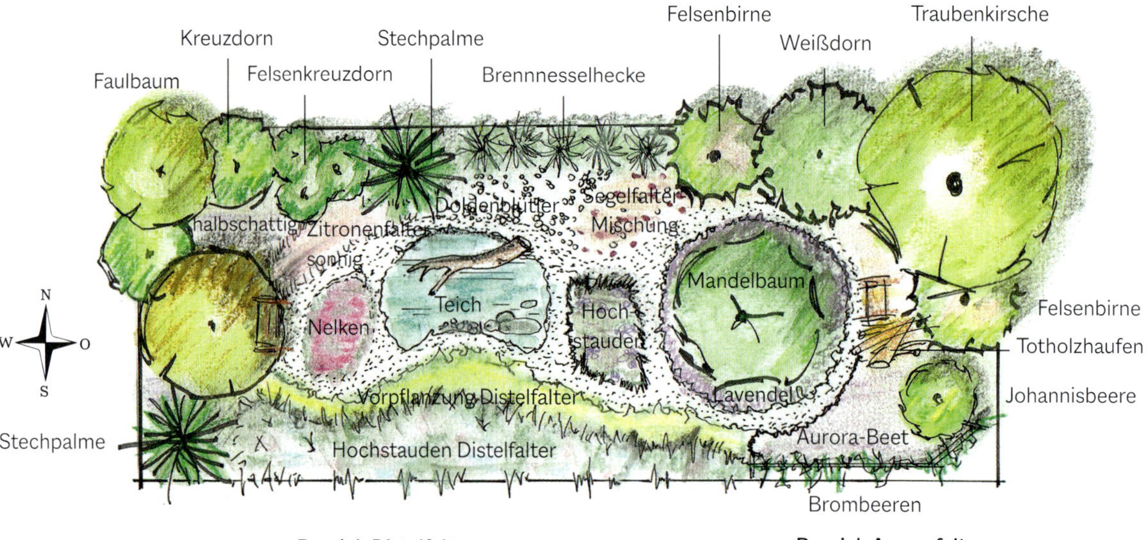

Die Pflanzenauswahl dieses Gartens ist besonders auf vier Falter und ihre Raupen abgestimmt.

Ein Reich für Schmetterlinge

In diesem Garten wird auf viele der speziellen Schmetterlingsbedürfnisse eingegangen (siehe Seite 19 und folgende). Sozusagen als Grundnahrungsmittel ist an der Nordseite eine Brennnesselhecke geplant. Die Wege werden als Schotterrasen angelegt, es gibt Totholzbereiche und einen Teich als Wasserstelle für Insekten, Igel und Vögel. Damit niemand ertrinkt, ragt ein Ast ins Wasser und Steine bieten Landeplätze. Der obige Schmetterlingsgarten ist groß, er misst 20 m mal 8 m. Bei kleineren Gärten ist es sinnvoller, nur einen Bereich umzusetzen und eine größere Stückzahl der einzelnen Pflanzen einzuplanen, als von jeder Pflanze nur eine zu setzen. An eine einzelne Futterpflanze wird kein Falter seine Eier ablegen, denn sie bietet zu wenig Nahrung für die Räupchen. Zwei Bänke laden zum entspannten Beobachten der Gaukler der Lüfte.

Ein Stück für den Zitronenfalter

Die Raupe des Zitronenfalters frisst nur an Kreuzdorn *(Rhamnus cathartica* und *R. saxatilis)* und Faulbaum *(Frangula alnus)*. Der erwachsene Falter dagegen liebt die rosavioletten Blüten der Nelkengewächse, deshalb gibt es ein eigenes Nelkenbeet auf Schotterrasensubstrat mit Kartäuser-Nelke *(Dianthus carthusianorum)*, Später Feder-Nelke *(Dianthus serotinus)* und Pfingst-Nelke *(Dianthus gratianopolitanus)*. Im sonnigen Bereich für den Zitronenfalter wachsen Kiel-Lauch *(Allium carinatum)*, Habichtskräuter *(Hieracium pilosella* und *H. aurantiacum)* und Echter Dost *(Origanum vulgare)*. Auf nährstoffreicherem Boden würde die Bart-Nelke *(Dianthus barbatus)* und auf feuchten Stellen die Feuchtwiesen-Prachtnelke *(Dianthus superbus)* sehr gut passen. Zwischen den immergrünen Blättern der Stechpalmen *(Ilex aquifolium)* überwintert der Falter gerne. Man setzt immer mindestens zwei Exemplare des Gehölzes, weil die Stechpalme eine Befruchterpflanze braucht, um die roten, bei Vögeln beliebten Beeren zu produzieren. Eine Sitzbank findet sich unter einer Salweide *(Salix caprea)*, die für alle Frühflieger wie eben die als Falter überwinternden Schmetterlinge und auch für Honigbiene und Hummeln essenziell ist.

Ein Bereich für den Segelfalter und den Schwalbenschwanz

Die beiden Schmetterlinge sehen einander nicht nur ähnlich, sie lieben auch ähnliche Futterpflanzen: Doldenblütler wie Wilde Möhre *(Daucus carota)*, Dill *(Anethum graveolens)* und Pastinake *(Pastinaca sativa)* und dazu eine kniehohe Mischung aus Wiesen-Flockenblume *(Centaurea jacea)*, Skabiosen *(Scabiosa columbaria* und *ochroleuca)*, Salbei-Arten *(Salvia nemorosa* und *S. pratensis)* und einjähriger Kornblume *(Centaurea cyanus)*, die schon im ersten Jahr Blüten bietet. Dazu wurden passende Gehölze für Segelfalter eingeplant: Trauben-Kirsche *(Prunus padus)*, Felsenbirne *(Amelanchier ovalis)*, Weißdorn *(Crataegus monogyna)* und Mandel *(Prunus dulcis)*. Als Zwischenpflanzung und Unterwuchs dienen hier Wald-Engelwurz *(Angelica sylvestris)*, Heil-Ziest *(Betonica officinalis)* und Großblütige Braunelle *(Prunella grandiflora)*. Der Mandelbaum *(Prunus dulcis)* erhält eine Einfassung aus Lavendel *(Lavandula angustifolia)* und eine Untersaat aus Kleinem Wiesenknopf *(Sanguisorba minor)*.

Aurorafalter bevorzugen als Nektarquelle Kreuzblütler wie das Wiesen-Schaumkraut *(Cardamine pratensis)*, das gut auf fetten und frischen Böden gedeiht.

Ein Plätzchen für den Distelfalter

An die Südseite des Grundstücks passt ein Wald mit Karden *(Dipsacus fullonum, D. pilosus* und *D. laciniatus)*. An diesen saugen neben dem Distelfalter noch zahlreiche Hummelarten, Heufalter, Schwalbenschwanz, Weißlinge, Tagpfauenauge, Blutströpfchen und Ochsenauge. Zu den Karden passen Kugeldisteln *(Echinops* spp.), Wollkopf-Kratzdistel *(Cirsium eriophorum)*, Mariendistel *(Silybum marianum)* und Eselsdistel *(Onopordium acanthium)*. Lassen Sie die Blütenstände bitte nach der Blüte einfach stehen. Als Vorpflanzung zum Weg hin dienen Malven, Färber-Hundskamille *(Anthemis tinctoria)* und Ochsenauge *(Buphthalmum salicifolium)*.

Ein wunderschönes Exemplar des leider gefährdeten Segelfalters tut sich im Frühjahr an den Blüten einer Felsenbirne *(Amelanchier ovalis)* gütlich.

Das Aurorafalter-Beet

Aurorafalter lieben Kreuzblütler, als Strukturpflanzen sind hier deshalb Mondviole *(Lunaria rediviva)* und die Nachtviole *(Hesperis matronalis)* gesetzt. Dazwischen blühen im Frühjahr Knoblauchsrauke *(Alliaria officinalis)* und Wiesen-Schaumkraut *(Cardamine pratensis)*. Einige Pflanzen aus anderen Familien sind beim Aurorafalter ebenfalls beliebt: Lungenkraut *(Pulmonaria officinalis)*, Rote Lichtnelke (*Silene dioica)* und der Gundermann *(Glechoma herderacea)*.

Recycling von Baumaterial im Garten

Das Schöne am Recycling ist - neben der ökologischen Sinnhaftigkeit - die eigene Kreativität, die sich quasi spielerisch entfalten kann. Man verwendet, was man hat, und gestaltet damit, was auch immer einem einfällt. Alte Dachpfannen sowie Klinker eignen sich ausgezeichnet, denn sie sind witterungsbeständig, d.h., auch im Kontakt mit dem Boden halten sie jahrzehntelang. Vom Farbton her sind sie eher „erdig" und passen sich damit harmonisch in jede Gestaltung ein und im Gegensatz zu Mauersteinen sind sie auch für nicht sehr kräftige Gärtner und Gärtnerinnen leicht zu bewegen.

Bauen mit Dachpfannen

Durch ihre geringe Größe lassen sich mit Dachpfannen Formen gestalten, für die Mauersteine zu klobig wären, wie beispielsweise die enge Kräuterspirale im Bild unten links oder labyrinthartige Hochbeete. Dachpfannen können nicht nur aufeinandergelegt werden, sondern auch vertikal geschlichtet werden, z. B. als einreihige Beeteinfassung. Da die Beeteinfassung in sich geschlossen ist, stützen die Dachpfannen einander, das reicht als Fixierung. Oder Sie kombinieren die Dachpfannen mit Klinkersteinen. Leben kleine Kinder im Haushalt, ist allerdings zu beachten, dass Mauern aus Dachpfannen nie so stabil sind wie Mauern aus schweren Steinen, sie eignen sich deshalb nicht zum Beklettern.

Bepflanzung von Dachpfannen

Zur Bepflanzung von Dachpfannen-Elementen wie im Bild unten rechts verwenden Sie am besten Stauden der Mager- und Trockenstandorte. Neben mediterranen Kräutern sind Hungerkünstler wie Hauswurzen *(Sempervivum* spp.) und Mauerpfeffer *(Sedum sexangulare* und *S. album)* geeignet. Es gehen auch Pflanzen, die den Boden decken und über Mauerkanten hängen wie Sonnenröschen *(Helianthemum* spp.), Hornklee *(Lotus corniculatus)*, Wundklee *(Anthyllis vulneraria)*, Felsennelke *(Petrorhagia saxifraga)* oder Späte Feder-Nelke *(Dianthus serotinus)*. Auch horstbildende Stauden wie

Die aufsteigende Schlichtung flacher Dachziegel schafft eine Kräuterspirale mit Zonen von unterschiedlicher Bodenfeuchtigkeit.

Zarten, trockenheitsresistenten Pflänzchen reichen sogar die begrenzten Ressourcen (Wasser, Wurzelraum und Nährstoffe) in ausgedienten Dachpfannen.

Berg-Lauch *(Allium lusitanicum)*, Grasnelke *(Armeria elongata)* oder Kugelblume *(Globularia cordifolia* und *G. punctata)* krönen gerne Dachpfannen. Alte Eternitdachplatten mit Asbestanteil gehören allerdings auf den Sondermüll, nicht in den Garten.

Für die Wegeinfassung wurden hier alte, übrig gebliebene Steine verwendet, der Belag besteht aus Ziegelbruch.

Bodenbelag aus Baumaterialresten

Manchmal hat man aber nicht die schönen, intakten Dachpfannen übrig, sondern zerbrochene. Auch um sie wäre es schade, sie könnten die Chance auf ein zweites Leben als Wegebelag bekommen. Man muss nur darauf achten, allzu scharfe **Kanten** zu **brechen**. Für kleine Mengen reicht für diesen Zweck ein Vorschlaghammer aus, größere Mengen können mit Sand in einer Mischmaschine rotieren, das bricht ebenfalls die Kanten. Diese Methode wird übrigens auch angewendet, wenn aus Bruchfliesen Mosaike gestaltet werden sollen. Diverse Ziegelreste lassen sich auch gut mit anderen Bruchsteinen und Splitt mischen, dabei ist eine Verdichtung mit der Rüttelplatte zu empfehlen. Oft sollen in Mischungen nicht nur mehrfach gebrannte und damit frostfeste Ziegelteile verwendet werden, sondern alle möglichen Reste, die Wasser speichern können und so eventuell durch Frost zerfallen können. Das ist für einen naturnahen Weg auch in Ordnung, man sollte als **stabilen Unterbau** aber auf jeden Fall ein wasserdurchlässiges Material wählen, wie bei der Anlage einer Wassergebundenen Decke (siehe Seite 92). Welches Material Sie auch immer verwenden wollen, es sollte nicht einfach in Erde verlegt werden. Es würde in die nasse Erde eingetreten werden, verschlammen und rutschig werden und somit den Zweck, darauf halbwegs trockenen Fußes den Garten durchqueren zu können, nicht erfüllen. Bedenken Sie auch, dass Dachpfannen und Ziegel aller Art mit der Zeit eine **Patina** aus Algen und Ähnlichem bekommen. Das wirkt malerisch, besonders, wenn sich an den Rändern auch noch Pflanzen ansiedeln, allerdings macht es den Wegebelag auch etwas rutschig und damit schwieriger zu begehen.

Ziegelmulch

Splitt aus einfach gebrannten Ziegeln können Sie auch als Mulchmaterial zwischen Stauden verwenden. Dies bietet den Vorteil, dass die Steinchen einerseits Wasser speichern, das sie langsam wieder an die Pflanzen abgeben, dann aber wieder so trocken sind, dass angeflogene Samen kaum keimen können. Dazu muss die Decke aus Ziegelsplitt aber mindestens 3 cm, noch besser 5 cm stark sein und keine Feinanteile (Sand) enthalten. Ganz verhindern lässt sich die Keimung unerwünschter Pflanzen nie. Ein bisschen jäten müssen Sie alle Beete, bis die Pflanzdecke geschlossen ist.

Praktikables Totholz

Die große Bedeutung von Totholz für verschiedene Tiere habe ich schon öfter erwähnt (siehe z. B. Seite 116). Aber auch als Gestaltungselement können Sie Totholz im Garten einsetzen. Baumstämme, die auf ca. 0,5–1 m große Stücke geschnitten wurden, können liegend geschichtet als Abgrenzung dienen, z. B. zwischen Nachbargärten oder verschiedenen Bereichen im eigenen Garten. Auch als Einfassung für Komposthaufen, Erdlager oder Asthaufen können diese Stammabschnitte gestapelt werden. Achten Sie darauf, dass sie an beiden Seiten irgendwie fixiert sind. Entweder durch vertikal in den Boden gerammte Äste oder Eisen oder eingeklemmt zwischen Mauern. Allzu hoch sollte diese Baummauer nicht werden, je länger und damit schwerer die Teile sind, umso höher kann die Abgrenzung geschlichtet werden. Auf der sicheren Seite ist man jedenfalls bei Höhen von weniger als einem Meter, da enden auch Abstürze glimpflich. Denken Sie die Nutzung durch Kinder mit und kontrollieren Sie das Bauwerk mehrmals im Jahr. Was für Tiere und Pflanzen positiv ist, nämlich die laufende Zersetzung des Holzes, ist für die Stabilität der „Mauer" negativ.

Abgrenzungen und Einfassungen

Selbst aus weniger massiven Teilen von Gehölzen können praktische Abgrenzungen gebaut werden (siehe Bild unten). Zuerst werden dafür Äste oder Pflöcke mit einem Durchmesser von ca. 10 cm in den Boden gerammt. Will man eher eine schmale Abgrenzung, dann werden um die Pfähle schwächere Äste geflochten, so wie im Bild im Hintergrund. Steht mehr Raum zur Ver-

Wertvoller Lebensraum und praktische Abgrenzung in einem sind die beiden Totholzschlichtungen, die hier den Kompostplatz einfrieden.

fügung, können die Pfähle auch zweireihig gesetzt werden, die Zwischenräume werden mit Ästen und Zweigen verfüllt. So kann auch eine Benjeshecke entstehen, die unschöne Ecken versteckt. Wer so genau arbeitet, dass zwischen den horizontalen Ästen kaum Zwischenräume entstehen, kann Totholz auch als Einfassung für ein Hochbeet verwenden. Das hält zwar nicht ewig, ist aber gratis.

Abgestorbene Bäume

Haben wir bisher liegendes Totholz verwendet, hat doch auch stehendes seine Berechtigung und erfüllt einen Zweck. Vielleicht findet sich im Garten ein abgestorbener Baum, gar noch mit interessantem, bizarren Wuchs? Dann wäre es schade, ihn zu roden. Entfernen Sie schwache, brüchige Äste und überlassen Sie ihn einfach sich selbst. Er entwickelt sich von selbst zum Insektenhotel, wer will, kann mit der Bohrmaschien nachhelfen. So ein abgestorbener Baum kann Jahre stehen, manchmal Jahrzehnte, dennoch kann er irgendwann einmal ohne Vorwarnung umstürzen. Dabei sollte er weder das eigene noch des Nachbarn Haus, Garage oder Glashaus treffen. Für nistende Wildbienen eignet sich Laubholz grundsätzlich besser als Nadelholz, am Harz des Nadelholzes bleiben sie kleben.

Totholz als Klettergerüst

Tote Bäume können Sie zur Montage von Schildern und Nistkästen oder als Rankgerüst nutzen. Kletterpflanzen kann man zwar durchaus an lebenden Bäumen hochranken lassen, allerdings können sie deren Wüchsigkeit beeinträchtigen, sie beschweren und beschatten. Entweder man kürzt den Kletterer jährlich auf eine verträgliche Größe ein oder wählt gleich einen toten Baum. Damit dieser nicht genau dann zusammenbricht wenn der Kletterer schön üppig geworden ist, sollte von Anfang an eine Stütze mitgedacht werden, z. B. ein tief in den Boden gerammter Pfostenschuh. Wird der Baum wackelig, montiert man im Schuh einen passenden Pfosten und fixiert den Baum mit Naturfaserseil daran.

Manchmal sind abgestorbene Bäume fast so zierend wie eine Gartenskulptur. Das Bild ist allerdings nicht statisch, sondern geprägt vom Wandel.

Abgestorbene kleine Gehölze oder ausrangierte Weihnachtsbaumgerippe lassen sich hervorragend als Rankgerüste für Bohnen nutzen.

Service

Literatur

Aufderheide, U.: *„Rasen und Wiesen im naturnahen Garten“*, pala-Verlag
David, W.: *„Lebensraum Totholz“*, pala-Verlag
Hintermeier, H. u. M.: *„Blütenpflanzen und ihre Gäste“*, Teil 1-4, Verlag Delp
Lugerbauer, K.: *„Bienenfreundlich gärtnern“*, BLV Verlag
Polak, P.: *„Handbuch Wasser im Garten“*, Löwenzahn Verlag
Polak, P.: *„Welche Pflanze passt wohin im Naturgarten?“*, BLV Verlag
Witt, R.: *„Natur für jeden Garten“*, www.reinhardwitt.de
Forschungsgesellschaft Landschaftsentwicklung Landschaftsbau e.V. (FLL): www.shop.fll.de/de/fassadenbegruenungsrichtlinien-richtlinien-fuer-die-planung-bau-und-instandhaltung-von-fassadenbegruenungen-2018-broschuere

Bezugsquellen

www.arche-noah.at
www.artner.biobaumschule.at
www.bingenheimersaatgut.de
www.dreschflegel-saatgut.de
www.die-staudengaertnerei.de
www.durchgeblueht.de
www.foerster-stauden.de
www.frikarti.ch
www.gaertnerei-strickler.de
www.gaissmayer.de
www.gartenderhorizonte.de
www.hof-berggarten.de
www.lebensinseln-shop.de
www.poeppel-stauden.de
www.rieger-hofmann.de
www.samenhaus.de
www.samen-maier.at
www.sarastro-stauden.com
www.sativa-biosaatgut.de
www.staudenring.com
www.stauden-kirschenlohr.de
www.stauden-stade.de
www.syringa-pflanzen.de
www.wildeblumen.at
www.wildrosen.at
www.wildstauden.ch
www.wildstauden-gaertnerei.ch

Bildnachweis

Cover: Evi Pelzer
Adobe Foto Stock: 004-2, 017, 035-2, 035-3, 035-5, 035-6, 035-8, 036-2, 036-3, 036-4, 036-6, 039, 041-1, 041-2, 041-3, 041-4, 041-6, 041-8, 043-1, 043-4, 043-5, 043-7, 043-8, 045-1, 045-3, 045-4, 045-7, 046-3, 046-6, 053-2, 053-3, 057-5, 057-6, 057-7, 057-8, 061-3, 061-4, 061-8, 063-1, 065-4, 065-5, 065-6, 065-7, 065-8, 068-2, 068-3, 068-5, 070, 075-1, 075-2, 075-6, 075-8, 077-1, 077-2, 077-3, 077-4, 077-5, 077-7, 077-8, 078-1, 078-2, 078-3, 078-4, 078-6, 080, 083-1, 083-2, 083-4, 084-1, 084-4, 084-5, 089-3, 089-4, 089-5, 089-6, 089-7, 089-8, 095-4, 095-6, 095-7, 099-1, 099-3, 099-7, 101-2, 101-3, 101-6, 102, 103, 105-1, 105-4, 105-5, 105-7, 109-1, 111-1, 111-3, 111-4, 112-2, 112-3, 112-5, 112-6, 115-2, 119-4, 119-5, 119-6, 140-1, 146, 149-1, 149-2, 181-1; **Alamy Stock Foto/ Andrew Mayovskyy:** 010; **/Ros Crosland:** 055-2; **/Selfwood:** 091; **/Zoonar GmbH:** 119-3; **Elke Borkowski/gardenpicturestock:** 063-2; **Eggert Baumschulen:** 045-5; **Flora Press/BIOSPHOTO/Andre Simon:** 118; **/BIOSPHOTO/Yann Avril:** 081; **/ gartenfoto.at:** 059-2, 073-2, 090; **/ Otmar Diez:** 095-3; **GAP Photos:** 032, 138-1, 147-1, 148; **/Fiona Lea:** 014; **/ Howard Rice:** 072; **/Jonathan Buckley:** 038; **/Martin Hughes-Jones:** 053-8; **/Pernilla Bergdahl:** 183; **/Robert Mabic:** 053-7; **Johannes Hloch:** 011, 023-2, 028, 150-151, 158, 160, 162, 163-1, 164, 166, 168, 169-1, 169-2, 170-1, 170-2, 171, 172, 174-1, 174-2, 175, 176, 177-1; **Johannes Hloch/Gartenplanung: Markus Kumpfmüller:** 030-031, 096; **iStockphoto:** 036-1, 043-6, 045-6, 061-2, 084-2, 084-6, 089-1, 099-6, 099-8, 101-1, 105-3, 105-8, 111-8, 112-1, 140-2; **mauritius images/Caroline Brinkmann/imageBROKER:** 053-5; **/ Christian Hütter/imageBROKER:** 035-1; **/McPHOTO/Alf Jacob Nilsen:** 101-5; **/nature picture library/Alex Hyde:** 041-7; **/nature picture library/ Jussi Murtosaari:** 101-4; **nature picture library/Philippe Clement:** 083-5; **/ Westend61/Maya Claussen:** 025; **Evi Pelzer:** 001, 002-003, 050, 114, 116, 117, 120, 178, 179-1, 179-2, 184, U4-1; **Helene Polak:** 006; **Paula Polak:** 005-2, 013-2, 018, 021, 045-8, 046-2, 046-4, 046-5, 055-1, 057-2, 057-3, 057-4, 059-1, 061-1, 061-5, 061-6, 065, 066, 067-1, 067-2, 068-4, 068-6, 073-1, 075-3, 075-5, 097-1, 097-2, 106, 107-2, 109-2, 111-2, 119-2, 123, 124-1, 124-2, 135, 138-2, 163-2, 165, 177-2, 181-2, 182-1, 182-2, 192; **Peter Raider:** 008-009, 012, 022, 024, 026, 029, 086, 093, 107-1, 115-1, 152, 154-1, 154-2, 155, 156, 157, 185-1, U4-2; **Shutterstock:** 004-1, 005-1, 013-1, 015, 016, 019, 020-1, 020-2, 035-4, 035-7, 041-5, 043-2, 043-3, 045-2, 046-1, 053-1, 053-4, 053-6, 057-1, 061-7, 065-2, 065-3, 068-1, 075-4, 075-7, 077-6, 078-5, 083-3, 083-6, 083-7, 083-8, 084-3, 089-2, 095-1, 095-2, 095-5, 095-8, 099-2, 099-4, 99-5, 105-2, 105-6, 111-6, 111-7, 112-4, 119-1; **Corina Steffl:** 142, 147-2, 185-2; **Friedrich Strauss:** 027, 071-1, 071-2, 099-8, 111-5, 144, 023-1; **/Martin Staffler:** 137.
Illustrationen: Alle Illustrationen von **Paula Polak**, mit Ausnahme von: **Gisela Rüger:** 036, 046, 068, 078, 086, 101, 112, 119; **Shutterstock:** ab 025, ab 037.
Syndication: www.seasons.agency

Stichwortverzeichnis

Impressum

© 2022 GRÄFE UND UNZER VERLAG GmbH, Postfach 860366, 81630 München

BLV ist eine eingetragene Marke der GRÄFE UND UNZER VERLAG GmbH, www.blv.de

ISBN 978-3-96747-062-8
4. Auflage 2025

Projektleitung: Cornelia Nunn
Lektorat: Corina Steffl
Korrektorat: Andrea Lazarovici
Bildredaktion: Esther Herr; Petra Ender und Natascha Klebl (Cover)
Umschlaggestaltung und Layout: kral&kral design
Herstellung: Petra Roth
Satz: Christopher Hammond
Reproduktion: Longo AG, Bozen
Druck und Bindung: Firmengruppe APPL, aprinta druck, Wemding

Umwelthinweis:

Nachhaltigkeit ist uns sehr wichtig. Der Rohstoff Papier ist in der Buchproduktion hierfür von entscheidender Bedeutung. Daher ist dieses Buch auf PEFC-zertifiziertem Papier gedruckt. PEFC garantiert, dass ökologische, soziale und ökonomische Aspekte in der Verarbeitungskette unabhängig überwacht werden und lückenlos nachvollziehbar sind.

Liebe Leserin und lieber Leser,
wir freuen uns, dass Sie sich für ein BLV-Buch entschieden haben. Mit Ihrem Kauf setzen Sie auf die Qualität, Kompetenz und Aktualität unserer Bücher. Dafür sagen wir Danke! Ihre Meinung ist uns wichtig, daher senden Sie uns bitte Ihre Anregungen, Kritik oder Lob zu unseren Büchern. Haben Sie Fragen oder benötigen Sie weiteren Rat zum Thema?
Wir freuen uns auf Ihre Nachricht!

GRÄFE UND UNZER Verlag
Grillparzerstraße 12
81675 München
www.graefe-und-unzer.de

Die Autorin

Paula Polak hat in Wien Landschaftsökologie und Landschaftsgestaltung studiert. Sie arbeitet als freie Planerin mit einem eigenen Ingenieurbüro für Landschaftsplanung und ist Teilhaberin der „Wilden Blumen“, einem Gartenbaubetrieb, der heimische Wildstauden in Bioqualität produziert. Zudem hält sie mit viel Freude Vorträge, schreibt Artikel für Fachzeitschriften sowie Bücher zur naturnahen Gartengestaltung. Geprägt wurde dieser besondere Zugang zur Planung durch ihre Kindheit in der grünen Steiermark und das frühe Engagement im Naturschutz. Naturnahes Grün, Klimaschutz und Erhalt der Artenvielfalt liegen ihr besonders am Herzen, um dazu beizutragen, dass diese Welt ein bisschen besser wird.
www.paulapolak.com

Wichtiger Hinweis

Die Gedanken, Methoden und Anregungen in diesem Buch stellen die Erfahrung der Verfasserin dar. Sie wurden von der Autorin nach bestem Wissen erstellt und mit größtmöglicher Sorgfalt geprüft. Weder Autorin noch Verlag können jedoch für eventuelle Nachteile oder Schäden, die aus den im Buch gegebenen praktischen Hinweisen resultieren, eine Haftung übernehmen.